# 开放金融

理论、实践与监管

OPEN FINANCE

THEORY, PRACTICE AND SUPERVISION

杨 涛 主编

社会科学文献出版社
SOCIAL SCIENCES ACADEMIC PRESS (CHINA)

《开放金融：理论、实践与监管》
编委会

主　编　杨　涛

撰稿人　（以文序排列）

　　　　　董　昀　　李润东　　宋　鹭　　万轩宁
　　　　　陶　峰　　蒋则沈　　李　鑫　　马洪杰
　　　　　潘志江　　孙中东　　李　健　　王丽娟
　　　　　黄奕桦　　王　和　　周运涛　　袁　田
　　　　　郝晨旭　　朱太辉　　马　晓　　刘　勇
　　　　　孙　鲁　　陈龙强　　刘峻榜　　李伟东
　　　　　袁伟斌　　姜　波

编辑组　闵文文　　齐孟华　　姚丽蓉　　张　琦

编写单位简介

国家金融与发展实验室（NIFD）

NIFD 系中央批准设立的国家级高端金融智库，遵循科学性、建设性、独立性和开放性原则，针对国内外金融发展、金融治理、货币政策、金融监管和国际宏观政策协调等领域，展开高质量、专业性、系统化、前瞻性研究，为提高我国经济和金融综合研判能力、战略谋划能力及风险管理能力服务，为国家制定货币金融政策和宏观经济政策服务，为各地区金融发展服务，为推动国内外金融学术交流和政策对话服务，为国内外科研组织、金融机构和工商企业提供应用性研究成果与咨询服务。2017 年底，NIFD 正式成立金融科技研究中心，目标是建设成为国内外金融科技领域的理论、政策与实践研究高地。

中国社会科学院产业金融研究基地（RBIF）

RBIF 为中国社会科学院院级非实体性研究基地，专门从事产业金融领域的重要理论和实际问题研究。RBIF 的运作宗旨是，根据国家产业经济发展的需要，从事与产业金融相关的理论、政策和实务研究，并为政府部门、监管机构以及国内外企业、单位和个人提供咨询服务，努力成为产业金融领域的理论研究基地、政策咨询基地和学术交流基地。RBIF 运作的目标，一是根据中国国情，将产业组织理论、产业优化理论、公共政策理论等与金融发展结合起来，实现学科建设与理论前沿的突破；二是在国内外新形势下进一步探讨金融如何服务实体经济的问题；三是加强与产业、企业的联系，广泛拓展金融政策分析的微观基础，扩大金融研究的应用范围；四是通过政府产业政策与金融政策的有效结合，提供更多具有建设性的政策意见，从而充分发挥"政府智囊"的作用。

金融科技50人论坛（CFT50）

CFT50于2017年4月22日在北京发布成立。CFT50会聚了国内金融科技一线的监管层人士、专家学者和企业领袖，共同探究前沿课题、助力产业实践，为金融科技领域的发展贡献力量。论坛紧密围绕金融科技理论、实践与政策前沿，努力建设成为服务于"政产学研用"的独立学术平台，并积极推动金融科技领域的交流协作与教育培训。

主编简介

杨　涛　研究员，博士生导师，拥有中国注册会计师与律师资格证书。国家金融与发展实验室副主任，中国社会科学院产业金融研究基地主任、支付清算研究中心主任，北京立言金融与发展研究院院长。主要学术兼职包括中国人民银行支付结算司外部专家、中国银行间市场交易商协会交易专业委员会委员、中国保险行业协会学校教育专业委员会副主任委员、互联网金融安全技术工业和信息化部重点实验室学术委员、中国人民大学国际货币研究所学术委员、北京市金融学会学术委员、北京金融科技研究院监事长、金融科技50人论坛学术委员、文化金融50人论坛学术委员等。主要研究领域为宏观金融与政策、产业金融、金融科技、支付清算等。

目 录

第一章 开放金融的研究背景与重点环节 …………………… 001
一 问题的提出 ………………………………………………… 001
二 开放金融的概念边界与研究逻辑 ………………………… 003
三 开放金融创新的核心要素 ………………………………… 007
四 开放金融探索的难点与展望 ……………………………… 013

第二章 开放金融的理论内涵与框架
——以开放银行为例 …………………………………… 017
一 引言：开放金融的理论研究尚待破题 …………………… 018
二 何谓"开放银行"：定义与内涵 …………………………… 019
三 研究开放银行的理论框架 ………………………………… 026
四 结语 ………………………………………………………… 037

第三章 开放金融的国际比较和评价 ………………………… 041
一 国外银行业开放式创新及监管 …………………………… 042
二 国外证券业开放式创新及监管 …………………………… 055
三 国外保险业开放式创新及监管 …………………………… 066
四 国外其他金融科技企业开放式创新及监管 ……………… 070

第四章 开放金融的意义、目标和原则 ……………………… 078
一 开放金融服务国家经济金融发展战略 …………………… 080
二 开放金融助推金融行业高质量发展 ……………………… 084

三　开放金融助力银行和非银行机构战略转型 …………………… 089
　　四　开放金融提升服务 C 端、B 端、G 端客户的价值 ………… 092
　　五　开放金融促进金融监管创新完善 …………………………… 101
　　六　开放金融的发展目标和原则 ………………………………… 105

第五章　开放金融的风险与监管 …………………………………… 110
　　一　开放金融的基本情况概述 …………………………………… 111
　　二　开放金融的风险及问题分析 ………………………………… 113
　　三　开放金融的监管状况 ………………………………………… 114
　　四　研究思考 ……………………………………………………… 120

第六章　我国开放金融的创新重点 ………………………………… 126
　　一　开放金融的数据、技术与系统 ……………………………… 127
　　二　开放金融的场景与应用 ……………………………………… 135
　　三　开放金融的平台与生态 ……………………………………… 141
　　四　开放金融的组织与架构 ……………………………………… 149

第七章　我国开放金融的实践路径 ………………………………… 153
　　一　我国开放金融的演进历程 …………………………………… 154
　　二　开放银行创新与展望 ………………………………………… 164
　　三　开放证券创新与展望 ………………………………………… 177
　　四　开放保险创新与展望 ………………………………………… 184
　　五　开放信托创新与展望 ………………………………………… 198
　　六　开放式的金融科技企业创新与展望 ………………………… 207

第八章　我国发展开放金融的外部保障 …………………………… 223
　　一　制度保障：制度要求开放金融又好又快发展 ……………… 224
　　二　经济保障：又好又稳的经济形势为
　　　　开放金融发展保驾护航 ……………………………………… 226
　　三　技术保障："ABCD"助推开放式技术体系形成 …………… 232

四　文化保障：开放共享理念推动开放金融有序变革……………… 237
　五　人才保障：需求缺口大，但供给能力不断增强……………… 239

第九章　国内外典型案例…………………………………………… 243
　一　国外案例………………………………………………………… 244
　二　国内案例………………………………………………………… 258

第一章　开放金融的研究背景与重点环节

杨　涛[*]

摘　要：当前，我国金融业面临的内外挑战日益突出，自身也在不断探索创新与改革的方向。其中，数字化时代的来临，给金融机构带来了前所未有的机遇和挑战，也成为新时期金融变革的核心线索。大数据、人工智能、区块链等技术深刻改变了客户行为和金融服务模式，金融科技企业进入金融市场加速了间接金融的脱媒，金融机构数字化转型被赋予更重要的历史使命。近年来，开放银行在探索中不断发展，为开放金融提供了新的视角并做出了积极贡献。数字化、平台化、多向开放、安全开放的开放金融模式给传统产业带来了深刻的变化。在此背景下，针对开放金融的理论基础与学术研究备受期待，本章则为相关研究提供了基础共识与核心要素。

关键词：开放金融　开放银行　数字化转型　金融科技

一　问题的提出

当前，科技与金融的深度融合发展已经到了一个重要的窗口期，在

---

[*] 杨涛，研究员，博士生导师，国家金融与发展实验室副主任，中国社会科学院金融研究所所长助理、产业金融研究基地主任、支付清算研究中心主任，兼任金融科技50人论坛学术委员、北京立言金融与发展研究院院长。

各方面都催生出一些创新业态、创新产品。以科技为动力，各金融机构都对开放式金融进行探索，这种探索既体现在各种不同金融业态上，也体现在各种金融功能和金融产品上。本部分主要围绕开放银行展开，搁置其概念方面的争议，是对我国银行业构建开放银行生态的一种重要探索。

伴随现代银行业的发展，新技术在商业银行各个层面发挥的作用越来越突出，并且深刻影响着银行的内部架构与外部环境。从技术和业务两个层面出发，越来越多的银行开始关注战略与细节层面的开放合作问题。自2014年以来，英国监管部门自上而下的推动，使系统性的开放银行理念逐步走到金融创新前台，经历多年探索之后，在近两年受到各国监管者和金融机构的广泛关注。

在开放银行发展的早期，更多的是着眼于数据开放的视角。因为在大数据时代，银行数据被公认为是极具价值但开发严重不足的重要"生产要素"。如何通过合理的规则与手段，使银行拥有的数据财富被第三方所使用，成为金融科技时代的重要命题。由此，初期的开放银行本质上是对银行数据的共享，同时将API作为实现相关目标的前沿技术手段。API的全称为Application Programming Interface，即应用程序编程接口。其本质是一些预先定义的函数，目的是给予开发人员基于某软件或硬件访问一组例程的能力，并且无须访问源码或理解内部工作机制的细节。

但随着理论、监管与实践的深入，开放银行被赋予更多的内涵。例如，根据Gartner咨询公司的定义，"开放银行是一种平台化商业模式，通过与商业生态系统共享数据、算法、交易、流程和其他业务功能，为商业生态系统的客户、员工、第三方开发者、金融科技公司、供应商和其他合作伙伴提供服务，使银行创造出新的价值，构建新的核心能力"。

2018年是"后互联网金融"和"前金融科技"时期，国内新金融的发展更加关注主流金融机构的变革。自2018年下半年以来，先是浦发银行推出API Bank无界开放银行，之后工商银行、招商银行和建设银行等都对外明确释放了打造开放银行的信号。与此同时，相关监管部门也明确表示正在完善相关制度，努力建立健全开放银行业务规则与监管框架。可以说，开放银行确实进入了快速发展的迭代时期。

随着开放银行的发展，在金融领域，从技术到业务、从制度到监管的理念都发生了变革，并且逐渐延伸出开放金融的创新理念。

当然，探索开放金融离不开对开放银行发展历程的梳理。从2014～2015年在英国讨论开放的萌芽，到海外研究发展的变化，开放银行的概念日渐清晰。与此同时，国内也出现了类似的演绎逻辑，并且基于开放的理念由开放银行逐渐引申为开放金融。研究开放金融主要基于两个视角。一方面，从经济社会发展的金融需求端来看，数字化时代已经来临，并全面改造传统产业，同时带动了新兴产业的发展。与此同时，对应的金融需求、金融服务模式也发生了深刻的变化。在新金融发展过程中，如何让开放式的发展更好地与实体经济和数字化经济融合，是研究开放金融重要的动力和视角。另一方面，数字化也给金融本身带来了深刻影响，数字化经营特征、平台化特征、多向开放竞争等都冲击着金融机构和金融组织，从而体现了开放式发展的基本要素。

二 开放金融的概念边界与研究逻辑

（一）概念内涵

技术演进深刻改变了经济金融运行模式，整个现代金融业就是一部科技发展史。例如，20世纪60年代的半导体、微处理器，推动电子数据替代人工记账，信用卡产业开始腾飞；70年代的中央处理机，实现了系统批量处理和连续运作，促使SWIFT等金融通信服务快速发展；80年代的终端机、个人电脑，推动银行业务远程化和自动化，进而ATM不断普及；90年代的局域网、互联网，先是开启数据中心、公司内网新时代，进而实现了数据的全球共享，推动跨国机构发展；21世纪初智能设备的快速发展，搭建了手机数据及客户互动的新载体，推动数字银行变革；21世纪第二个10年，移动设备的普及促使移动支付、移动银行扑面而来。近年来，大数据、人工智能等新技术快速迭代，金融产品与服务创新日益复杂，二者叠加迸发出强大的生命力。

在此背景下，我们所研究的开放金融的内涵，一方面是指数字化时代给金融要素带来的冲击，包括金融机构、金融产品、金融市场、金融制度、金融文化的适应性变革；另一方面则是数字化技术对金融功能的影响和迭代，包括货币、资金融通与资源配置、支付清算、风险管理、信息提供、激励约束等。

以开放银行为例，它是银行数字化转型的高级阶段。应该说，从银行信息化、银行电子化、银行互联网金融、银行金融科技等概念，到开放银行创新的背后，都体现了新技术、新模式对商业银行组织、业务和机理的重构，也内含了银行数字化转型的线索。究其根本，都是利用各项领先的信息科技，实现银行效率、效益、效果的全面改进和提升。

事实上，银行数字化一直受到全球各类机构的关注。例如，IBM 认为，银行数字化转型战略应包括数字化愿景与目标、数字化能力成熟度、客群经营策略、全渠道经营策略和产品规划设计。在战略设计中，需对组织、文化、流程进行全面反思。银行数字化的三大发展阶段则包括精简化、数字化、认知化。

埃森哲自 2014 年底提出全时银行的概念，将此作为认识数字银行的思路。埃森哲强调银行需重视五个方面的变革：为我互联、成果经济、平台革命、智慧企业、员工再造。

麦肯锡经调研后发现，国际领先的外资银行平均每年投入税前利润的 17%~20% 用于数字化转型和创新。麦肯锡认为，银行数字化战略需关注以下内容：以客户为中心全面提升客户体验；布局金融科技；基于移动端和互联网平台将金融服务更加广泛和频繁地嵌入零售和公司银行业务场景中，打造创新业务模式；打造数字生态圈。

BCG 在 2018 年的多项研究中指出，受风险、监管和合规成本上升及高额罚款冲击，全球银行业绩效下滑；只有愿意进行全方位数字化转型的公司银行才能生存和发展。BCG 全面审视了公司银行业的整体状况，深入探讨了其主要趋势，并表示银行业正迎来第二波数字化浪潮。

综合来看，我国商业银行虽然开始高度重视数字化转型，但是仍然处于起步阶段。对此，基于开放金融的视角，一是要结合全球规律和本土特色，厘清银行数字化的边界，把不同阶段银行拥抱技术的模式界定清楚，并且梳理出银行技术变革的演进逻辑；二是要真正扎根于需求和问题，探索以开放银行为代表的银行数字化转型。

（二）目标与痛点

金融稳定理事会在 2017 年曾经指出，金融科技创新的供给侧驱动因素是不断演进的新技术和不断变化的金融监管，需求侧影响因素则是不断变化的消费者偏好。有鉴于此，我国推动开放金融变革，需要从四个角度来探讨如何解决现有的矛盾和问题。

第一，客户角度。无论是在全球还是我国，金融机构创新的最终目的都是更好地服务客户。一方面，金融机构数字化转型具有一定的比较优势。例如，客户对金融机构的信任度高于科技公司，如银行拥有大量而又独一无二的零售数据和对公客户数据集合，天然具有数字化转型的生产要素。另一方面，金融机构受到相对僵化的模式约束，在更好地服务客户方面还有许多不足之处。

在我国，一方面，中央提出要推动金融供给侧结构性改革，其核心就是提升金融服务实体的效率。金融部门在快速扩张的过程中出现了一些脱实向虚的现象，因此金融机构在面向实体部门客户的资源配置过程中还有大量服务缺失的领域。另一方面，进入数字化时代客户的需求发生了新的变化，原有的金融服务提供模式难以适应客户的新需求。有鉴于此，推动金融机构数字化转型的根本，是补齐现有的短板，全面推动客户需求导向型的创新，更好地服务企业和居民客户，真正践行金融服务实体的"初心"。

第二，监管角度。以银行业为代表，持牌金融机构是各国监管部门关注的核心部分，其创新活动也受到各类监管规则的严格约束。一方面，大量金融机构的数字化创新活动首先在监管边缘地带或者不受监管约束的地方展开；另一方面，许多国家的监管部门也在自上而下地推动特定金融机构的技术变革。

对于海外监管部门来说，其政策目标也往往在三者之间权衡。一是金融稳定与安全性，尤其是在2008年全球金融危机之后，宏观审慎层面的关注度不断提升，微观审慎的手段与工具也不断优化，技术对金融机构的挑战已经不可逆转，监管部门需要更深入地研究金融机构技术变革，确定变革的底线和边界，甚至通过推动数字化改革来缓解原有的某些脆弱性。二是提升银行等金融机构的服务能力，给本国企业和居民带来更好的包容性，使其享受金融科技带来的好处。三是提升本土金融机构的核心竞争力，更好地面对包括中国在内的新兴经济体快速演进的金融科技应用型变革。由此看来，我国的开放金融探索，既应参照各国监管部门的共同倾向，也不能偏离国内监管部门的政策趋势。

第三，机构角度。无论是商业银行还是其他金融机构，"躺着赚钱"的日子一去不复返，这是其探索开放金融创新、推动数字化转型最根本的动力。同样以银行为例，由于外部监管和内部因素的变化，银行难以靠传统业务获得持续高速增长，更是难以参与到复杂的金融业务之中。因此，利用大数据等新技术进行全面的挖潜改造，成为新形势下商业银行重获生命力的重要着眼点。具体来看，在业务与产品、组织架构、内部控制、风险管理、基础设施等各个层面，可能都存在粗放式发展与可以优化的地方，进行数字化改造，本质上是为了改善银行的"体质"，从而构建更稳定、可持续的新商业模式。

第四，行业角度。从行业来看，金融机构数字化转型并未使行业恶性竞争和生态恶化，而是营造了良性发展的行业生态环境。与发达经济体大量金融机构因经营失败而退出市场相比，我国过去的持牌金融机构破产机制并没有真正建立起来。但是随着规则的变化，可以预计，未来几年将会不断出现退出市场且被兼并重组的金融机构。在此趋势下，推动开放金融创新和转型，也意味着那些真正有动力、希望生存和发展的机构，尤其是中小银行机构，可以在系统建设、跨区域客户共享等方面，借助数字化转型机遇构建合作发展的共赢机制。与此同时，银行与非银行金融机构、金融科技公司之间的合作空间也不断拓展，数字化转型意味着可以为金融机构创造全新的外部业务与技术关系，从而使其更好地应对金融脱媒的挑战。

三 开放金融创新的核心要素

综合来看，为了更好地厘清我国开放金融的理论与实践路径，需要充分把握以下核心要素。

（一）明确制度支撑与保障

金融业一直是各国金融监管的核心对象，如果出现危机，往往会对一国经济社会带来重大的负面冲击。因此，金融业的变革离不开制度与规则的引导和约束。例如，从全球来看，英国和欧盟的开放银行制度探索走在世界前列。英国主要由竞争和市场管理局（Competition and Markets Authority，CMA）主导开放银行服务计划，并由财政部牵头成立开放银行工作组（Open Banking Working Group，OBWG），对外发布监管框架。欧盟则着重从银行"存贷汇"的"汇"着手，基于已有的《支付服务指令》（Payment Services Directive，PSD）与《通用数据保护条例》（General Data Protection Regulation，GDPR）颁布《支付服务修订法案（第二版）》（Payment Services Directive 2，PSD2）。2019年9月，欧洲监管机构已制定新的技术标准，准确阐明了银行技术平台与外部公司建立联系的方式。同时，澳大利亚、新加坡、日本、韩国等国家也借鉴英国与欧盟的经验，积极推动开放银行监管规则的制定。相比较而言，我国的开放银行探索仍然是在银行业务边缘地带自下而上的实践，并没有涉及监管核心问题，如真正进行系统性变革，因此亟须监管规则与标准的落地。

（二）厘清开放金融探索的战略定位

无论是各国监管部门对银行的评级，还是各类媒体和社会组织对银行的竞争力评价，战略与管理能力都是一个重要的指标类型。例如，美国的"骆驼"评级法就关注银行管理水平，主要考察银行业务政策、业务计划、管理者能力等。从长远来看，开放银行不仅是一项具体的技术或业务解决方案，而且是金融科技时代银行业战略转型的重要方向。尤其在我国，商业银行面临前所未有的挑战，包括经济周期下行、同业竞争加剧、监管更加严格等，新技术更是给银行传统业务带来了全方位的冲击。在此背景下，着眼于开放银行的变革，本质上是对银行经营模式、系统架构、数据管理、业务创新的全面梳理，并在万物互联的时代，重新定位金融中介组织的功能。

目前，整个经济社会发展都在从 IT 时代向 DT 时代转化，数字化成为最重要的生产动力。在此背景下，以数字化转型为核心的开放金融变革不可避免，当然具体的数字化转型步伐、节奏、程度、重点，也并非一成不变。无论如何，金融机构必须从战略层面高度重视数字化探索，无论是主动出击还是做好准备，都需要尽快实现数字化的自我赋能，把数字化贯穿到机构创新与发展的"基因"中。

（三）构建适应开放金融转型的组织架构

组织架构是现代金融机构高效运行的基础保障，组织架构设计是否科学合理，关系到金融机构的核心竞争力与服务能力。开放金融创新过程中面临的最大挑战往往是原有组织架构难以支撑敏捷反应和快速决策。尤其是传统机构通常以产品为中心，采取相对割裂的部门制，IT 与业务相互独立。近年来国内金融机构不断围绕战略进行组织架构调整，未来应该结合数字化转型战略的优化，进一步塑造组织架构的轻型、敏捷、智能、高效、活力等特性。

（四）保障开放金融探索的安全原则与边界

近年来，传统银行在数字化转型过程中出现了数字网络型、互联网型、直销型、虚拟型等各种业务类型，金融行业逐渐从过去的封闭走向开放，在此过程中遇到的风险和挑战更加复杂，如客户信息保护以及网络风险、外包风险、业务连续性风险防范等。金融机构的数字化转型，如果离开安全保障,甚至遇到难以避免的风险,则这项改革就成为"无源之水、无本之木"。当然,数字化反过来也能够服务于机构风控,如推动风控体系的流程自动化、决策自动化、数字化监控和预警,尤其是着眼于信用风险、压力测试、运营风险与合规等。

(五) 夯实金融大数据的资源基础

从狭义角度来看,离开数据开放的开放银行战略是不完整的。例如,英国近年来高度关注开放银行并开始制定开放银行的数据共享政策,包括建立相关的技术标准和指引。其核心是要求英国九大银行(其他银行可参照执行)遵循统一的数据开放标准,支持客户(包括个人和中小企业)将自身账户信息向第三方机构共享,促进金融产品创新,帮助个人和企业客户获取更好的金融服务。

商业银行拥有大量的客户数据和交易数据,这是数字化时代最重要的生产要素和财富。2016年中国银监会发布的《中国银行业信息科技"十三五"发展规划监管指导意见(征求意见稿)》指出,银行应当"主动制定大数据战略,积极建立大数据服务体系,加强数据共享,深化大数据应用,充分发掘数据价值"。在银行数字化转型中,一方面要更好地把大数据用于合规、审计、风险管理、资产负债管理;另一方面要用于数据分析与挖掘、客户画像、产品分析、盈利分析、市场情况分析、精准营销和交叉营销等,最大限度地发掘数据价值。

从金融行业角度看,需要解决的问题如下:一是数据够不够,尤其是要在传统结构化数据之外,加强非结构性数据管理;二是数据好不好,要将无效数据、低效数据去除,提高数据质量;三是数据怎么用,包括数字化、提高安全性、改善管理、加强外部合作等。当然考虑到我国的监管环境,真正的数据开放短期内难以有较大进展,需要做好相关储备,并且在此过程中不能忽视个人数据信息保护问题。

(六) 充分利用新一代技术和系统

开放金融建设离不开对前沿技术的研究与应用,就金融科技的底层重大技术而言，需关注人工智能、大数据、互联网技术（移动互联、物联网）、分布式技术（云计算、区块链）、安全技术（密码技术、量子技术、生物识别技术），还有一些尚在发展的前沿技术，如边缘计算、数字孪生、脑机结合、增强现实等，以及有向无环图（DAG）、哈希图（Hashgraph）等下一代分布式技术。当然，不同技术的成熟度和可应用程度实际上是有差异的，这也影响到金融机构科技创新的技术路径选择。例如，大数据、云计算、移动互联、机器流程自动化等技术比较成熟且应用范围较广，可优先布局和发展；区块链技术的成熟度则相对较低，应进行更多相关实验。

科技构成了金融机构的核心竞争力，面对业务和市场的千变万化，需要有更快速的响应能力、更安全的保障能力和更稳健的支持能力。当然，根据自身条件差异，金融机构增强自身科技能力的路径也有不同层面：一是以开放视角下企业级的系统研发与集成为核心，在底层合理、适度应用外部技术与设备；二是以外包与合作为主线，在共赢发展中不断提升自身适应新技术的能力；三是在整合自身技术资源的基础上，探索外部技术输出与服务。

（七）积极探索开放环境下的创新型业务

金融稳定理事会和巴塞尔委员会将金融科技活动分为支付结算、存贷款与资本筹集、投资管理、市场设施等。进一步细化看，典型的金融科技需求场景包括金融安全与金融监管、支付结算、融资产品与服务、智能营销与服务优化、身份认证与风控、保险服务、智能投顾与财富管理、信用服务等。

对于开放金融转型来说，需有效融合新技术、新理念，全面重构原有的业务模式，打造金融科技与实体经济的全新应用场景，其中最重要的是两大创新方向。一是新型"家庭金融"，即从家庭层面实现消费金融、财富管理、风险管理等多样化服务功能的配置。二是新型"产业金融"，包括产业链金融，即以金融科技创新引领产业链优化，服务产业升级、规模经济、中小微金融与普惠金融等。除此之外，面对金融混业经营、综合经营的趋势，应在合规的前提下，对各类金融业务融合展开探索。

（八）打造合作共赢的数字化平台与新生态

数字化经济社会的基本特征是互联互通，金融机构数字化转型本质上是为了构建更加开放的合作共赢生态。通常来看，开放金融以各种平台合作模式为主，采取自建、合作、参与、投资四种模式进行建设。近十年来，双边市场与平台经济理论成为国外产业组织理论中发展最为迅速的研究领域之一。在现实生活中，也涌现出了越来越多的平台经济模式，这里的"平台"概念刻画的是一种现实或虚拟空间，该空间可以导致或促成双方及多方客户之间的交易。换言之，平台是以某种类型的网络外部性为特征的经济组织。平台经济之所以拥有巨大魅力，是因为它具有网络外部性的特殊性质。

在金融科技创新浪潮中，主流金融机构普遍运用科技手段全面改造业务流程和组织架构，众多新兴机构加入原有金融服务产业链中，整个金融行业生态都在发生变化，多层次的平台模式成为市场结构优化的方向。为了有效推动整个开放金融建设，在此平台生态中可能会涵盖四类主体：在业务与经营活动中积极应用新技术并探索成立金融科技子公司的持牌金融机构；利用自身技术优势开展金融业务或对外提供技术服务的互联网企业；主要为金融机构或类金融组织提供技术支持与外包服务的新技术企业；利用新技术搭建平台，提供创新型金融服务的互联网金融、类金融组织。

归根结底，新生态建设的目的，是实现业务、技术、系统、理念的共享、共赢式发展。当然，生态的建设不能一哄而上，也不能"为开放而开放"，而是需要参与者有更加清晰的战略思考和定位，在生态建设中真正找到彼此互补、合作共赢的着眼点。

（九）全面推动以客户为中心的场景创新

从根本上看，开放金融变革的驱动力与金融科技创新一样，其供给侧驱动因素是不断演进的新技术和日益变化的金融监管，需求侧影响因素则是不断变化的企业与消费者偏好。

传统金融机构的信息化，主要是通过技术手段代替原有流程，以提升管理和运作效率，因此更加关注企业级的稳定性与可靠性，而非用户体验、快速创新和灵活的扩展能力。与这样的企业端信息化转型不同，金融机构数字化本质上是面对客户端的科技创新，包含面向业务场景的自我赋能。

具体看，一是充分适应客户需求更加多元化、专业化、智能化的趋势，真正在客户服务和以客户为中心方面完成实质性的快速改进，同时构建产品和服务的综合链条，以满足用户的需求。二是无处不在的"交互"，因为从居民到企业，我国客户主体习惯的交互界面，已经快速向移动互联网时代转化，整个商业生态都在变，更需要加强开放金融建设，使未来金融服务如"网"无处不在，体验一"点"触手可及，推动客户向用户乃至伙伴转移。三是更好地维护客户关系，有效实现线上与线下的结合。例如，长期以来，尽管银行电子化进程逐渐深入，但在许多业务环节客户仍需到网点完成，网点也是银行内部重要的业务与利润中心。未来需要真正实现资源重新整合，面对开放银行时代客户不再局限于本地的挑战，实现"无人"银行背后"有人"服务，从而更有效地维护客户关系，增强客户黏性。四是从客户到用户，再到伙伴。客户不再被动地接受产品和服务，而是能够主动定制和提出需求，甚至最终参与到产业链的服务流程中，成为部分服务的提供者之一。

总之，一是可以通过数字化工具与模式，全面拓展家庭金融的服务链、产业金融的信用链，把握好智能化家庭消费金融、财富管理等服务配置，以及各类企业的需求特征，真正实现场景金融的服务融合。二是可以着眼于支付结算、资源配置、风险管理等基本金融功能，实现服务空间与时间的拓展，提前发掘、培育和满足客户碎片化的潜在金融需求。

（十）完善开放金融时代的责任与文化体系

近年来，各类企业的环境、社会和公司治理（ESG）表现愈加受到关注，问题严重者可能导致公司形象受损，甚至引发生存危机。越来越多的企业开始研究履行社会责任的理念、战略、方法，重视其经营活动在经济、社会、环境等维度产生的影响。

金融机构数字化转型也意味着需要改变僵化的、缺乏社会责任的公众认识偏颇或固有形象。数字化时代的开放型意味着彼此的责任与义务。在当前环境下，金融机构和金融家都遭遇了众多环境与舆论挑战，更需要积极发挥履行社会责任的主体功能，进一步强化责任管理，创新责任理念，完善责任管理体系，健全责任推进机制，逐渐将责任管理融入日常经营管理中。在此背景下，建立在共赢、共享、共同发展基础上的开放金融，符合责任体系建设的原则。对此，需要从开放金融建设的技术、制度、文化等多个层面，真正推动金融机构强化服务实体的"初心"，增强社会公众的认可与"信心"。

具体看，开放金融建设需要重视环境、社会和公司治理，将对三项非财务类因素的考核纳入决策中，这是一种长期来看能够带来更高投资回报率的新兴投资策略。与此同时，充满活力与未来感的数字化银行的发展，还需要新型的、正能量的银行家精神提供助力，其特点包括乐观主义与创新精神、源于管理掌控力的自信心、作为安身立命之本的信用、具备生于忧患的危机意识、共享理念下的社会责任感、维护职业道德与市场原则的勇气、"咬定青山不放松"的坚持。

四　开放金融探索的难点与展望

（一）主要难点

在推动我国开放金融转型的过程中还面临许多难点，必须理性看待。

一是如何构建支持开放金融转型的监管协调机制。如当前热议的开放银行，其核心在于把银行的核心能力与数字化时代的开放协作有效结合起来，代表了数字化转型的高级阶段。但是其在实践中能否成功，关键在于自上而下的监管规则是否适用和支持，同时还取决于不同监管部门的协调与配合。

二是如何实施差异化的开放金融转型策略。数字化转型虽然是大势所趋，但是并不能作为金融业的普遍策略，因为尤其是在我国，金融机构所处区域、自身特征、主要优势与短板千差万别，不同规模机构的发展路径也各不相同，因此不同机构需要清醒认识自身在数字化大潮中的定位和目标，有时甚至需要降低预期，先转变理念、做好管理、巩固既有业务优势等，因为数字化转型"欲速则不达"。

三是如何确定机构内部持续推动的动力机制。长期以来，在向信息化、数字化转型的过程中，机构内部始终面临不同部门、不同条线、不同组织之间的竞争关系，有时能够提高最终竞争效率，有时则成为改革与发展的阻碍。开放金融转型的最终成功，不能只靠目标和理想，还需要真正从内部构建有效的激励相容机制，在转型中尽量增进多数内部人利益。

四是如何避免数字化与开放金融创新被滥用。我国改革开放的历史表明，凡是被滥用和运动化的改革与创新，其最终效果往往会南辕北辙。开放金融转型确实在当前具有重大战略意义，但是并不能"包治百病"，需要理性看待和把握。同时，也不应该把现有金融机构遇到的问题、改革方案的选择都套用到数字化转型上。

五是如何加强开放金融转型的理论支撑。现代金融业的发展离不开理论支撑，包括经营管理理论、风险管理理论、治理机制理论等，伴随着实践的快速迭代，理论也在不断优化。近年来金融机构技术变革的速度已经超出了理论更新的步伐，开放金融建设、金融业数字化转型研究更多地着眼于现象、素材和实践，缺乏在理论层面的系统分析、判断与指导，需要从整个现代金融业、金融市场、金融结构的视角来把握其内在机理与外在约束。

（二）发展展望

进入2020年，新冠肺炎疫情给我国经济社会带来了较大冲击，也对开放金融服务模式产生了深远影响。综合来看，未来经济金融体系或许呈现三个方面的变革趋势：一是更重视数据优化与标准化，运用大数据方法以解决信息不对称问题，为数字化时代奠定重要的生产要素基础；二是金融业将进一步拥抱人工智能、区块链等新技术，推动产品与服务的线上化、移动化、智能化；三是新技术难以"单兵突进"，更离不开制度规则的合理化、透明化、规范化。

在此背景下，金融机构在客户需求、市场、技术的作用下，顺应趋势不断推动数字化时代的自我赋能。同时，监管部门也推出一系列重要举措，有效提升了非接触式金融服务的动力与能力，从而更好地应对短期与中长期挑战。

例如，2020年2月1日，中国人民银行等五部门联合发布《关于进一步强化金融支持防控新型冠状病毒感染肺炎疫情的通知》，要求确保全国范围内支付清算通畅运行，加大电子支付服务保障力度；支持银行业金融机构、非银行支付机构在疫情防控期间采用远程视频、电话等方式办理商户准入审核和日常巡检，通过交易监测强化风险防控。再如，2020年2月15日，中国银保监会办公厅发布《关于进一步做好疫情防控金融服务的通知》，要求各银行保险机构积极推广线上业务，强化网络银行、手机银行、小程序等电子渠道服务管理和保障，优化丰富"非接触式服务"渠道，提供安全便捷的"在家"金融服务。据中国银行业协会统计，在政策支持和现实压力下，2020年初各银行机构线上业务的服务替代率平均达到96%。

在实践中，在当前疫情影响下，政策支持力度已经进一步加大。银行可在有效防控风险、准确识别客户身份和开户意愿的前提下，探索综合运用远程视频、人脸识别、电子证照、企业信息联网核查和大数据分析等安全有效的方式，通过电子渠道为单位办理开户、变更等账户业务。但疫情结束后，银行仍需及时联系客户补齐相关手续。由此来看，虽然许多政策属于短期措施，但为开放式金融创新、机构数字化转型提供了压力测试和实验场景，也将为下一步的创新与发展奠定重要基础。可以预计，在长期趋势与短期疫情的影响下，开放式金融、金融数字化、金融科技等将成为金融行业未来几年改革与发展的主题词。

参考文献

杨涛：《理解开放银行变革的八个视角》,《当代金融家》2019 年第 2 期。

杨涛：《商业银行数字化转型的重点与路径分析》,《农村金融研究》2019 年第 6 期。

杨涛、贲圣林主编《中国金融科技运行报告（2019）》,社会科学文献出版社,2019。

第二章　开放金融的理论内涵与框架

——以开放银行为例

董　昀[*]

摘　要：近年来，开放金融在全球范围内迅速发展，推动金融业发生深刻变革。在开放金融的诸多形态中，开放银行正在成为金融科技发展的新兴领域，有关开放银行的政策讨论和情况介绍日渐丰富。然而，学术界对开放银行的经济学分析尚不多见，有深度的理论探讨更是匮乏。有鉴于此，本章力图从理论角度完成两项工作：一是结合经济学相关理论文献和业界对开放银行的已有讨论，探讨开放银行的内涵；二是在此基础上，尝试从开放银行发展的基本脉络和基本事实中提炼若干理论要素，并借鉴经济学相关领域的已有理论，从创新发展理论、数据要素理论和平台经济理论三个角度对开放银行进行简要分析，以期为下一步开展对开放金融的理论研究提供可行的路径。

关键词：开放金融　开放银行　创新发展　数据要素　平台经济

---

[*] 董昀，中国社会科学院金融研究所副研究员、硕士生导师，中国社会科学院产业金融研究基地副主任，研究方向为金融科技、创新发展。

一　引言：开放金融的理论研究尚待破题

在新一轮信息技术革命的推动下，金融科技浪潮正在全球范围内兴起。金融科技大多是前沿性的创新活动，充满了不确定性。正因如此，金融中介机构或平台如果能将自身掌握的数据、服务、流程等各种资源开放，与其他机构或个人共享，将可能提高资源的利用效率，促使各方分工合作，发挥各自的比较优势，在不同方向上共同推进技术、场景、应用、组织等各类创新，从而提高金融科技创新成功的概率。这就是金融资源开放共享的重要价值所在。在当下的金融发展进程中，数字化经营、平台化、多向开放竞争等典型特质已经充分显现，开放成为金融体系变革的方向。从这个意义上说，开放金融是金融科技创新的重要路径，值得学术界深入研究。

开放银行是开放金融中最早成形和最具代表性的领域。相关研究表明，数字化技术与银行业务和组织的融合带来效率提升和组织变革。金融科技数字化改变了商业银行的技术环境、竞争环境、客户环境等外部环境，影响了商业银行的营销能力、风险控制能力、创新能力等组织内部的核心能力，进而驱动商业银行战略转型（董昀、李鑫，2019）。因此，开放银行成为开放金融中特别引人注目的领域，被视为商业银行数字化转型的主要方向，开放银行的发展可全方位提升银行服务实体经济和消费者的能力。2017年，英国《经济学人》杂志宣称，欧洲开放银行政策将引发一场"大地震"。2018年之后，金融界开始流行"银行4.0"提法：银行1.0时代，以传统的银行模式和物理网点为基础提供服务，可称之为"水泥银行"；银行2.0时代，借助电子技术延伸物理网点触点，通过网点之外的ATM、网上银行等自助服务客户，可称之为"鼠标银行"；银行3.0时代，基于智能手机和移动通信技术移动化服务客户，随时随地满足客户需要，可称之为"移动银行"；银行4.0时代，银行通过构建开放生态向客户提供无所不在的智能化服务，可称之为"开放银行"。

从上述提法中不难看出开放银行在当下全球金融业中所处的位置之重要。如果能够把开放银行的典型特征系统化和理论化，那么将会为我们研究开放金融打下坚实的基础。基于上述考量，我们将首先以开放银行为主要研究对象，对开放金融进行初步的理论探索。

伴随着"开放银行"概念的流行，学界、业界和监管部门都开始对开放银行进行理论研究。然而，目前的理论进展还极为有限，这是社会科学理论的特性所决定的。社会科学理论是用来解释社会现象的，现象的重要性和丰富性决定了理论研究的深度和广度。在开放银行的实践中，有关开放银行的业务模式、流程设计、监管政策都处于探索之中，少有形成定论的共识。这直接导致学术界无法从实践中获取足够的样本和数据，也就无法提炼出能够刻画现实的典型化事实，社会科学理论的建构工作便无从谈起。因此，开放银行的理论研究还只能停留在展望和规划阶段。

尽管如此，面对一个正在兴起，且未来可能重塑金融业的新领域，学术界仍然有必要做一些理论分析，以期为我们观察开放金融的发展变化提供有用的理论工具或框架。有鉴于此，我们拟结合经济学相关理论文献和业界对开放银行的已有讨论，探讨开放银行的内涵；在此基础上，尝试从开放银行发展的基本脉络和基本事实中提炼若干理论要素，并借鉴经济学相关领域的已有理论，为开展有关开放银行的理论研究提供一个初步的经济学分析思路和框架。随着对开放银行理论研究的深入，开放金融的理论意蕴和理论价值将进一步凸显，开放金融的理论研究路径也将逐渐清晰。

二 何谓"开放银行"：定义与内涵

（一）开放银行概念界说：文献梳理

清晰的概念界说是理论研究有效开展的必要前提。开放银行领域理论研究尚未破题的一个重要表现就是对开放银行缺乏准确的理论界定，基本概念的含混导致理论研究缺少精准的"靶心"。也正因如此，对开放银行的各类定义进行梳理和评析，可以帮助我们更加精准地了解当前业界对开放银行究竟形成了哪些共识、存在哪些分歧，以及开放银行的实质是什么。

对学术界而言，开放银行是一个新生事物。有研究者认为 PayPal 在 2004 年推出的 PayPal API 可被视为开放银行发展的开端（陆岷峰、张欢，2018）。不过，真正意义上首先使用"开放银行"这一概念的是 2015 年前后的英国和欧盟金融监管当局。"开放银行"概念从提出至今，时间尚不足 5 年。

从英国方面看，竞争和市场管理局（Competition and Markets Authority, CMA）及财政部两大机构均较早地提出了开放银行设想。CMA 于 2015 年推出"金融数据共享计划"，引导银行在客户允许并充分保护个人隐私的前提下，通过应用程序编程接口（Application Programming Interface, API）向第三方服务提供商开放数据，以便为客户提供更好的服务。2016 年，CMA 正式发布"开放银行计划"，要求英国的汇丰、巴克莱等九大银行（CMA9）建立并采用统一的开放银行服务数据和客户资格指标、银行服务质量指标与个人/企业账户交易数据，支持经认证的第三方服务提供商存取数据，为客户提供体验良好的定制化金融服务。2016 年 9 月，CMA9 成立开放银行实施实体（Open Banking Implementation Entity, OBIE），负责推进开放银行措施落地执行，并制定开放银行实施时间表（Agreed Timetable and Project Plan）。与 CMA 的计划相匹配，英国财政部也于 2015 年成立了"开放银行工作组"（Open Banking Working Group, OBWG），集中研究银行数据开放对消费者产生的影响，较早提出了开放银行概念。2016 年 3 月，OBWG 发布了《开放银行标准框架》（The Open Banking Standard），提出了开放银行的三大标准（数据标准、API 标准、安全标准）和底层治理模型，全面规范开放银行的发展。

欧盟较早地在支付业务领域引入了开放银行理念。为了鼓励金融科技创新，欧盟于 2007 年发布《支付服务指令》（Payment Services Directive，PSD），引导银行提升支付服务水平。2015 年，欧盟颁布《支付服务修订法案（第二版）》（Payment Services Directive 2，PSD2），制定支付账户开放规则，要求银行在客户允许的前提下，将客户的账户和交易等金融数据通过开放 API 共享给第三方支付服务提供商，支持第三方支付服务提供商为客户提供便捷、个性化的支付服务。PSD2 要求欧盟各国在 2018 年 1 月之前将 PSD2 转化为法律，为欧盟发展开放银行提供法律规范。

开放银行目前没有一个统一、明确的概念，业界从不同的角度出发，对其有不同的归纳和理解，本章在此列举一些有代表性的定义。

从英国和欧盟的操作看，开放银行的要义在于通过开放 API 把银行手中掌握的金融数据所有权转移到消费者手中，从而促进金融创新，使得金融服务能够更好地满足消费者需求（European Banking Authority，2017）。

在维基百科中，开放银行被定义为银行使用 API，从而使得第三方软件开发者得以运用银行数据进行程序开发建构，提供相关服务的活动。这个定义与英国政府和欧盟正在做的事情也比较吻合。

著名咨询公司高德纳（Gartner）对开放银行的界定更具一般性和理论色彩。Gartner 认为，开放银行本质上是一种平台化的商业模式，具有平台经济的基本特征。具体而言，开放银行的主要运行机理是与商业生态系统共享数据、算法、交易和流程等各类信息，主要功能是为商业生态系统中的第三方开发者、客户、银行、金融科技公司等群体提供信息服务，最终目的是帮助银行建立新的商业模式与核心竞争力，创造新的价值。除了 Gartner 之外，欧洲银行管理局（EBA）、波士顿咨询公司（BCG）、麦肯锡（MCK）等国外机构均对开放银行做了概念界说。这些定义虽各有侧重，但均认为开放银行是一种平台化的商业模式。以 BCG 为例，该公司的研究报告认为开放银行代表了一种平台化的商业模式。在此模式下，银行通过与商业生态系统中掌握用户资源的合作伙伴共享数据、算法、交易、流程或其他业务功能，触达个人、企业、政府、金融机构等各类终端用户，为其提供无所不在、体验一流的金融服务。开放银行具备以下核心特点：以客户需求为导向，以生态场景为触点，以 API/SDK 技术为手段，以服务碎片化、数据商业化为特征，以体系化转型为方法（何大勇等，2019）。

同盾科技（2019）综合上述定义，认为开放银行是以客户为中心，以生态场景为触点，以 API/SDK 等技术为手段，以服务微型化、碎片化为特征，通过与第三方数据、业务等的共享融合来满足客户需求的平台商业模式。

一些国内学者如黄东浩（2019）以及陈华、石朝（2019）等也把开放银行的实质视为平台模式。黄东浩（2019）认为，开放银行具有三大特征，即以开放共享为创新理念，以生态场景为用户触点，以数字连接为技术本质。开放银行模式是银行通过 API 等技术手段，与第三方实现业务、数据、算法、交易、流程等的共享融合、分布协作，为商业生态系统的客户、员工、第三方开发者、金融科技公司和其他合作伙伴提供服务的平台战略模式。陈华、石朝（2019）则认为，开放银行是一种场景化、平台化的金融服务模式，以用户需求为导向，以场景服务为载体，以 API 为手段，在大数据、云计算等新兴科学技术的支撑下，通过与商业生态系统共享数据、流程、交易等其他业务功能，为商业生态系统的用户、合作伙伴提供基础化服务，帮助银行构建新的核心能力。

刘勇、李达（2019）强调开放银行对银行服务完整性的推动作用，认为这一模式使得人们通过单独一个应用程序就可以对自己的所有银行账户信息了如指掌成为可能。人们可以通过授权让第三方自由使用自己的金融数据，创造了能让自己获得更优质的金融服务的可能。同时，使基于历史形成的所谓的"百年银行"品牌在新兴银行面前不再具有无法替代的优势，新进入银行业的新兴银行获得了与传统大型银行平等竞争的机会。

易宪容等（2019）对开放银行理论实质的定义聚焦数据共享。他们认为，开放银行的实质就是实现金融数据共享，把数据作为生产要素和有价值的资产，依靠新的法律制度安排和计算机网络智能技术，以市场化方式对金融数据及金融资源进行重新整合与配置，以此来发现潜在的金融需求、创造新的金融需求、鼓励金融创新、实现价值共享及价值创造而形成的新金融业态。虽然开放银行不会改变金融的本质，但会对传统金融业，特别是银行业产生颠覆性影响。杨东、程向文（2019）也把开放银行视为一种新型业务模式和数据共享机制，这一机制以消费者为中心，以平台维度为建构层次，以 API 技术为赋能基础。

上述定义并未囊括所有文献，但已具有较强的典型性和代表性。

（二）开放银行的基本内涵

通过对上述国内外文献的梳理，我们不难发现，尽管各方对开放银行的定义各有特色，角度和重点也不尽相同，但仍可总结出一些共性特征。总体而言，各方对开放银行的定义通常都涵盖了 API 等新技术、数据共享、平台合作三个基本特征。说到底，开放银行是运用 API 及 SDK 等新技术，并借助大数据、云计算、物联网等相关技术的支撑，在银行与第三方服务提供商之间实现数据以及技术、算法等其他各类资源的共享，将银行的金融服务全面融入各种第三方服务场景中，从而提升银行业创新能力、提供高质量金融服务的平台合作金融业态。从商业模式角度考察，开放银行是商业银行与第三方合作机构共享数据、技术、资源，进而让第三方合作机构得以调用商业银行提供的接口向客户提供场景化的金融服务的三元平台化商业模式。

通过进一步总结提炼，我们认为，对于开放银行而言，API 等新技术是这一商业模式的技术支撑，平台化的组织架构是其制度基础，金融数据共享是这一机制运行成功的关键，而实现金融创新和改善金融服务供给质量是开放银行致力实现的根本目的。

概言之，开放银行的实质是商业银行充当客户与场景提供方的媒介，银行不直接向客户提供服务，而是通过场景提供方为客户提供"润物细无声"式的全方位的金融服务。这一模式的核心是金融数据共享，通过共享数据资源，发现客户需求，重构流程，创造价值，改善金融服务供给，最终实现创新发展。

具体而言，开放平台这一商业模式的参与主体主要有三类。

其一是商业银行。商业银行是整个开放银行模式的核心，它在商业模式中的主要作用是把自身拥有的金融服务能力，包括银行的产品、账户、流量、场景和金融数据与第三方共享，其中金融数据的共享是商业银行对外开放的重中之重，也是各方关注的焦点。

其二是技术提供方。技术提供方的主要功能是为商业银行提供开放银行所需的技术和相应的解决方案。技术提供方又分为两种模式。第一种是商业银行本身作为开放银行的技术提供方。这种模式的实施者主要是实力雄厚的大型商业银行。这些大型商业银行的金融科技部有能力为本行的银行业务编写 API 程序，开放接口，向外输出金融服务。第二种是为中小银行服务的金融科技公司。中小银行受制于自身有限的技术能力，需要金融科技公司的帮助，才能融入新技术和互联网，对接商业生态。

其三是商业生态的场景提供方。场景提供方主要由金融科技公司、互联网企业、电商平台等各类服务平台乃至第三方或个人开发者构成，其主要功能是通过调用银行的 API 接口，获取相应的金融数据或服务，通过直接或再创造的方式为各自客户提供全方位、多层次的金融服务。当然，也有极少数商业银行同时承担商业场景提供方的职责，主动整合金融服务、生活服务、电子商务等各类商业场景，融入自建 App 平台，直接为 C 端客户提供服务。

根据以上介绍，若按照商业银行扮演角色的差异，我们还可以把我国目前已有的开放银行运营模式划分为三类。

第一类是商业银行既是技术提供方，又是聚合商业生态的场景提供方，直接为 C 端客户提供服务。这种方式并非当下的主流。

第二类是商业银行提供标准化的金融服务和相应的技术接口，向各类 B 端客户开放，通过 B 端商业场景，间接为 C 端客户提供服务。目前国内大型商业银行大多采用这一模式发展开放银行。在这一模式下，商业银行主要提供标准化金融服务，将金融服务通过 API、SDK、H5 等技术以标准化的形式提供给 B 端客户，对接外部生态。而 B 端的商业场景通过调用商业银行的接口，满足 C 端客户的金融服务需求。

第三类是商业银行仅提供金融服务,由技术提供方嵌入开放银行平台向各类 B 端客户开放,通过 B 端商业场景,间接为 C 端客户提供服务。目前国内中小银行大多采用这一模式。中小银行由于自身技术实力不够,自身资本对于独立建设开放银行平台来说心有余而力不足,但对融入线上、拥抱开放又有迫切需求,往往依靠技术提供方提供的 API、SDK 等技术手段将自身金融服务嵌入提供方的开放平台,达到对外开放、对接外部生态的目的。

在这一模式下,C 端客户直接接触的是商业场景的提供方,而场景提供方调用的接口也是来自技术提供方的开放平台。因此,商业银行对整个业务流程的控制最弱,存在感最低,对金融数据的掌握能力也被削弱。但金融科技的冲击和行业竞争加剧了中小银行的转型压力,迫使其对外开放,融入外部生态,寻求线上获客,拓展服务范围。

(三)若干问题辨析

关于开放银行的定义,有以下几个关键点需要加以辨析并着重强调。

第一,将开放银行与银行进行区分。开放银行并不是银行或金融机构的一种形态,而是一种商业模式。

第二,将开放银行的理念与开放银行的概念进行区分。开放银行的基本理念是金融数据共享和开放,已经体现在早期实践探索上,而开放银行的严谨概念则尚未形成。也正是因为学界对开放银行的概念尚没有权威的明确定义,不仅中小银行对开放银行的开放形式、开放目的、开放标准、开放项目等存在概念不清、路径不明的问题,而且不少大型银行在与第三方的合作方面对开放银行理解不清,对自身角色、权责范围界定不明,使得具体合作流于表面、流于形式。在实际研究中,我们应着重把握开放银行的基本理念和实质,而不必拘泥于各类文献对开放银行基本概念的界定。

第三,将开放银行与开放 API 进行区分。开放银行的技术实现方式除了 API 外,还有 SDK 和 H5 等,均可实现数据的开放与共享,API 只是现阶段普遍应用的技术实现方式之一。况且，开放银行作为一种商业模式，还有赖于大数据、云计算、物联网等各类新兴信息技术的支撑。总之，API 只是开放银行的关键技术之一，而非全部。从更深层次说，技术是创新的前提和基础，而非创新本身。因此，开放 API 是实施开放银行战略的基础，而不能将其等同于开放银行。

第四，不同国家对开放银行的理解并不完全一致。在英国和欧洲大陆，开放银行的发展是政府用法治化、制度化手段大力推动的产物，主要目的是促进支付、小微信贷等金融服务能力的提升。在我国，开放银行是市场竞争的产物，强调商业模式的转变和服务客户差异化、个性化需求的流程再造。开放银行并不是某一类银行的牌照，也不仅仅是利用 API 接口和所谓的 SDK、H5 技术打造的狭义的端口开放，本质上是商业银行利用新技术改善客户服务体验的经营理念。需要注意的是，美国金融科技公司发展得早，整体实力较强，以金融数据共享为特征的开放银行在美国也呈现鲜明的市场驱动型特征。

三 研究开放银行的理论框架

开放银行是一类新生事物，由于缺乏严谨、明确的定义，对其进行学理分析殊为不易。我们的理论框架建构工作需要分几步来完成。第一步，开放银行是金融科技发展进程中产生的新事物，需要从金融科技发展的历史进程中把握其特质，从而明确开放银行研究的主攻方向。第二步，从丰富多彩的现象和各式各样的定义中抽象出开放银行理论研究的基本要素。第三步，根据提炼出的理论要素"量体裁衣"，在现有的经济学理论体系中为开放银行寻找适用的理论框架，作为分析现实问题的理论基准。第四步，尝试用上述理论框架对开放银行发展中的若干重大问题进行初步分析，检验其适用性。本章试图完成前三步。在今后的研究中，我们应当运用上述框架，研究开放银行发展进程中的技术、组织架构、创新模式、资源配置、制度环境、消费者需求、市场结构、风险与监管等各类问题，完成第四步工作。

（一）金融科技视域下的开放银行

学界和业界一般都认为，金融科技是金融与科技的融合。按照此定义，尽管金融科技是一个新近流行的时尚概念，但金融业的科技变革则是一个"老故事"。英格兰银行首席经济学家霍尔丹在题为"创造性经济"的学术演讲中指出，今天的金融科技与17世纪看似简陋的英国家庭保险业发展并无本质差异，都是金融企业家利用新技术、应对新变化、实现新创意的创造性活动（Haldane，2018）。

当下流行的金融科技是金融与新一代信息技术相互融合而催生的新"物种"。简言之，金融科技借助新技术在信息收集、传输、存储和分析等方面的突破性进展，在货币金融领域持续创造出新的业务模式、新的应用、新的流程和新的产品，从而对金融市场、金融机构、金融服务的提供方式产生巨大的冲击，具有典型的"创造性破坏"特征。传统金融机构与新兴金融科技企业在激烈的市场竞争中共同推动金融与科技的融合。金融科技的出现标志着金融与科技的融合这个"老故事"步入了新阶段，开启了新篇章（董昀，2019）。

作为金融科技的一种典型的、新兴的代表性模式，开放银行的发展有两个基本特质。①开放银行的发展必然以金融为体、科技为用，必须遵循经济金融运行的基本规律。因为开放银行模式改变的是金融交易的载体、渠道、成本和效率等要素，但服务实体经济仍然是金融的天职，金融体系也依旧要履行支付清算、配置资源、管理风险等基本功能，其初心不变、职能不变。②开放银行是具有熊彼特式创新特质的一类金融创新活动。究其根本，包括开放银行在内的金融科技是金融企业家利用新的技术发明进入金融市场、实现新组合、获取利润的经济过程。有鉴于此，经济学界和政策制定者需要从创新发展的视角入手，动态地观察开放银行发展的历史进程，全面评估开放银行发展对经济金融体系的影响。

（二）开放银行发展进程中的若干理论要素

从前文的文献梳理和内涵探讨中，我们可以进一步梳理出开放银行理论研究的若干基本要素。

第一，开放银行理念或模式的根本目的是推动金融业的创新发展，即运用新技术来实施创新活动，从而带动金融服务供给质量和供给效率的提升。在创新的流程中，以 API 为代表的新技术是实施创新的基本前提，市场竞争是实施创新的基本环境、基本机制，而利润则是实施创新的根本目的。此外，从产业结构角度看，开放银行创新活动将会对传统金融业，特别是银行业的行业格局产生颠覆性影响，熊彼特式的"创造性破坏"效应将持续显现。

据此，我们需要关注技术、创新类型、市场环境、盈利模式、产业结构等一系列与创新高度相关的领域，利用已有的理论框架帮助我们分析开放银行的特征、机制与经济效应。

第二，开放银行战略所依靠的核心资源是金融数据，核心要义是金融数据的共享和开放。因此，我们应当把数据视为可以创造财富、推动发展的一种资源或一类要素，借助相关经济学理论对数据共享和开放的经济效应加以分析研判。

第三，作为一种商业模式，开放银行的本质是平台合作，平台化的组织模式是开放银行运行的基础性支撑。在经济学文献中，"平台"概念刻画的是一种现实空间或虚拟空间，该空间可以导致或促成双方或多方客户之间的交易。换言之，平台是以某种类型的网络外部性为特征的经济组织。对于这类特殊的经济组织，产业组织理论和制度经济学已有大量研究。

（三）为开放银行研究寻找适用的理论框架

1. 创新发展理论

既然开放银行是一类重要的创新活动，体现了人类的创造能力与创新活力，那么开放银行研究的路径就不应局限于探究技术发展规律，或是探讨开放银行的金融属性。更具根本意义的做法应当是，从人类创新发展的广阔视角着眼，综合运用创新经济学和金融学提供的分析工具，刻画作为一种创新活动的开放银行的发展机理和经济效应。按照这一思路开展研究，至少可以形成以下几个主要的研究方向。

第一，新技术是开放银行建设的前提。因此，有必要研究开放银行发展的技术背景，把握技术演进的规律。当然，这一任务主要交由技术专家和工程师来完成，但经济学家也需要掌握适当的技术背景知识。理解技术的本质和动态，关键的一步是准确把握技术性知识的栖身场所、表现形式、储存形式和改善方法。在此基础上把技术进步理解为不断演化的动态过程，准确把握技术范式和技术轨迹的变化趋势（Hall and Rosenberg，2010）。

需要特别注意的是，在开放银行乃至所有金融科技发展进程中，各主要技术类型之间是相互关联的。因此，我们不能停留在孤立地分析某一单项技术的特性上，而要从整体上把握各类技术之间的互联性，这样才能准确分析它们在金融业的应用前景。譬如，人工智能与大数据和云计算就有着密切的联系：大数据技术的发展推动了海量数据的积累，云计算能力的提升带来了高水平的计算能力，促进了研究者对算法模型进行持续改进和优化。数据、算力和算法三方面的进展相互促进，直接推动了人工智能呈现爆发式增长。同理，在开放银行发展进程中，研究API、SDK等核心技术的特性及其之间的相互关联是十分必要的基础性工作。

第二，创新是开放银行的灵魂。创新经济学家通常认为，发明是指首次提出一种新产品、新工艺以及新的产业组织形式的想法，而创新则是首次尝试将这一想法付诸实施（Fagerberg et al.，2004）。可见，利用新技术从事金融创新活动是开放银行的本质特征。更为具体的企业创新活动描述来自熊彼特：创新就是新组合的实现过程（Schumpeter，1934）。这些新组合包括：①采用一种新产品或者产品的一种新特性；②采用一种新的生产方法；③开辟新的产品销售市场；④打通新的原材料或者半成品供应渠道；⑤采用新的组织形式来改良或彻底改革生产模式。因此，经济学家需要研究开放银行创新的主要方向，究竟是提供了新产品或服务、新的生产方式，还是开拓了新市场，抑或是形成了新的组织模式。

第三，企业家才能的配置方向决定创新的成败。根据 Baumol (1990) 的分析，企业家才能的配置方向对经济绩效具有决定性影响，如果企业家才能被更多地配置到生产性、创新性领域，则必将助推经济发展；如果企业家才能被更多地配置到套利性、重复性乃至非生产性方向，经济势必停滞不前；如果企业家才能被更多地配置到破坏性方向，那么经济衰退和经济危机迟早要出现。借助这一框架分析开放银行和金融科技，我们认为，金融企业家能否将新技术运用于生产性、创造性活动，是决定开放银行发展成败的关键。近年来我国互联网金融的发展乱象充分反映了金融制度结构中存在的扭曲对企业家行为的负面影响。我国金融业管制比较严格，进入门槛比较高，有着很高的制度性"租金"。企业家进入金融业之后，往往抱有坐地收钱的强势思维。巨额租金的存在诱导人们凭借其"企业家才能"，运用各种先进的技术手段规避监管，进入金融业去分享垄断利润，难以沉下心来实施真正的金融创新活动。因此，市场上充斥着打着互联网金融旗号从事传统金融业务，但又不受各项监管制度约束的伪互联网金融活动。

在开放银行发展进程中，我们同样要注重分析企业家才能的配置和新技术的运用方向。例如，若商业银行既是技术提供方，又是聚合商业生态的场景提供方，直接为 C 端客户提供服务，那么其好处是商业银行处于主导地位，能自主把握业务进度和流程，收获大量真实有效的消费数据。直面 C 端客户，能有效提升品牌知名度，形成高度的认同感。然而，这种模式也可能导致企业家才能被更多地向创新性较弱的领域配置，从而阻碍资源配置效率和创新能力的提升。首先，在这一模式下，服务的对象几乎是商业银行自身的客户，封闭的生态环境对外部客户的引流作用有限，无法起到开拓新市场的作用。其次，所聚合的 B 端商业场景服务的客户忠诚度有限，导致主观能动性弱，前端载入速度慢、页面粗糙、视觉效果差，所提供的后端服务诸如仓储、配送、售后、客户服务等也没有保障，导致场景创新不足。最后，商业银行往往追求大而全，缺乏跨专业人才，营销理念和方式滞后，管理粗放，导致金融服务供给能力不足，客户需求难以充分满足。

第四，密切跟踪分析开放银行"创造性破坏"进程的主要特征。熊彼特认为，新产品、新技术和新的组织形式打击的不是现有企业的利润边际和产量，而是它们的基础和生命（Schumpeter，1942）。金融科技的迅猛发展正在对现有金融体系产生"创造性破坏"效应，开放银行亦如此。

在新兴科技力量的推动下，金融科技企业在技术研发、标准制定、成本控制等方面形成了明显的竞争优势，既为优化金融服务、改善金融供给结构提供了良好基础，也对现有的银行业金融机构形成了巨大冲击。面对技术革新和市场竞争，商业银行凭借庞大的客户资源、雄厚的资本和丰富的金融从业经验，也在加快金融科技布局，推进数字化转型，用开放银行等新理念重塑商业模式，在技术标准制定等关键环节与金融科技企业开展竞争与合作。在金融市场中，上述两类企业既竞争又合作，从两端共同推动金融与科技的融合发展。我们应当研究我国金融科技动态变迁过程中各类市场主体采取的竞争战略，以及采用开放银行等战略后引发的金融服务质量、市场营销模式和金融业市场结构等方面的变革。

第五，开放银行发展进程中的风险无处不在。对于金融风险管理而言，金融科技是一柄双刃剑，它虽然为风险管理提供了更加多样化、更富韧性的新工具，但也使得金融体系之间的信息传递速度加快，市场主体之间的关联更加复杂，羊群效应也更加明显，风险外溢随之加快。金融网络安全风险、合规风险、技术依赖风险乃至系统性风险都可能进一步加剧。

开放银行同样也不例外。开放银行的平台经济特性意味着各方彼此关联，牵一发而动全身，一家银行或者金融科技公司的风险会迅速蔓延到其他关联方，导致系统性风险。此外，其技术漏洞和编程错误依然存在，容易滋生新的技术风险。况且，开放银行将面对更大的客群，客户需求更加多样化，风险也随之增加。

2. 社会主义基本经济制度视角下的数据要素与经济发展

既然开放银行战略所依靠的核心资源是金融数据，核心要义是金融数据的共享和开放，那么我们就需要从经济学理论体系中寻找分析数据的基本框架。

党的十九届四中全会审议通过的《中共中央关于坚持和完善中国特色社会主义制度、推进国家治理体系和治理能力现代化若干重大问题的决定》（以下简称《决定》）对与数据相关的若干重大问题进行了战略部署。第一，在优化政府职责体系的部署中，既强调要建立健全运用互联网、大数据、人工智能等技术手段进行行政管理的制度规则，也强调要推进数字政府建设，加强数据有序共享，依法保护个人信息。第二，把优化经济治理基础数据库作为加快完善社会主义市场经济体制的重要工作。第三，把数据视为生产要素，强调要健全劳动、资本、土地、知识、技术、管理、数据等生产要素由市场评价贡献、按贡献决定报酬的机制。

刘鹤（2019）指出，《决定》强调了"知识、技术、管理"作为生产要素，反映了现代经济中知识、技术、管理等要素对经济增长的贡献率明显上升的趋势。特别是《决定》首次增列了"数据"作为生产要素，反映了随着经济活动数字化转型的加快，数据对提高生产效率的乘数作用凸显，成为最具时代特征的新生产要素的重要变化。谢伏瞻等（2020）认为，对数据要素的重视，体现了现代经济增长的新特征、新趋势，体现了收入分配制度尊重知识、尊重人才、尊重创新的导向。从政策实施角度看，刘鹤（2019）强调，要强化以增加知识价值为导向的收入分配政策，充分尊重科研、技术、管理人才，建立健全数据权属、公开、共享、交易规则，更好地实现知识、技术、管理、数据等要素的价值。

既然数据是现代经济增长中的重要生产要素，那么我们就可以借助经济增长理论的基本框架来分析数据在经济发展中的基本作用。与劳动、资本、土地一样，数据也是重要的生产要素，这表明数据在现代经济增长中发挥着基础性作用。数据的不断积累和增长可以推动经济活动的数字化转型，从而起到提升生产效率的作用。

更为重要的是，数据利用效率的提升比数据规模的扩大更为重要。如果空有规模庞大的数据，但未能有效利用，数据对经济增长和生产率提升的乘数效应将是有限的。因此，知识的积累、技术的进步和管理的改进对数据利用效率的提升有着至关重要的推动作用。知识、技术、管理、数据这几类要素是相互影响、相互促进的，其作用不能被割裂开来。

以金融领域为例，新一代信息技术的发展推动人类在数据收集、传输、存储和分析方面取得了突破性进展。换言之，信息收集、存储、分析、甄别、传输和加密等技术的发展是金融科技革命的核心组成部分。开放银行的发展就是要以新技术、新知识为支撑，打破数据孤岛，扩大数据的共享范围，使得数据资源充分自由流动，提高数据的利用效率。数据的充分利用意味着对用户需求的精准把握和对金融服务供给的清晰定位，这是增强金融服务实体经济能力和提升生产效率的必要条件。

当然，开放银行对外开放和共享的内容范围较广，且处于不断拓展的状态之中，其核心是数据，但不局限于数据，既包括金融数据也包括金融服务，既包括客户原始数据也包括各类整合数据。在客户数据方面，包括客户的基本信息、账户和交易信息以及其他参考信息；在银行数据方面，包括银行产品信息、网点信息以及业务数据等。各类数据的共享将会直接导致数据资源开发利用效率的提升，从而推动金融服务效率提高和质量改进。在金融服务方面，包括账户开立、快捷支付、代缴代扣等支付服务，贷款审查及发放等信贷服务，以及账户查询、贷款查询、用户认证、实时通知等信息服务。这些服务的输出和共享同样可以起到提升金融服务质量和降低金融服务门槛的作用，从而促进经济发展。

巴塞尔委员会的研究报告显示，银行向第三方开放其持有的客户许可数据已是司空见惯，但数字设备应用的增长以及数据聚合技术的迅速发展，正改变着全球零售银行的服务。银行向第三方开放的客户许可数据被用于构建应用程序、改善服务，以及开发更加高效、便捷的支付手段，以提高账户持有人的财务透明度，为其提供新的、改进的账户服务，并为营销和交叉销售提供机会（巴塞尔委员会，2019）。这一结果表明，开放银行的确可以起到促进数据资源流动、提升数据资源配置效率的作用，从而切实改进金融服务，降低经济运行成本，推动经济增长。

新技术的发展对我国银行业乃至金融业而言是一个重要战略机遇。手中握有现代科技手段，我们就不会局限于过去单一的结构性信息，而应将大量非结构性信息，如社交信息、影像图像信息等囊括在内。在此基础上，整个金融业的信息链条还扩展到信息收集、处理、分析和挖掘等多个环节。但就我国的情况而言，数据资源的开放利用目前仍面临一些制度性难题，开放银行的进一步发展也将受制于这些难题。

第一，信息孤岛问题。目前，中国的信息不可谓不多，各个行政部门、事业单位、企业都会收集信息。但遗憾的是，由于缺乏协调，不同部门之间信息存在割裂的孤岛。如何实现这些信息的互通和共享，以及在监管部门、商业领域之间的合理合法使用便成为一个重要问题，其涉及面很广，需要进行顶层设计，层层推进。

第二，各类信息的数字化问题。信息的数字化，并不仅仅意味着将现存的各类信息换一个数字的载体去保存，还应该是将所有的信息数字化，然后将这些数字化信息筛选、集成，变成方便查询、编程并依据一定的算法进行挖掘的活"库"。

第三，提升算法问题。从中国的情况来看，经过不懈的努力，我国的算力已经有了突飞猛进的提升，但是由于长期不重视科学研究，我国的算法在世界上依然处于学习、引进阶段，这将对金融科技和开放银行的发展形成掣肘。这种状况与我国整个科学教育体系偏理工且在理工里偏工程的格局有关。因此，发展金融科技和开放银行，必须改革我国的基础教育制度和研究体系。

第四，商业银行与金融科技公司的数据整合难度依然较大。近年来，商业银行主动向金融科技公司寻求合作，但金融科技公司往往以相互交换数据为前提，商业银行的数据是信贷行业的强相关数据，往往不愿意共享数据，因而使合作搁浅，数据整合成为商业银行打造开放银行的一大掣肘。

3. 平台经济学

开放银行建设首先意味着业务体系的开放化和平台化，其有效运作还有赖于构建更符合时代要求的组织架构、研发模式和风控模式。其中，由于开放银行模式的本质特征就是平台，因此平台建设是各类制度建设的重中之重。也正因如此，借助平台经济学相关理论对开放银行的组织架构和运行模式进行研究十分必要。本部分简要介绍一些对分析开放银行现象有帮助的理论工具。

平台经济理论主要关注连接两边具有交叉网络外部性用户群体的平台企业的经济行为。该理论通过交易成本和合约理论，分析不同类型平台的发展模式与竞争机制。

在平台经济理论中，"双边市场"与"平台"是一对密不可分的概念。与传统经济中市场简单地分为买卖双方的单边市场不同，平台经济以双边市场为载体，双边市场以平台为核心，通过实现两种或多种类型顾客之间的博弈获取利润。Rochet 和 Tirole（2003）指出，所谓双边市场，是与"价格结构非中性"概念联系在一起的。通过提高向一边的收费，同时同等程度地降低向另一边的收费，平台可以改变交易量，则称这一市场为双边市场。也就是说，在双边市场中，价格结构影响交易量，平台应该设计合理的价格结构以吸引两边的参与者，同时提升其竞争力。以 Armstrong（2006）为代表的另一种定义认为，双边市场的核心特征是具有交叉网络外部性，在双边市场中，两组参与者需要通过中间平台进行交易，并且一边用户使用平台进行交易所获得的收益或效用会随着另一边用户数量的增加而增大。第三种代表性定义则认为，双边市场必须符合两个条件：第一，市场的两边在同一个平台上进行交易；第二，一边的决策会对另一边的决策结果产生影响，特别是通过外部性起作用。

与传统经济相比,平台经济具有双边性、多属性、外部性、服务性、竞争与垄断相结合等特点。平台产业交易量受到非对称性价格结构的影响,双边用户的交叉网络外部性和多属性行为以及平台的定价策略都能实现平台产业利润和社会效益的最大化。

根据Evans(2003)的分析,平台经济呈现三个主要特征。

第一,双边客户召集。平台的一个重要特征是,无论平台如何收费或定价,只要没有另一方的需求,则这一方的需求也会消失。因此,平台投资经营方必须设法召集双边客户。其中一种重要的方式就是,首先获取市场某一方的大量客户,免费为他们提供服务,甚至付费让他们接受服务,因为这样能够调动这些受益者参与平台的积极性。

第二,双边客户利益平衡。平台企业需要制定和维持一个最优收费结构或价格结构来平衡双边客户的利益。在大部分的多边市场中,平台的定价结构似乎都严重倾向于市场的某一方,这一方的边际效用远低于市场的另一方。

第三,规模化与流动性。平台企业在投资规模扩大之前,都会花费大量时间测试和调整平台以增加流动性。这些企业先是在小型市场中试运行,反复试验并找到值得投资的适当技术与商业模式。这些成功的平台企业都采取了循序渐进的市场进入策略,经过时间的积淀再逐渐扩大规模。

开放银行的建设也需要借鉴上述基本原则、定价策略和市场进入战略。

已有文献一般将双边市场分为四类:交易中介、媒体、支付工具和软件平台。

交易中介是双边市场的基本类型,各类电子商务平台、房地产经纪人、出版社和各种会所等都可以归入这一类。交易中介的特点是,它有两种类型的顾客,我们通常称之为"买家"和"卖家",交易中介的作用就是撮合双方的"交易"。

常见的媒体包括报纸、杂志、电视等传统媒体以及门户网站、博客等新兴媒体，其特点是平台通过提供"内容"（新闻、评论、节目等）来吸引"眼球"（读者、观众），进而通过读者、观众来吸引广告客户。

支付工具主要指银行卡，包括借记卡和信用卡。在这种类型的双边市场中，要使支付工具得到充分利用，不仅消费者（持卡人）要愿意使用，而且商户也必须接受刷卡消费，持卡人和商户之间存在间接的外部性。消费者愿意持卡消费，不仅是因为发卡行会提供种种优惠，如免年费、能积分等，而且是因为信用卡消费可以提供短期的无息贷款，也可以提供长期的信用贷款。商户接受刷卡消费，主要是因为间接外部性，消费者愿意持卡消费，商户为消费者提供这种服务可以提高销售量。

软件平台是现实中常见的双边市场，如操作系统、网络游戏等。在这种类型的双边市场中，买方要使用卖方的产品，必须通过平台（既可以是软件，也可以是硬件）来实现，所以有学者称这类平台为共享投入平台。需要指出的是，软件平台一般会涉及"多边"市场，以操作系统为例，就有硬件、应用软件、用户三边。因为"双边"的本质在"多边"的情况下不会发生改变，所以习惯上还是以"双边"命名。

从现有文献看，并未明确分析开放银行属于哪一类双边市场。我们知道，开放银行是一种开放化商业模式，通过与第三方开发者、金融科技公司、供应商等其他合作伙伴共享数据、算法、交易等流程，重构商业生态系统，为商业银行提供新的价值，增强核心竞争力。其基本功能并非撮合交易，也不是吸引"眼球"，支付服务和产品买卖也不是开放银行的主要功能，因此文献的这种分类法尚不能很好地适用于开放银行。我们应当进一步观察分析开放银行的发展变化，从中总结其基本特征，然后再适时推进平台经济理论创新。

四 结语

通过以上分析论述，我们对开放银行理论研究的可能路径进行了探索，并形成了初步思路。第一，开放银行本质上是一种新技术驱动下的创新活动，我们可以借助创新发展理论来观察分析开放银行的演进过程，从技术、创新模式、制度、产业结构、风险等多个角度运用经济学现有分析框架对开放银行展开系统研究。第二，数据资源的开放共享是开放银行模式的核心机制。我们可以基于中国特色社会主义政治经济学研究的最新理论成果，把数据视为一种重要生产要素，研究开放银行对数据资源利用效率的影响机制和效果。第三，平台化运营是开放银行商业模式的主要载体。我们应当借助平台经济学的基本理论，研究开放银行的市场进入策略、定价模式、市场结构、可持续性等重要问题。

归根到底，开放银行是开放金融的一种代表性模式。对开放银行的理论探索必将推动开放金融理论研究的深化。第一，任何一种开放金融，无论是银行、保险还是证券、信托，其本质都是利用新技术实施的金融科技创新活动，都可以用创新发展理论加以分析。第二，虽然数据资源共享并不是所有开放金融业态的唯一特征，却是重要特征之一。数据资源利用效率的提升对所有金融业态都至关重要。第三，平台化运营同样是所有开放金融业态的共同特质。因此，平台经济理论的基本框架和工具适用于所有开放金融业态。

因此，从创新发展理论、数据要素理论和平台经济理论三个视角入手研究开放金融问题，是切实可行的路径。

参考文献

巴塞尔委员会：《开放银行与应用程序编程接口报告》，CFT50 国际小组译，2019 年 11 月 19 日。

曹汉平：《探寻开放银行的本质与未来（上）》，《银行家》2019 年第 9 期。

陈华、石朝：《商业银行的演进与开放银行的兴起：基于服务实体经济视角》，《农村金融研究》2019 年第 7 期。

董昀：《从创新发展视角理解金融科技的内涵》，《银行家》2019 年第 10 期。

董昀、李鑫：《中国金融科技思想的发展脉络与前沿动态：文献述评》，《金融经济学研究》2019年第5期。

何大勇、孙中东、陈本强、刘冰冰、谭彦：《开放银行重构整体价值链》，《中国保险报》2019年6月11日，第5版。

黄东浩：《构建开放银行的生态远景》，《中国金融》2019年第21期。

刘鹤：《坚持和完善社会主义基本经济制度》，《人民日报》2019年10月22日。

刘勇、李达：《开放银行：服务无界与未来银行》，中信出版集团，2019。

陆岷峰、张欢：《关于开放银行的历史、现状与未来趋势研究》，零壹财经研究报告，2018。

同盾科技：《开放银行全球创新发展与监管实践研究报告（2019）》，同盾科技研究报告，2019。

谢伏瞻、蔡昉、江小涓、李实、黄群慧：《完善基本经济制度　推进国家治理体系现代化——学习贯彻中共十九届四中全会精神笔谈》，《经济研究》2020年第1期。

兴业数金：《对话Gartner：如何构建第三方开放银行平台》，知乎专栏，2018年6月1日。

杨东、程向文：《以消费者为中心的开放银行数据共享机制研究》，《金融监管研究》2019年第10期。

易宪容、陈颖颖、周俊杰：《开放银行：理论实质及其颠覆性影响》，《江海学刊》2019年第2期。

Armstrong, M., "Competition in Two-sided Markets", *The RAND Journal of Economics*, 2006, 37 (3).

Baumol, W. J., "Entrepreneurship: Productive, Unproductive, and Destructive", *Journal of Political Economy*, 1990, 98 (5).

European Banking Authority, "Open Banking: Advancing Customer-Centricity Paper", 2017.

Evans, D., "Some Empirical Aspects of Multi-sided Platform Industries", *Review of Network Economics*, 2003, 2 (3).

Fagerberg, J., Mowery, D. C., and Nelson, R. R., *The Oxford Handbook of Innovation*, Oxford: Oxford University Press, 2004.

Haldane, A. G., "The Creative Economy", Speech at the Glasgow School of Art, 22 November, 2018.

Hall, B. H., Rosenberg, N., *Handbook of Economics of Innovation*, Elsevier B. V., 2010.

Rochet, J., Tirole, J., "Platform Competition in Two-sided Markets", *Journal of European Economic Association*, 2003, 1 (4).

Schumpeter, J. A., *Capitalism, Socialism, and Democracy*, New York: Harper, 1942.

Schumpeter, J. A., *The Theory of Economic Development*, Cambridge: Harvard University Press, 1934.

第三章　开放金融的国际比较和评价

李润东[*]

摘　要：本章对国外银行业、证券业、保险业的开放式创新实践和监管进行介绍、比较和评价，同时在更广的意义上研究国外其他金融科技企业的开放式创新及监管。国外银行业开放式创新及监管部分从早期金融科技企业的开放式创新出发，对英国及欧盟开放银行的提出、立法和实施进行了梳理，并简要介绍了银行在此基础上进行的创新实践。此外，还对其他各国银行业开放式创新的监管和典型实践进行了介绍，着重突出了不同国家采取的不同路径。国外证券业开放式创新及监管部分从证券业与银行业不同的本质特征出发，重点对证券业和银行业开放式创新进行了比较研究，并从多角度对证券业开放式创新案例进行了介绍和评价。国外保险业开放式创新及监管部分从保险科技企业和传统保险机构两个方面，对不同类型的保险业开放式创新典型案例进行了介绍。国外其他金融科技企业开放式创新及监管部分对开放金融生态中提供数字化技术服务的金融科技企业及其创新实践案例进行了梳理，并对大型科技企业在开放金融中的作用和监管进行了研究评论。

---

[*] 李润东，北京大学物理学院学士，斯坦福大学物理学博士。光大金控资产管理有限公司资产管理部副总经理，国家金融与发展实验室博士后，光大集团特约研究员。主要研究领域为量化金融、新技术在证券和资产管理行业的应用等。

关键词： 开放银行　消费者数据权利　全托资产管理服务平台　开放保险　保险科技

一　国外银行业开放式创新及监管

（一）国外银行业早期开放式创新实践

早在英国和欧盟提出开放银行，并通过监管和立法推动金融机构对第三方开放数据和服务之前，金融科技企业就已经开始尝试进行开放式创新。互联网科技企业通过提供支付、财务管理等服务进入金融业，成为金融业的新兴力量，这些企业也将互联网行业的开放式商业模式引入银行业。2004 年，贝宝（PayPal）发布了最初版本的 PayPal API，对外部开发者开放了一系列功能，这使得用户可以通过第三方开发的程序访问和使用自己的 PayPal 账户。Yodlee 和 Mint 等第三方个人财务管理平台和数据聚合公司通过整合消费者授权提供的银行账户数据以及银行的金融产品信息，使消费者能够全面地获取个人资产状况和选择适合自己的金融产品。[①]

在这一阶段，银行等传统金融机构并未直接参与行业的开放式创新。在银行和第三方应用程序之间缺少数据共享协议的情况下，为了获取并共享信息，最为通行的方法是由消费者主动向第三方提供网上银行账户的用户名和登录密码，授权第三方应用程序获取并使用自身的账户信息，并对消费者账户进行认证。在数据的采集方法上，则主要依靠第三方应用程序使用用户提供的登录信息，自动登录用户银行账户，通过屏幕抓取获得所需信息。这种数据采集方法避免了要求银行主动参与数据开放带来的阻力，但也存在一系列风险和不足：存储和使用消费者银行账户登录信息面临网络安全风险；难以保证第三方仅获取和使用为消

[①] 全丹：《开放式银行的实践与挑战》，《清华金融评论》2019 年第 8 期。

费者提供相应服务所必需的数据;屏幕抓取占用过多的银行网络资源时,将造成银行网络效率降低甚至瘫痪;银行对自身系统程序做出改变时,屏幕抓取程序如不做相应的改变,可能导致无法正常采集数据。在更为广泛的意义上,银行业开放式创新的出现和演进,对数据安全、数据隐私、数据共享在法律、监管、标准制定等方面提出了新的要求。

(二) 各国开放银行监管及创新

随着数字经济的发展,起源于互联网行业的开放式创新,其影响范围逐渐扩大到各个传统产业,银行等传统金融机构也不例外。随着传统银行机构的加入,银行业开放式创新进入开放银行的新阶段。新兴科技企业凭借其提供的更加高效、便捷、多元化、费用低廉的金融服务,迅速积累了客户和数据资源,并通过获取金融牌照,扩大了在金融业的布局。在科技企业对金融业渗透程度较深、金融科技发展较为迅速的国家,银行面临较为明显的竞争压力,开始主动加入开放式创新的行列以应对挑战。相应地,在这些国家,开放银行的发展以市场驱动为主。而以英国和欧盟为代表的国家和地区,从促进银行业竞争和创新、赋予用户数据权利出发,采取以监管和立法驱动为主的方式推动银行业的开放,成为各国开放银行相关政策制定者和监管当局关注的焦点。本部分将对各个国家及地区开放银行的实践及监管进行介绍和梳理。

1. 英国及欧盟

2013 年 6 月,英国竞争和市场管理局 (Competition and Markets Authority, CMA) 启动了一项对银行业的市场调查,并于 2016 年 8 月发布了调查报告。调查报告数据显示,尽管每次更换银行平均可以为个人和企业客户分别节省 92 英镑和 80 英镑,但在英国,每年平均只有 3% 的个人和 4% 的企业会更换银行,而英国最大的 4 家银行包揽了全国 80% 的现金账户。客户的惯性和机构的垄断,导致大型银行和中小银行竞争环境不平等,客户支付更高的费用却无法享受更好的服务,限制了市场活力和创新。这一调查结果体现了英国推行开放银行的背景。2014 年 9

月，英国财政部和内阁委托开放数据研究所（Open Data Institute，ODI）以及监管政策咨询机构 Fingleton Associates 对银行数据共享进行调研，并发布《数据分享和银行的开放数据》报告。该报告认为，数据开放有利于英国银行业充分竞争，并建议制定银行数据共享标准。

2015年8月，开放银行工作组（Open Banking Working Group，OBWG）由英国财政部牵头成立，成员包括来自银行、开放数据组织、第三方服务提供商的代表以及消费者代表。工作组制定了开放银行的总体框架和实施准则，建议采用标准化 API 共享数据，并在2016年发布报告，认为开放银行技术标准的实施需要采取强有力的措施加以推行。CMA 随后决定成立专门机构负责开放银行技术标准的实施，并以法律形式强制推行。由此 CMA 发布了《零售银行市场调查令》（Retail Banking Market Investigation Order），开始从法律层面推行开放银行政策。CMA 于2016年9月成立了由英国9个最大的活期账户提供机构（CMA9）参与的开放银行实施实体（Open Banking Implementation Entity，OBIE），负责推进开放银行措施的实施，并制定开放银行实施时间表。

在欧盟方面，2015年11月，基于2007年《支付服务指令》（Payment Services Directive，PSD）修订而来的 PSD2 发布，并于2016年1月12日生效。PSD2 旨在开放支付领域的数据和服务，标志着全球开放银行立法的开端。PSD2 进行的修订主要包括：将包括支付发起服务提供商（Payment Initiation Service Provider，PISP）和账户信息服务提供商（Account Information Service Provider，AISP）在内的第三方服务提供商（Third Party Service Provider，TPSP）纳入监管体系；制定了账户开放的规则，要求账户服务支付服务提供商（Account Servicing Payment Service Provider，ASPSP）在用户授权的前提下，将用户的活期账户和支付账户（包括信用卡、电子钱包和预付卡）以及交易数据开放给第三方服务提供商和其他银行；保护消费者线上消费的合法权益，禁止将付款成本转嫁给消费者；更好地保护用户权益和数据安全，对身份验证、支付和数据获取提出了更高的安全性要求，特别是要求对网上银行发起和处理电子支付实施强客户认证（Strong Customer Authentication，SCA），据此屏幕抓取的方法将不再被允许。PSD2 还要求欧洲银行管理局（European Banking Authority，EBA）制定了关于强客户认证和共同安全开放通信的监管技术标准（Regulatory Technical Standards）。根据 PSD2 要求，欧洲经济区内各国必须在 2018 年 1 月 13 日前将 PSD2 转化为相关法律，2019 年 9 月则是 PSD2 实施的最后期限。

2016 年 4 月由欧洲议会通过、2018 年 5 月正式实施的《通用数据保护条例》（General Data Protection Regulation，GDPR）规定用户享有数据的可携权，即个人数据应当在不同服务商系统之间具有可迁移性；同时享有数据的被遗忘权，即个人可控制其数据，可删除个人数据的任何链接和副本。GDPR 规定，金融机构必须从账户所有者那里取得明确的数据共享许可。GDPR 对个人数据相关权利的规定与 PSD2 开放支付数据的要求相契合，进一步为开放银行提供了法律依据。

PSD2 和英国开放银行的核心在于银行数据的开放。在此基础上，英国进一步为开放银行的实施和管理建立了较为完善的体系，其组成部分包括以下几个方面。[1]

（1）包含数据标准、API 标准和安全标准在内的技术标准。

（2）用户体验标准。这些标准旨在让开放银行用户获得无缝的使用体验。

（3）运营准则。对开放银行服务的可得性、性能、测试进行了规定。

（4）开放银行目录（Open Banking Directory），即开放银行生态体系的准入白名单。所有第三方服务提供商必须先取得英国金融行为监管局（Financial Conduct Authority，FCA）的授权并成为账户信息服务提供商或支付发起服务提供商，才可注册加入开放银行目录。第三方服务提供商加入开放银行目录后，方可访问目录中账户服务支付服务提供商提供的 API。

（5）用户争端解决机制。CMA 要求 OBIE 建立的用户争端解决机制，旨在让用户投诉在银行和第三方服务提供商之间得到妥善和高效的解决。

---

[1] "Open Banking, Preparing for Lift Off", The ODI Report, Jul. 16, 2019.

（6）开放银行实施支持。旨在为第三方和银行实施与测试开放银行应用提供帮助。

（7）对 CMA9 的监督功能。旨在确保 CMA9 遵守《零售银行市场调查令》的要求，并在必要时采取纠正措施。

因其健全的机制和完善的标准，英国开放银行成为许多国家制定开放银行政策和标准的蓝本。由于欧盟未就 PSD2 的实施设立 API 技术标准，欧盟其他国家通过市场自发成立的组织制定了 API 标准，其中由柏林集团（Berlin Group）制定的标准 NextGenPSD2 被欧盟 78% 的银行采用[1]，此外还有法国的 STET 和波兰的 Polish API 等标准。

2018 年 1 月 PSD2 和英国开放银行计划实行后，银行在有限的时间内面临大量的技术实现和测试工作。在开放银行的具体实施进度方面，按照 OBIE 制定的时间表，CMA9 已于 2017 年 3 月前完成开放银行产品、分行营业时间及位置、ATM 位置等标准化数据的目标。第二阶段目标，即第三方通过银行与客户两方的授权，自由调取使用银行客户资料的目标也已于 2019 年初完成。而对于移动开放银行目标，即银行移动应用与第三方移动应用之间实现公开且合规的数据共享，仅有 4 家银行在原定期限 2019 年 3 月 13 日前完成。2019 年 3 月进行的一项调查显示，在 442 家欧洲银行中，有 41% 的银行未能在 PSD2 要求的期限之前向第三方服务提供商提供测试用的沙盒环境。[2] 由于 PSD2 要求的强客户认证准则存在复杂性，许多机构在实施时遇到困难，欧盟的支付行业在原定的最后实施期限 2019 年 9 月 14 日前难以做好准备。为此，FCA 将实施期限推迟 18 个月。除英国外，法国、丹麦、爱尔兰、比利时等国家的监管当局也推迟了强客户认证的实施期限。

对于银行而言，监管驱动的开放银行政策并不仅仅意味着完成一系列合规要求，更为重要的是，银行还需要在此基础上寻求合作，进行业

---

[1] Hakan Eroglu, "Berlin Group und der Weg zur PSD3", Dec. 5, 2018, https://www.moneytoday.ch/news/berlin-group-und-der-weg-zur-psd3/.

[2] "41% of Banks Missed PSD2 Deadline Says Survey", Finextra, Mar. 21, 2019.

务创新，提供能够更好地满足客户需求的产品和服务并创造价值，以实现开放银行设立的初衷。为实现这一目标，并让更多消费者和企业接受开放银行，需要银行和第三方服务提供商不断地进行创新实践，同时需要更多的参与者加入以扩大网络效应。开放银行实行后，爱尔兰联合银行集团（AIB Group UK）通过 API 开放数据，帮助微贷服务提供商 Iwoca 首次利用开放银行数据发放商业贷款。丹麦银行（Danske Bank）将通过 API 开放的账户类型扩展到所有的活期账户、信用卡和网上储蓄账户。全英房屋抵押贷款协会（Nationwide Building Society）与第三方服务提供商 CreditLadder 合作，通过分析用户收入与支出的开放银行数据，支持房屋抵押贷款业务。全英房屋抵押贷款协会还联合金融科技公司、慈善组织和学术机构，探索开发基于开放银行的应用，为英国占 1/4 的经济困难家庭提供金融服务。①②

截至 2019 年 12 月，英国开放银行目录共包括 70 家账户服务支付服务提供商，以及 134 家第三方服务提供商，其中 61 家受监管实体已向消费者推出了开放银行应用。2019 年全年英国开放银行生态系统内 API 调用总次数达到 12.7 亿次（见图 3-1），开放银行 API 性能不断提升（见图 3-2），开放银行用户总数超过 100 万人。③

截至 2019 年第三季度，欧洲共有 207 家第三方服务提供商在监管当局注册。调查显示，最为消费者所接受的开放银行服务是资金管理和信用评估，只有 1/4 的消费者接受并使用支付发起服务。④ 在欧洲大陆国家的大型银行中，西班牙对外银行（BBVA）、瑞典北欧联合银行（Nordea）、德意志银行（Deutsche Bank）在开放银行实施和创新方面位于前列。PSD2 注册第三方服务提供商国别及类型分布见图 3-3、图 3-4。

---

① "Open Banking Year One: Insights from the CMA9 and More", Finextra, Jan. 11, 2019.
② "Open Banking Year Two: Insights from the CMA9", Finextra, Jan. 13, 2020.
③ "Open Banking 2019 Review", OBIE, 2019.
④ "Insights from the Heart of Open Banking Q3 2019", MasterCard, 2019.

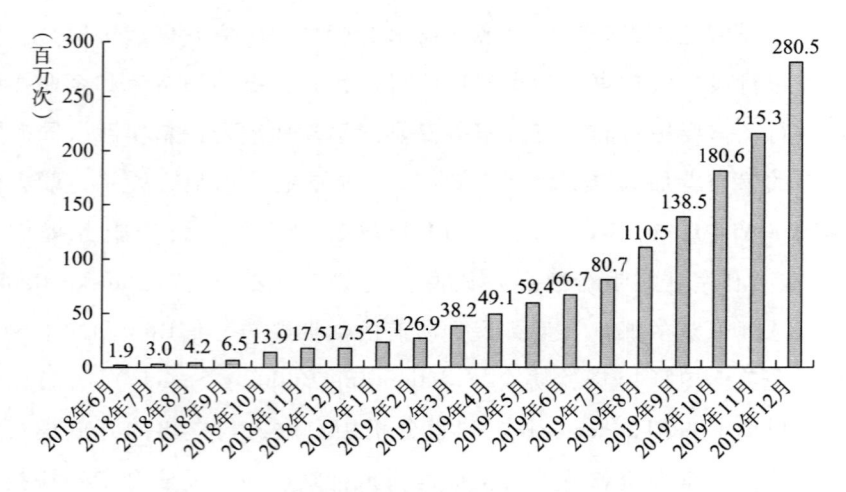

图 3-1　英国开放银行生态系统内 API 调用次数

注：根据账户服务支付服务提供商提交数据统计。
资料来源：OBIE。

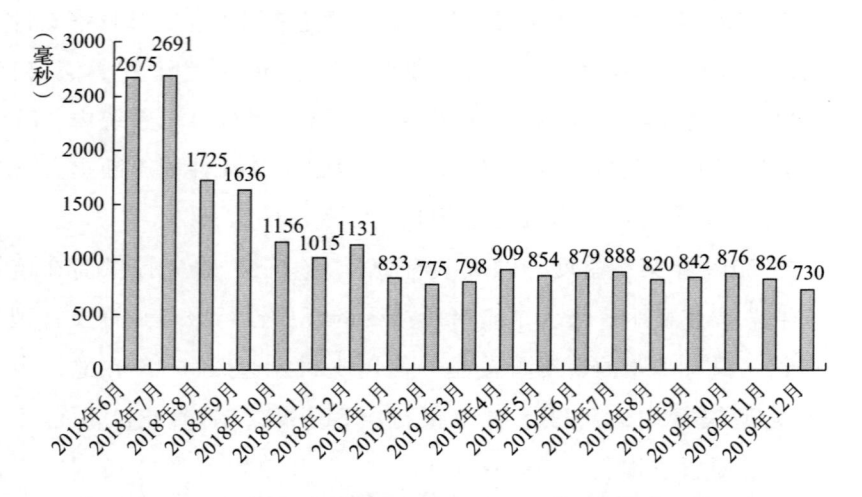

图 3-2　英国开放银行生态系统内 API 调用平均响应时间

注：根据账户服务支付服务提供商提交数据统计。
资料来源：OBIE。

2. 美国

美国的开放银行实施路径采取了市场化方式。早期由于美国的银行

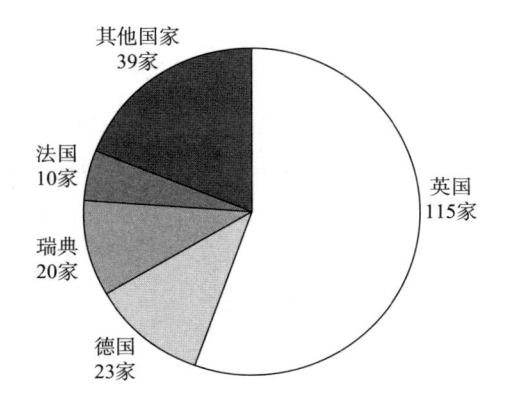

图 3-3　PSD2 注册第三方服务提供商国别分布

注：数据截至 2019 年第三季度。
资料来源：MasterCard。

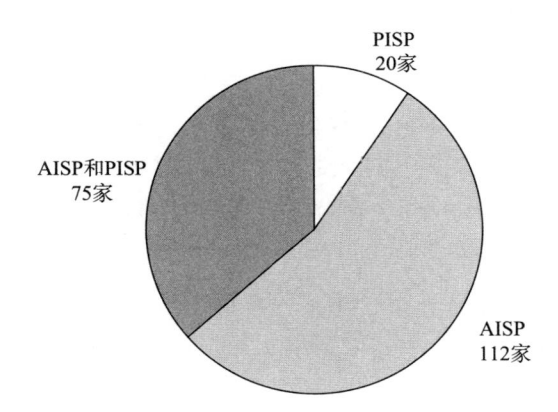

图 3-4　PSD2 注册第三方服务提供商类型分布

注：数据截至 2019 年第三季度。
资料来源：MasterCard。

和第三方金融科技公司之间缺少正式的数据共享协议，第三方应用程序主要采取屏幕抓取的方式获得数据。随着英国和欧盟等国家和地区开放银行政策的提出，API 成为银行开放数据服务的标准方式，美国主要银行认识到开放银行的战略重要性并出于安全性考虑，开始主动加入开放银行生态，开发和发布 API 平台，基于和第三方的双边协议，以更加安全、可控、高效的方式对第三方开放数据和服务。其中，花旗银行于

2016年11月在全球范围内推出了API开发中心（API Developer Hub），发布了包括账户访问、账户授权、资金转账、银行卡管理、点对点支付、资金管理等类别的API，并已作为支付发起服务提供商加入英国开放银行目录。与花旗银行合作的第三方服务提供商包括贝宝（PayPal）、百思买（Best Buy）、万事达卡（MasterCard）、澳大利亚航空公司（Qantas Airways）、维珍理财（Virgin Money）等。富国银行则在2016年推出了API开放平台Wells Fargo Gateway，不仅开放了账户聚合、服务预约，以及账户余额、账户报表、单据图像、税务信息、交易明细、网点位置查询等数据类服务，而且开放了账户验证、自动清算状态确认、自动清算支付、外汇服务、实时支付到借记卡、电汇支付和状态确认等支付类服务。摩根大通2017年分别与金融科技公司Intuit和Finicity签订了数据共享协议，2018年8月开始对公司财资服务客户开放API，通过开发者门户开放的API提供实时支付、电汇支付、小额和自动清算支付、支付状态跟踪、公司快速支付等服务。此外，还为开发者提供测试和代码生成工具。通过API提供的财资服务，摩根大通的企业客户可以实时获得数据和反馈，还可以将银行服务嵌入客户的企业资源规划系统和财务管理系统。

迄今为止，美国尚未从立法和监管层面针对开放银行进行立法和制定标准。在现存法律中，相关的条款仅有《多德-弗兰克法案》的1033条，其中规定用户或者用户授权的机构有权获取该用户在金融机构的金融交易数据。2017年10月，美国消费者金融保护局（Consumer Financial Protection Bureau，CFPB）发布了关于消费者金融数据获取和使用的9条原则，建议机构采取措施，确保客户数据安全，在数据收集范围和数据留存时间方面对客户保持透明，并建立客户争端解决机制。除此之外，美国联邦金融机构检查委员会（Federal Financial Institutions Examination Council，FFIEC）针对零售支付系统和技术外包等开放银行相关问题发布了准则。但以上监管机构关于开放银行的准则只具有建议性质，而非强制性要求。2018年7月，美国财政部在其向总统提交的报告《一个创造经济机遇的金融体系——非银机构、金融科技与创新》中建议对金融监管体系进行重要升级，以避免在开放银行领域落后，并通过升级金融服务的监管规则，确保数字经济环境下金融数据的安全和开放。① 但由于美国金融监管体系的复杂性和相关监管机构数量众多，对开放银行进行统一监管和实行统一标准在短期内难以实现。

美国的开放银行标准主要依靠行业组织和市场化主体进行制定。2017年美国国家自动清算所协会（NACHA）发起成立了 API 标准行业组织，制定了包括减少欺诈和风险、数据共享、支付访问三大类共 16 个 API 标准，并部署测试沙盒环境和开发者门户。此外，金融服务信息共享分析中心（FS-ISAC）为机构以符合 PSD2 标准的方式安全地传输数据开发了 API。②

3. 澳大利亚

澳大利亚开放银行政策的制定参照英国的范例，采取了立法和监管驱动的模式，以促进银行业竞争和创新。澳大利亚政府在 2017 年联邦预算案中宣布将对开放银行政策实施情况进行委托调查；2018 年 2 月，关于澳大利亚开放银行的调查报告发布。调查报告指出，应首先对包括各行业在内的更广泛的消费者数据权利（Consumer Data Right，CDR）进行立法，并在此框架下推行开放银行。报告还首次提出了数据开放的"双向性"，即开放数据的接收方在消费者要求下，有义务对等地开放自身的数据。2018 年 5 月，澳大利亚政府宣布采纳调查报告的建议，进行消费者数据权利立法，并推行开放银行。澳大利亚最大的 4 家银行被要求在 2019 年 7 月前开放信用卡、借记卡以及储蓄和交易账户的数据，以供对开放银行框架进行测试；在 2020 年 2 月前开放住房抵押贷款数据，并开放第一批产品数据；在 2020 年 7 月开放所有开放银行调查报告中建议开放的数据。其他银行实施开放银行的期限比 4 家银行推

---

① "A Financial System that Creates Economic Opportunities: Nonbank Financials, FinTech, and Innovation", U. S. Department of the Treasury, Jul. 2018.
② "Open Banking: US is Next", PwC, Apr. 2018.

后 12 个月。①

2019 年 8 月 1 日，澳大利亚参议院通过了《消费者数据权利法案》。该法案规定，数据持有者必须向消费者或经消费者许可的数据接收者开放消费者数据，同时数据持有者必须公开产品数据。该法案的执行和监管由澳大利亚竞争和消费者委员会（Australian Competition and Consumer Commission，ACCC）主导。《消费者数据权利法案》对开放银行的规定与英国和欧盟立法的不同之处在于：CDR 仅要求以只读方式开放数据，而不包括开放支付发起等写入方式的账户操作；CDR 适用于澳大利亚所有存款机构；数据开放具有双向性；责任认定框架基于过错而非初始客户关系。CDR 在银行业率先实行后，范围还将扩展至能源、通信和其他行业。除立法外，澳大利亚开放银行体系还包括由 ACCC 制定的一系列规则，以及消费者数据标准（Consumer Data Standards）。

4. 新加坡

对于开放银行的推进，新加坡采取了监管和市场有机结合的方式。2016 年新加坡金融管理局（Monetary Authority of Singapore，MAS）和新加坡银行业协会（Association of Banks in Singapore）联合发布了《API 指导手册》（API Playbook），制定了开放银行 API 标准和使用指南，鼓励银行使用 API 以促进创新，但不强制要求银行采用。该指导手册指出开放银行对新加坡金融市场的重要性以及开放银行的核心问题和面临的挑战，探讨了开放银行的参与者、实施路径的选择、API 的选择和标准化以及具体供银行、保险、资产管理和政府机构使用的 API，涉及市场营销、产品、支付、监管、销售等领域。该指导手册发布后得到了金融机构的积极响应，花旗银行、星展银行、渣打银行都发布了 API 开发门户。

新加坡推进银行业开放式创新的相关举措还包括：2017 年新加坡金融管理局、国际金融公司（International Finance Corporation）及新加

---

① "Open Banking", NDGIT White Paper, 2019.

坡银行业协会共同建立了金融科技创新网络，旨在为银行和金融科技公司提供创新应用的沙盒环境；2017年新加坡建立了包括电子钱包NETSPay在内的支付服务NETS；2017年新加坡政府建立了API交易平台APEX，旨在为政府机构提供安全的数据共享。

5. 印度

印度开放银行创新主要由业界机构推动。由印度国家支付公司（National Payments Corporation of India）开发和管理的统一支付接口（Unified Payment Interface，UPI）基于API架构和全国数字身份平台Aadhaar，实现了账户之间在任何时间都能实时进行点对点支付的功能。截至2019年3月，UPI被142家银行使用，每月产生近8亿笔、金额达190亿美元的交易。印度商业银行Yes Bank、RBL银行、DCB银行、科塔克－马亨德拉银行（Kotak Mahindra Bank）、印度联邦银行（Federal Bank）均已建立了开放API平台。目前，印度还没有对第三方服务提供商进行统一登记监管的计划。

6. 日本

2017年日本银行业协会（Japan Banking Association）接受委托撰写了报告《促进开放式创新》（Promotion of Open Innovation），建议建立开放银行的API标准，并提供了API连接指南，帮助银行熟悉开放API和评估第三方API。日本在2017年修订的银行法，为开放银行的实施提供了框架。修订的银行法纳入了电子支付中介服务提供商（Electronic Payment Intermediate Service Provider，EPISP），引入第三方服务提供商注册系统，并对第三方服务提供商进行监管，规范银行与第三方合作的框架，鼓励银行在2020年实现API的对外开放。修订的银行法对第三方服务提供商的监管框架与PSD2类似，但要求支付服务提供商必须与银行签约后才能提供服务。截至2019年3月，共有40家第三方服务提供商进行了注册。日本政府预计2020年将有80家以上的银行对外开放API。

7. 韩国

2016 年韩国金融服务委员会（Financial Service Commission, FSC）和 40 家金融机构建立了金融科技开放平台（FinTech Open Platform），金融科技公司可以通过平台统一接口接入开放 API。由于平台使用成本较高，韩国政府基于《金融创新支持法案》（Financial Innovation Support Act）转向开发较低成本的开放银行框架，并于 2019 年 3 月提供了监管沙盒。与此同时，FSC 基于《电子金融交易法案》（Electronic Financial Transaction Act），建立了开放银行 API 标准和第三方监管框架。2019 年 10 月 30 日，韩国开放银行系统启动试点运行。试点最初包括 10 家银行，未来将包括 16 家银行和 31 家金融科技公司。通过实施开放银行，韩国政府期望金融科技公司以更低的成本提供更好的服务，银行发展成为多元化金融平台并扩展客户基础，消费者增强在不同金融服务之间的选择能力和控制个人信息的能力，从而促进金融领域创新能力和竞争力的提升，改善消费者体验。2020 年，韩国政府将审查开放银行系统扩展至非银行金融机构的议题。未来韩国还计划修订《电子金融交易法案》，为开放银行打下立法基础。[1][2]

8. 墨西哥

墨西哥在实施开放银行中主要参照英国开放银行的模式。2018 年，墨西哥通过了《金融科技法》，通过立法强制性推动开放银行，并对金融科技公司提出了更为严格的监管要求。据统计，墨西哥 52% 的人口没有银行账户，在促进创新的同时，墨西哥推行开放银行的主要目的在于推动普惠金融。与英国开放银行不同的是，墨西哥开放银行立法覆盖所有金融服务和金融服务提供者。目前墨西哥监管当局正在分步骤制定

---

[1] 《韩国开放银行启动试运行》，亚太未来金融研究院，2019 年 11 月 1 日。
[2] 《韩国扩大开放银行试点　FinTech 公司加速入局》，亚太未来金融研究院，2019 年 12 月 19 日。

标准并推动开放银行的实施。

9. 巴西

巴西拥有较为活跃的金融科技创新氛围,消费者对数字金融的接受度较高,因此具有较成熟的推行开放银行的条件。巴西银行(Banco Do Brasil)已向第三方服务提供商开放包括账户信息、信用卡、投资、支付解决方案在内的 API,并提供开发者门户。巴西央行正在推行开放银行政策,并于 2019 年 4 月在一份公报中发布了开放银行的目标、定义、范围、监管策略和实施措施。①

10. 尼日利亚

尼日利亚的开放银行主要由行业机构自行推动,主要参与者包括开放技术基金会(Open Technology Foundation)和斯特林银行(Sterling Bank)。开放技术基金会于 2018 年发起了尼日利亚开放银行计划,旨在推出适用于尼日利亚和其他西非国家的开放 API,并推动银行和金融科技公司使用以实施开放银行。斯特林银行的目标则是开发独立的开放银行平台 Open Banking API Gateway。2019 年 6 月,尼日利亚央行将开放银行优先列入支付系统愿景 PSV 2030。

二 国外证券业开放式创新及监管

与银行业不同,证券业在世界范围内至今未出现系统性的监管驱动的开放式创新,在业界和学术界也没有出现流行的与开放银行相应的概念,但这并不代表在证券业没有产生成规模的开放式创新实践。通过对相应案例的梳理,可以看到证券业早已产生由市场驱动的不同类型的开放式创新,这些实践体现出与银行业开放式创新不同的特点,并且呈现加速发展的态势。本部分将对国外证券业开放式创新进行分类探讨,对

---

① "Communique, 33, 455", Banco Central Do Brasil, Apr. 24, 2019.

每一类型开放式创新的典型案例、产生背景及其商业模式背后的经济学实质进行分析，并与互联网行业的开放式创新进行比较研究。

在开放银行的定义中，银行与第三方共享数据、算法、交易、流程和其他业务功能，为商业生态系统的客户和其他参与方提供服务，创造出新的价值。之所以说这是对银行业的一个重大变革，是因为银行业体系中参与机构的类型相对单一，传统的商业银行无论是在存款、贷款还是支付等基本业务中，都是直接触达终端客户，直接与资金的供给方和需求方开展业务。而证券业经过长期的发展，形成了从资产端到资金端的专业化分工链条，以及多层次、多种类的金融中介机构。因此，证券业的开放式创新，除了涉及大型科技公司和新兴金融科技公司等第三方外，还涉及金融业内彼此已经存在业务关系的各类持牌金融机构和个体，其主要作用在于让金融机构之间的业务更加高效安全，减少信息不对称，深化机构间的分工协作，通过互相赋能实现各自优势和能力的互补。这导致了证券业开放式创新与银行业开放式创新在路径和特点上的诸多不同，也导致了各国对证券业开放式创新的监管，主要是在原有的框架下进行。相应地，本部分研究的对象范围不仅仅包括投资银行，还包括各类资产管理机构和财富管理机构。

（一）卖方赋能买方，构建开放生态

由于证券投资的高度专业性，各成熟资本市场在发展过程中均经历了投资者机构化的过程，专业的资产管理机构和财富管理机构不断发展壮大，在证券业资金端到资产端链条上形成了卖方服务买方的业务关系。区别于开放银行将服务开放给第三方，卖方对买方开放自身的算法、数据、流程等业务功能，以更好地满足买方的个性化需求，扩大在金融业的生态圈，成为证券业开放式创新的重要模式。

贝莱德（BlackRock）开放自有的阿拉丁（Aladdin）系统，是这方面较早的典型案例。贝莱德创立于1988年，起初以固定收益投资为主，1999年贝莱德在纽交所上市，其后进行了一系列兼并收购，2009年贝莱德收购了巴克莱全球投资者公司（BGI），获得其ETF品牌安硕

（iShares），成为全球管理资产规模最大的资产管理公司。截至 2018 年末，贝莱德管理资产规模为 5.976 万亿美元，产品类型涵盖权益、固定收益、多资产组合、现金管理、另类投资等。

20 世纪 90 年代初，贝莱德开始研发内部的风险分析系统阿拉丁，在研发过程中，贝莱德采用了先进的理念，使得阿拉丁发展成为集风险分析、投资组合管理、交易和运营等功能于一体，跨资产类别，整合前、中、后台业务的统一平台，并且将全业务流程数字化、标准化，避免了大多数金融机构信息化过程中出现的各业务线系统、数据和流程彼此割裂的弊端。更重要的是，阿拉丁平台基于其数据中心存储的大量可靠历史数据，能够对各种类别资产未来的价格路径进行统一的模拟，分析在不同市场情境下投资组合及组合中每一项资产的风险，同时还可以模拟特定情境下资产价格之间的相关性可能发生的变化。得益于阿拉丁平台强大的对金融资产风险传导的分析预测能力，贝莱德在次贷危机前及时缩减了其持有的住房抵押贷款证券（MBS）头寸，避免了像其他许多机构那样陷入困境。由于阿拉丁平台赋予贝莱德的独特能力，2008 年 3 月，纽约联储银行委托贝莱德对贝尔斯登的资产进行风险评估和定价，协助其完成清算和被收购流程。同年，贝莱德先后被美国、荷兰、瑞士、英国政府授权，协助其对美国国际集团、荷兰银行、荷兰国际集团、瑞银集团、苏格兰皇家银行等问题机构进行纾困。

1999 年，贝莱德开始将阿拉丁平台服务出售给外部机构使用。2000 年，贝莱德解决方案（BlackRock Solutions，BRS）部门成立，对内为公司提供分析技术的支持，对外通过阿拉丁等系统为外部机构提供服务。之后贝莱德将阿拉丁系统服务出售给包括银行、养老基金、保险公司、主权投资基金和捐赠基金等在内的各类机构使用，并通过收购机器人投顾公司 Future Advisor、现金管理技术供应商 Cachematrix、另类投资管理软件和解决方案供应商 eFront 等金融科技公司，不断扩展贝莱德解决方案覆盖的业务和客户范围。2017 年，瑞银财富管理成为第一家采用阿拉丁平台进行风险管理和投资组合构建的财富管理公司。2018 年，摩根士丹利财富管理推出集成了阿拉丁平台的新投资顾问平台

WealthDesk。2019年，汇丰私人银行将阿拉丁财富平台应用于投资顾问业务。这意味着以往为机构投资者服务的阿拉丁平台开始通过赋能投资顾问，服务个人投资者。2018年贝莱德对外提供技术管理服务对应的技术变现收入达7.9亿美元，对总收入的贡献率为6%，在基金业绩报酬下降31%的情况下，其科技服务收入却实现了19%的增长，公司计划在2022年前将以阿拉丁平台为核心的贝莱德技术管理解决方案收入的贡献率提升至30%。①②

贝莱德对外开放阿拉丁平台服务，是以让客户获取长期收益为中心的开放式资产管理模式的组成部分。在传统的资产管理业务模式中，资产管理机构以提供产品为中心，而这些产品采用的策略和风险特性对客户往往不透明，再加上投资组合构建能力不足，导致客户难以通过有效的配置满足自己的投资目标。贝莱德通过将风险分析、投资组合构建等能力沉淀在阿拉丁平台上，为买方提供系统化、数字化、自助式的投资咨询服务，同时发挥自身产品线的规模优势，尤其是推出像被动型指数基金ETF和聪明贝塔（Smart Beta）这样具有高度透明风险特性的产品，为客户提供可供选择的配置标的，形成生态闭环，实现客户在风险管理和投资组合构建等关键领域的知情决策，解决行业痛点，从而更好地实现客户的投资目标。与开放银行的实践相比，贝莱德对买方开放的服务更加系统化，同时具有整合客户自身优势能力、资源和个性化需求的灵活性，为自身提供了较少受到金融周期性波动影响的新的收入来源。

在国外投资银行中，高盛向客户开放使用其自有的风险管理和定价平台SecDB之上的应用，是证券业卖方赋能买方的典型实践。1992年，高盛开始为外汇销售交易业务开发应用风险管理平台SecDB，之后公司其他业务也逐渐开始使用这个平台，SecDB成为跨资产的全公司风险集中管理和定价平台。得益于SecDB强大的跨资产、实时的风险分析管理能力，高盛在次贷危机中显著地减少了自身损失。2013年，高盛开

---

① 《中国资管行业的"一二三四五"》，中金公司研究部，2019。
② 《贝莱德2018年第四季度财报》。

始开发基于 SecDB 的 Web 应用平台 Marquee，之后将 Marquee 开放给公司客户使用。客户可通过网页或 API 接口访问 Marquee 平台，获取风险分析、组合管理、投资研究、市场数据、产品设计和定价、算法交易执行等服务。Marquee 平台"允许高盛的不同业务以安全和一致的方式向客户开放"①，本质上是以平台化、数字化的形式对客户提供服务、与客户开展业务和进行交互，并将一部分原先供卖方机构内部使用的能力赋予买方。在传统的业务开展方式下，需要机构销售人员与客户进行大量沟通；而在开放的、数字化平台式的业务开展方式下，客户能够以更大的自主性，直接高效地获取所需的服务和能力，更充分地满足自身需求。在开展业务的买方和卖方机构都具备一定数字化能力的情况下，数字化的业务形式能够最大限度地提高效率和创造价值。

在高盛将自有业务平台应用向客户开放之后，2018 年摩根大通向客户开放了其销售交易业务使用的风险管理、定价和交易平台雅典娜（Athena）之上的应用。仅 2018 年平台的外部机构用户就超过了 200 家，主要包括养老基金、捐赠基金、保险公司等。这些用户中也包括贝莱德，雅典娜平台应用与阿拉丁平台的对接，帮助摩根大通从道富银行（State Street）获得了贝莱德价值 1.3 万亿美元资产的托管业务。相较于具有成熟风险管理能力的大型资产管理机构之外的那些买方机构，雅典娜平台的赋能效果更加显著，这些机构常常将资金委托给多家机构管理，却难以将各家管理人管理资产的风险合并计算，雅典娜平台能够帮助这样的买方机构分析合并后组合的风险暴露情况。②

应该看到，投资银行对客户开放自有平台应用的案例有其特定环境和背景，如 2008 年金融危机之后，监管收紧使得投资银行的风险敞口大为减小，产品服务同质化，做市业务竞争日趋激烈，价差收窄，价格趋于透明，投资银行对客户开放风险和定价应用成为可能。另外，第三

---

① Paul Clarke, "I launched Goldman Sachs' Marquee, But I Quit to Tackle FinTech's Biggest Opportunity", efinancialcareers, Jan. 31, 2017.
② Hugh Son, "JP Morgan is Letting Clients Access Its Trading Software in a Glimpse of Wall Street's Tech Future", CNBC, Nov. 5, 2018.

方金融科技公司也推出了具有类似功能的平台产品，给投资银行带来了竞争压力。① 事实上，高盛和摩根大通的管理层近年来一直将自身对标谷歌、亚马逊这样的科技巨头，在战略发展方向上借鉴大型科技公司经验，将 API 经济、平台经济等开放式创新模式引入金融业，改造传统金融业务模式。在后危机时代监管对投资银行更加严格的资本要求、长期宽松货币政策导致的波动性下降、传统业务竞争加剧导致的利润率日益下降的情况下，投资银行需要将自身优势能力开放变现，通过数字化引领金融业务创新，与其他机构形成差异化竞争。投资银行通过对买方开放赋能，提供平台化、数字化服务，可以强化客户关系，增强客户黏性，带来更多业务，提升附加值，扩大并巩固自身的金融业生态圈，在科技重塑金融业的大趋势下占领先机，保持长久竞争优势。

从上述分析中可以看出，这些证券业的开放式创新具有鲜明的平台经济和 API 经济的特点。2017 年，时任高盛首席信息官马蒂·查韦斯（Marty Chavez）在哈佛大学应用计算科学研究所（IACS）的一次演讲中谈道："设想一下，如果谷歌改用这样的方式提供搜索服务：每当用户需要在网络上搜索时，他需要给谷歌的销售人员打电话，告诉他要搜索的内容，销售人员再把这些内容录入谷歌内部使用的搜索引擎，然后通过电话把搜索的结果告诉用户。谷歌当然不是这么做的，但遗憾的是，华尔街正是在用类似的方式做业务。""我们正在把高盛所有的业务行为转变成 API"，"我们正在打开那个垂直的、封闭的业务体系，在过去，这个庞大的体系只有一个 API 触点，那就是接电话的销售人员"。② 这个比喻相当贴切地说明了证券业卖方和买方机构间开放式创新的实质。API 从最初的计算机软件工程概念逐渐演变成为商业概念，其实质是数字化系统之间的一种交互方式，由此衍生出的 API 经济，其结果是数字经济时代分工协作的深化。与开放银行当前更偏向融入互联网生态

---

① Paul Clarke, "Meet the Men Bringing Goldman Sachs' SecDB to the Masses", http://www.efinancialcareers. com.
② Matt Turner, "Goldman Sachs Wants to Become the Google of Wall Street", *Business Insider US*, Apr. 6, 2017.

的实践不同,国外证券业头部金融机构更倾向于在金融业内部开放自身能力,构建和扩大自身主导的生态圈。上述案例中的金融机构在开放输出技术能力和服务之前,都已自主研发了内部的数字化平台系统,这些系统在不同程度上具有以下特征:将前、中、后台以及全球各区域、各资产类别的业务、数据和模型整合到统一的平台之上,共享数据、算法、IT基础设施等资源;业务功能和服务采用模块化设计,能够被灵活地组合和使用,在内部实现开放式创新协作和敏捷工作方式;能够快速迭代,快速响应变化的业务需求。在建立内部开放式平台的基础上,这些金融机构具备以数字化、平台化方式向外界系统性开放自身能力的可能,进一步将自身平台应用与客户系统对接或嵌入客户系统,将自身知识产权以数字化形式变现。

对于证券业金融机构之间的开放式创新,以下几个方面值得关注。第一,开放的服务涉及资产定价、风险配置、信息收集分析等证券业中介机构核心功能,有助于机构以较低成本提升自身能力,同时减少了信息不对称,但这些功能的开放是否会导致模型风险在机构间的传导扩大,值得监管当局予以特别关注。第二,进行开放式创新的证券业金融机构主要是具有显著优势能力和较高数字化水平的头部机构,通过借鉴互联网行业开放式创新模式,未来证券业机构的集中度是否同样会显著提升,值得持续关注。第三,证券业机构通过数字化、平台化的开放式创新,与金融信息技术公司、金融信息服务公司形成了竞争,但机构的目的并非仅仅获取新型业务的额外收入,而是通过综合经营,同时为自身金融业务服务。这正是证券业汇集处理信息、促进资源有效配置的本质功能,也是传统产业数字化趋势的必然结果。这将给未来证券业的业态带来怎样的影响,也需要持续关注。

(二)财富管理的平台商业模式

近年来,在以美国为代表的发达国家市场,围绕独立投资顾问产生了较为成熟的平台商业模式,这些模式与一些流行的互联网平台商业模式具有显著的相似性,体现出双边或多边平台的特性。

美国《1940年投资顾问法》对投资顾问的业务范围、形式、承担的责任和从业资格做出了规定。美国《1970年证券投资者保护法》对投资顾问的行为做出了更为严格的约束和界定。① 根据《1940年投资顾问法》，美国投资顾问行业实施机构与个人双重注册制，依据管理资产规模、服务对象是否为投资公司等因素，投资顾问可向证券交易委员会（SEC）或各州属监管部门申请投资顾问牌照，成为注册投资顾问（RIA）。截至2019年12月2日，美国SEC注册投资顾问超过1.3万家，其中包括各类综合性金融机构，还包括更多的独立于综合性金融机构的第三方投资顾问。根据美国投资公司协会（ICI）《2019年基金持有人跟踪调查报告》，在一级基金购买渠道方面，除了雇主支持退休计划外，包括RIA在内的基金投资专家是美国基金投资的核心渠道，约50%的受访持基家庭通过投资专家购买基金。②

伴随着独立投资顾问的兴起，嘉信理财（Charles Schwab）在自身资产管理、财富管理业务生态中引入独立投资顾问，形成了集合投资者、独立投资顾问、资产管理者和各类服务提供商的多边平台商业模式。嘉信理财成立于1971年，从一家小型证券经纪商开始，自1975年SEC在证券交易中实行议价佣金制后，开创了折扣经纪商的模式。20世纪80年代后期，随着美国出台《雇员退休收入保障法案》，居民配置基金的需求大幅增加，嘉信理财将业务扩展到资产管理领域，开展共同基金业务。1992年，嘉信理财推出共同基金平台OneSource，该平台实现了客户用一个统一账户购买自营或第三方共同基金，并且不向客户收取管理费、交易费，具有一账通、基金超市销售平台和免佣金的特点。1996年，嘉信理财推出eSchwab网上交易服务，将旗下全部电子服务并入其中，向互联网经纪商转型。20世纪90年代开始，一些富裕客户产生将资产委托给独立投资顾问进行管理的需求，促使嘉信理财为独

---

① 夏晓燕：《境外证券投资顾问业务的发展模式、运作机制及启示》，《中国证券期货》2013年第5期。
② 《美国基金投顾市场借鉴：产品创新与商业模式》，中信证券研究部，2019。

立投资顾问管理的账户提供托管服务。2001 年,嘉信理财开始发展财富理财业务,并于 2002 年推出私人客户服务。之后嘉信理财推出了理财顾问网络系统,将经过筛选的第三方独立投资顾问纳入自身体系,为投资者提供投资顾问服务。经过不断发展,嘉信理财成为覆盖经纪业务、资产管理业务、银行业务的综合性金融机构,同时为投资者和独立投资顾问提供综合性服务。截至 2018 年末,嘉信理财为大约 7500 名独立投资顾问提供托管、交易、银行和其他支持服务,涉及的托管资产规模达到 1.55 万亿美元。在嘉信理财的数字化投资顾问服务平台上,独立投资顾问可获得业务各环节的支持服务,还可通过 API 将平台提供的功能接入自己的管理系统,嘉信理财同时也为独立投资顾问提供第三方系统和其他资源对接,以及各类咨询服务。嘉信理财对独立投资顾问免收托管费,其投资顾问服务业务收入主要来自客户配置嘉信理财自身基金产品所获得的收入,以及其他增值服务收入。[①]

可以看出,嘉信理财的业务模式与电商平台等互联网平台商业模式具有相似性。嘉信理财通过为投资者和独立投资顾问提供免佣金产品和免费服务来吸引流量,集合投资者、独立投资顾问、基金产品和第三方服务供应商,匹配各方供需并提供增值服务,利用网络外部性不断扩大体系内的资产规模,通过增值服务获取收入。

2019 年 12 月的统计数据显示,在 SEC 注册的 1.3 万家投资顾问中,中小型机构占绝大部分,其中门店数量在 2 个以内的投资顾问机构多达 1.17 万家。[②] 对于大多数投资顾问机构来说,由于不具备规模效应,需要聚焦核心业务环节,将其他业务环节和数字化系统开发服务外包。与嘉信理财为投资顾问提供的服务类似,自 20 世纪 90 年代至今,美国出现了一批专门为独立投资顾问、经纪商、家族办公室提供综合服务的全托资产管理服务平台(TAMP)。全托资产管理服务平台通过将投资顾问业务中共性的部分抽出,在数字化平台之上进行集成,为独立

---

① 《嘉信理财 2018 年年报》。
② 《美国基金投顾市场借鉴:产品创新与商业模式》,中信证券研究部,2019。

投资顾问开展业务提供"一站式"服务,起到降本增效的作用。全托资产管理服务平台提供的服务通常包括:①获客和客户管理;②投资标的研究和尽职调查;③资产配置策略研究和投资组合构建;④投资组合执行、监控和再平衡;⑤投资组合会计处理、对账和投资业绩报告;⑥运营、合规、审计、财务等展业支持。通过全托资产管理服务平台开展业务,投资顾问不仅能够将低附加值工作外包并流程化,而且可以更好地专注于和客户的沟通,制定策略以满足客户的个性化需求。2018年末,按平台服务客户的资产规模分,最大的全托资产管理服务平台有Envestnet(5090亿美元)、SEI(671亿美元)、AssetMark(470亿美元)、Brinker Capital(229亿美元)。其中,一些公司不仅提供工具性的平台系统,而且通过布局共同基金管理业务、基金销售业务、信托业务,使得平台上的资产更多地留存在自身体系内创造收入,形成资产管理和财富管理生态闭环,向嘉信理财的综合平台模式靠拢,形成投资者、投资顾问、资产管理者的平台网络效应。①②

综合以上案例,独立投资顾问的兴起催生了财富管理行业的平台商业模式,其匹配投资者、投资顾问和基金产品供需并为投资顾问赋能的特点,与电商平台聚集商户和消费者并为商户提供支付、物流、资金等服务的模式有相似之处。实际上,国外头部综合性金融机构的财富管理业务普遍拥有赋能内部投资顾问的数字化平台系统,为了更好地满足客户需求,同时也引入了第三方投资顾问,其中一些机构还采用了第三方金融机构开放的系统和功能。独立和非独立投资顾问模式有各自的优势和劣势,但平台化和开放式创新是两者共同的发展趋势。

(三) 证券业的开源协作

软件开源运动以开放源代码、信息共享和自由使用为目的。由于网络效应带来的扩张性,开源的技术工具得以不断发展和广泛应用,并与

---

① "America's Best TAMPs 2019",*The Wealth Advisor*,2019.
② 《2019 全球财富管理研究报告》,亿欧智库,2019。

云计算等技术相结合，日益显现出巨大的商业价值，近年来吸引众多大型科技公司进行布局，以助力自身技术提升和商业生态圈扩张。

金融业在信息化、数字化过程中也大量采用了开源技术工具进行开发，而以开源方式进行金融业务层应用开发的实践才刚刚起步。目前金融机构发布的开源项目主要集中在分布式账本技术（DLT）应用和各类技术层应用项目上。未来，金融机构和相关金融科技公司通过开源方式进行金融业务层应用的开发，将给金融业带来更为深远的影响。

2019年11月20日，金融科技开源基金会（FINOS）宣布，其会员高盛将把原先内部使用的逻辑建模语言"PURE"，以及用于可视化建模的平台"Alloy"进行开源发布。Alloy平台和PURE语言被高盛用于对公司各个团队拥有的由不同外部供应商提供的超过10万个数据库的数据进行映射，降低了整合不同数据源的成本，同时用于对包括定价、风险评估、交易清算、监管报送在内的整个交易生命周期流程进行逻辑建模。项目开源发布分三个步骤完成：Alloy平台首先于2019年第四季度发布；2020年第一季度参与开源社区的金融机构和成员将使用Alloy协作建立共享的PURE模型；到2020年中，PURE和Alloy的源代码将在Apache 2.0开源协议下发布。这个开源项目将帮助不同金融机构和不同资产类别以统一的方式构建流程和规则、交换和共享数据，有助于金融机构减少与交易对手的交易成本，降低监管合规成本，增强系统之间的互操作性。①

以上案例体现了高盛通过发布开源项目，引领金融业数据治理行业标准的长远考虑。采用开源方式进行金融业开放式创新，相比采用开放API的方式具有更强的可扩展性和生态系统上的扩张性。采用开源方式进行创新，有助于统一双方或多方参与的金融业务的流程和标准，并进一步促使标准化的金融业务基础设施化。对于主导开源项目的金融机构，可以通过建立主导行业标准，极大地扩展在行业内的生态圈。

---

① "Goldman Sachs Sees 'Great Potential' Helping Banks, FinTechs, and Regulators Find Common Ground with Major Open Source Contribution to FINOS", ACCESSWIRE, Nov. 20, 2019.

三 国外保险业开放式创新及监管

近年来,随着保险科技的兴起,大数据、人工智能、物联网等技术开始改变保险业的经营方式,新兴保险科技企业进入保险行业,推动行业创新加速。随着开放银行概念的提出及其在越来越多国家的实施和发展,与之相应的开放保险也开始进入人们的视野,并被业界提上日程。与开放银行不同的是,迄今为止多数国家未从立法或监管层面要求保险业开放数据和服务,开放保险的发展主要由市场驱动,参与者主要是保险科技企业和积极进行数字化转型的传统保险机构。本部分将对国外保险科技企业和传统保险机构进行开放式创新的典型案例进行梳理。开放保险生态中的七类角色见表3-1。

表3-1 开放保险生态中的七类角色

需求方		供应方
(1)优化者:通过内部API打通机构内部系统和数据,以实现内部优化	(4)聚合者:建立标准化API平台,以及服务和数据市场	(5)产品提供者:在开放生态中以B2B2C模式提供白标签解决方案
(2)数据挖掘者:通过物联网、开放银行等渠道获取数据,并进行数据挖掘		(6)服务提供者:提供索赔处理、反欺诈等服务
(3)应用开发者:通过API使用合作伙伴提供的服务,构建个性化服务以满足客户需求		(7)数据提供者:向第三方提供保险数据和客户数据

资料来源:"Is 'Open Insurance' the Next Uber of the Industry?",http://www.innopay.com。

(一)国外保险科技企业开放式创新实践

1. Lemonade

美国保险科技企业Lemonade创立于2015年,以经营产险和责任险为主,提供租客保险、公寓保险、合作公寓保险和房屋保险四类产品。

与传统保险公司不同，Lemonade 主要通过自己开发的移动端和桌面应用程序开展业务，基本实现了无纸化运营。2016 年，Lemonade 发布了基于人工智能技术与行为经济学理论的智能保险平台。在智能保险平台的支持下，用户可以通过聊天机器人的引导，在移动应用中完成从注册、选择保险产品到支付保费的全流程。借助人工智能技术，Lemonade 在承保端对投保申请进行有效的筛选，并拒绝部分高风险的申请，从而大大降低了平台的损失比例。无纸化运作模式则帮助 Lemonade 降低了运营成本，提升了投保效率和索赔效率。[①] Lemonade 吸收了互助保险的设计方案，有效降低了成本并控制了风险，同时依据行为经济学设计机制，降低了赔付率。截至 2019 年，Lemonade 获得了包括红杉资本、软银资本等大型投资机构在内的六轮融资，估值达到 20 亿美元。

2017 年 10 月，Lemonade 推出了开放 API。Lemonade 最初通过 API 提供的服务包括租客保险、公寓保险和房屋保险，并随着公司推出的新的产品类型而不断扩展。通过 API，商业网站、房地产应用软件商、保险经纪商、财务顾问、物联网平台、智能家居品牌等第三方可以将适合的保险产品嵌入其应用场景中，让客户获得实时的保险服务和无缝的使用体验。第三方可以选择多种方式，以不同的个性化程度进行集成。在集成方式上，第三方可以通过调用 API，让客户在自己的应用中获取保险产品报价、选择产品和支付保费，还可以通过使用 Lemonade 开发的智能控件，更加快速简便地进行集成。

Lemonade 联合创始人 Shai Wininger 曾在 API 发布会上表示："要想通过一款应用提供实时保险，需要花费数年的时间来整合各项许可证、资本和所需的技术，这正是这样的应用几乎不存在的原因。现在，Lemonade 的 API 改变了这一点。任何一个会一点编程的人花几个小时就可以把这些功能集成到他的应用当中。"[②]

---

① 《全球 FinTech 公司巡礼：美国保险科技 Lemonade》，宜信研究院，2018 年 6 月。
② "Lemonade Launches Insurance API"，PR Newswire, Oct. 10, 2017.

2. Trov

保险科技公司 Trov 成立于 2012 年，总部位于美国加州，在按需保险领域居于领先地位。Trov 建立了按需保险平台，能够在客户需要的时候为他们提供保险服务，而且时间长短由客户决定。平台还利用手机及可穿戴设备中的传感器和 API 技术，进一步实现了由机器触发以覆盖特定场景的保险技术，并实现了实时调整保费。在众多与 Trov 合作的第三方中，包括 Alphabet 旗下的无人驾驶汽车子公司 Waymo。Trov 利用按需保险平台，为使用 Waymo 无人驾驶叫车服务的乘客提供保护。Trvo 为 Waymo 的乘客提供的保险包括财产损失保险，并承担乘车所产生的任何医疗费用。2018 年，Trov 与标致集团（Groupe PSA）建立了合作关系，共同在美国推出共享汽车服务 Free2Move。在车辆行驶行程中，Trov 通过 API 实时获取 Free2Move 车辆的状态，从而实时自动调整保费。

（二）国外传统保险机构开放式创新实践

1. 安盛集团

新加坡金融管理局在 2016 年发布的《API 指导手册》中，鼓励金融业采用开放 API 进行开放式创新，涉及的金融机构不仅包括银行，而且包括保险公司。作为响应，安盛集团（AXA）于 2017 年 11 月在新加坡推出了端到端的保险事务 API，实现了保险即服务（Insurance as a Service, IaaS）。通过保险即服务的方式，保险公司可以将自身产品整合进更广的数字生态价值链中，按需、实时、便捷地为客户提供风险管理。在发布之初，API 支持家居险、旅行险和车险，之后扩展至健康险和寿险等其他险种。第三方可以将 API 嵌入应用程序、网页和其他数字化渠道，为客户提供全流程的保险服务。API 发布后，安盛集团寻求与包括中小企业在内的第三方合作。例如，安盛集团与新加坡新翔集团（SATS）建立了合作关系，通过 API 将保险服务嵌入旅行应用程序

Ready to Travel。之后，Ready to Travel 的用户可以在规划旅行的同时，无缝地获得所需的旅行保险服务。

2019 年 1 月，安盛集团发布了数字化平台 AXA Affiliates，帮助第三方服务提供商更加方便地将 AXA 的保险解决方案整合到自己的网页和应用中。平台还提供了工具和控制面板，让第三方能够以可视化的方式集中监控产品性能和跟踪收入状况。

2. 安联保险

安联保险（Allianz）一直将自己的软件开发能力视为核心竞争力，在开放式创新战略上，也采取了 IT 行业普遍采用的开源策略。2018 年 1 月，安联保险宣布将自有数字化平台 Allianz Business System（ABS）的一部分免费开放，成为开源的平台化解决方案。ABS 可用于解决数字化转型中遇到的挑战和数据隐私问题，并可用于包括财产险、意外险、寿险、健康险在内的各条保险业务线。安联保险在 15 个国家应用了 ABS 平台，管理超过 4200 万张保单。ABS 平台分为核心层、国家层、公司层三个层次。其中，核心层为客户管理、保单、理赔等功能提供最基本的支持；国家层包括业务所在国的相关法律和监管规则，可以实现保单、理赔、收益的处理；公司层则包括公司独有的产品、费率方案等内容。开源版的 ABS 从核心层而来，除此之外，安联保险还将与特定合作伙伴共同开发由核心层和国家层构成的企业版 ABS。在企业版之上，安联保险将建立一个应用市场，供合作伙伴开发和共享各种应用程序。①

安联保险通过将 ABS 平台开源，吸引同业机构共同协作，参与开放式创新，不断完善保险业核心应用软件，为行业和客户增加价值。通过此举，安联保险进一步扩展了其在保险行业的生态圈，主导保险业务平台的标准化。

---

① "Allianz Sets Up Open Platform"，Allianz SE，Jan. 29，2018.

四　国外其他金融科技企业开放式创新及监管

在开放金融生态中，除了开展银行、证券、保险等金融业务的传统金融机构和科技企业之外，为金融机构的开放式创新提供数字化技术服务和数据服务的金融科技企业也起着重要的支持作用，大型科技企业（BigTech）通过开放式创新参与金融业务，对传统金融机构形成了巨大挑战。本部分将对相关金融科技企业的开放式创新案例做一介绍。

（一）数字化技术服务提供商

在开放银行生态中，Plaid、Yodlee 等 API 平台起到了连接银行和第三方服务提供商的重要作用。同时，以 Apigee 为代表的网关服务提供商，以及以 Ping Identity 为代表的接入管理提供商，为开放生态参与者提供了高效安全的 API 和身份验证解决方案。在金融业乃至各行业开放式创新逐渐成为趋势的当下，相关数字化技术服务提供商的重要性逐渐凸显，谷歌收购 Apigee 也印证了这一趋势。

1. Yodlee[①]

Yodlee 成立于 1999 年。成立之初，Yodlee 主要提供金融账户数据的聚合服务以及个人财务管理平台服务，在消费者授权下获取其在银行的金融账户数据，将数据汇总整理后反馈给消费者，让消费者能够掌握自己全面的财务状况。迄今为止，Yodlee 的合作金融机构包括美国最大的 20 家银行中的 15 家。经过多年的积累，Yodlee 逐渐整合了全球 16000 多个金融数据来源，拥有超过 2500 万个用户，为超过 1200 家金融机构和金融科技企业服务，并积累了大量的银行历史交易数据。

在此基础上，Yodlee 进一步发展成为开放银行 API 平台，在银行机

---

① 本部分内容参考《开放银行系列之案例篇：欧美国家的探索实践》，兴业数金，2018 年 8 月。

构和第三方服务提供商之间架起桥梁，提供银行数据的集成和分发等服务。Yodlee 的 API 产品主要包括以下几个方面。

（1）数据聚合 API。利用机器学习等算法识别商户交易数据并将其分类，为上层商业生态系统内的第三方公司提供清晰、标准化和易于使用的交易数据源。

（2）账户验证 API。客户输入网上银行凭证即可实时验证账户内余额，验证过程可缩短至秒级。

（3）资金流动 API。客户通过使用了 Yodlee API 平台的第三方应用程序，可以连接到自己的银行账户，并在一个安全的支付环境中转移资金。

通过建立 API 平台，Yodlee 的商业模式由 B2C 逐步向 B2B 转变。2015 年，Yodlee 被财富管理平台公司 Envestnet 收购。

2. Plaid[①]

2013 年 5 月，Plaid 成立于美国旧金山。Plaid 通过建立 API 平台，搭建用户数据库基本框架，为金融科技企业与其客户的银行账户提供高效连接。利用 API，金融科技企业的开发人员可以在几分钟内从大型金融机构获取并整合高质量的交易和账户数据。Plaid 所服务客户的业务覆盖个人财务管理、消费金融、借贷、银行、经纪以及企业财务管理，涉及 Robinhood、Betterment、LendingClub、Blend 和 Coinbase 等知名金融科技公司，以及花旗银行、高盛和美国运通等大型金融机构。

其中，美国互联网证券经纪商 Robinhood 利用 Plaid 提供的 API，在进行银行支付转账前认证银行账户信息，将支付失败和透支的可能性最小化。通过 Plaid 基于证书的登录服务，在客户上线时连接其银行账户，帮助 Robinhood 的客户迅速地完成交易。机器人投顾开创者 Betterment 使用 Plaid 提供的 API 验证客户在转账时银行账户上是否有足够资金，

---

① 本部分内容参考《对话 Plaid，Betterment、LendingClub 大获成功的幕后英雄》，英图云考察，2018 年 10 月。

并在其网站上为顾客提供银行账户信息概览服务。

目前，Plaid 的 API 平台包括八个类别的产品（见表 3-2）。

表 3-2 Plaid 的 API 平台类别和功能

API 服务类别	功能
交易	可获取 24 个月的历史交易记录，并整合增强的地理位置、商家和类别信息；提供关联账户变动的实时提醒
账户验证	获取银行账号和路径代码，即时验证银行账户；可连接到美国任何银行及信用合作社的账户，设定 ACH 转账
账户余额	通过检查账户余额，减少透支和 NSF 费用；可根据账户余额预先融资，也可验证账户实时余额和历史余额
身份认证	验证用户身份以减少欺诈；可从银行获取姓名、电话号码、住址、电子邮箱等信息进行用户身份验证；连接银行账户时自动填写用户身份信息
投资	整体呈现用户投资情况，包括账户余额、持仓、交易；范围覆盖银行、经纪商、信用合作社、退休计划提供机构；广泛覆盖不同类型投资账户
资产	直接从源头验证借款人的资产；可获取包括账户余额、历史交易、账户持有人身份信息在内的合并资产报告，提供包括地理位置、商家名称和类别在内的标准化信息；经客户同意，可向第三方分享资产报告
负债	获取包括学生贷款和信用卡在内的详细负债情况
收入	分析银行存款以更准确地验证用户收入，并通过相关雇主信息验证就业情况

资料来源：Plaid 网站。

2020 年 1 月，维萨（Visa）宣布将以 53 亿美元收购 Plaid。Plaid 计划保留独立的业务部门，同时依托 Visa 的品牌和资源开展业务。

3. Apigee[①]

Apigee 成立于 2004 年，其核心业务是为企业提供 API 产品和技术，帮助企业将服务 API 化。2015 年 Apigee 在纳斯达克上市，2016 年 Apigee 被谷歌收购。

Apigee 的核心产品 Apigee Edge 提供全生命周期的 API 管理方案，提供开发者门户、API 网关、API 生命周期管理等基础功能，同时还提

---

① 本部分内容参考《开放银行全球创新发展与监管实践研究报告（2019）》，同盾科技有限公司，2019 年 6 月。

供后端即服务（Backend as a Service）、分析引擎、API 货币化计费等高级功能。随着开放银行的兴起，2016 年 Apigee 在 Apigee Edge 平台上构建了针对开放银行的 API 管理解决方案 Apigee Open Banking APIx，以简化和加速银行开发人员工作。基于 PSD2 合规要求，Apigee Open Banking APIx 提供面向银行开发人员，包含 API 文档和专门工具的开发者门户，并提供针对银行业预先配置的常用 API 集合，具有账户信息、支付转账、交易信息、银行公开产品服务信息等功能。Apigee Open Banking APIx 还整合了面向账户信息服务提供商和支付发起服务提供商的特定工作流以及 OAuth 安全框架，以支持内部和第三方服务提供商的不同访问模式。此外，Apigee 还为保险、证券等各类金融机构提供 API 解决方案。

4. Ping Identity[①]

Ping Identity 成立于 2002 年，总部位于美国丹佛，是专业的企业领域身份验证安全服务商。凭借其在身份验证安全领域的专业实力，Ping Identity 为 PSD2、英国开放银行技术推荐标准等的制定贡献了专业建议。Ping Identity 是英国开放银行计划的身份认证解决方案提供商，目前客户覆盖了一半以上的财富 100 强公司和美国前 12 大银行。2019 年 Ping Identity 被 Gartner 评为接入管理领域的领先者。

为了更好地满足开放银行身份安全服务业务的需求，Ping Identity 制定了针对开放银行的全面身份和访问管理（IAM）解决方案。作为相关技术推荐标准制定的参与者，Ping Identity 的解决方案完全符合开放银行要求，在满足严格的金融级安全的同时提供无缝和一致的用户体验。

Ping Identity 针对开放银行的身份和访问管理解决方案包括以下模块。

（1）强客户身份验证：提供多因素身份验证服务。

---

① 本部分内容参考《开放银行全球创新发展与监管实践研究报告（2019）》，同盾科技有限公司，2019 年 6 月。

（2）访问安全：包括单点登录（SSO）、API访问控制、API网络攻击防护。

（3）许可管理：Ping Directory 为客户凭据以及身份和授权数据进行高度可扩展的灵活的数据存储和优化，Ping Data Governance 为管理数据访问、客户授权和客户数据提供充分细致的策略安排，充分符合GDPR和开放银行标准的相关要求。

（二）数据服务提供商[①]

VanderSat 是荷兰的一家初创科技企业。VanderSat 利用全球各国开放的卫星遥感数据档案，可以对任何区域的自然灾害损失进行评估，并通过 API 将数据提供给保险公司，帮助保险公司在农作物保险领域开展创新业务。

VanderSat 的数据来源包括美国国家航空航天局的主/被动土壤湿度监测卫星（SMAP）、欧洲航天局的土壤湿度与海水盐度卫星（SMOS）、日本航天局的水循环观测卫星（GCOM-W）等。通过对这些卫星的原始数据进行处理，每天可以获得大量的土壤湿度和温度等信息。目前，VanderSat 的高精度数据库可以追溯到过去 17 年的数据。

目前全球共有 70 亿公顷耕地，其中仅有 10 亿公顷被保险产品覆盖，原因在于保险公司对很多地区，尤其是干旱频发地区的耕地难以定义异常自然状况。为了为这些地区提供保险，需要找出其自然状况的统计数据。利用 VanderSat 的土壤湿度和温度等数据，保险公司可以对全球不同地区的自然状况做出细致的评估。这一能力使得保险公司能够在更多的地区推出保险产品，并在不同地区对产品进行更准确的差异化定价。例如，VanderSat 与瑞士再保险公司（Swiss Re）合作，将农作物保险扩展到原先无法覆盖的市场。

VanderSat 通过创新性应用数据并对保险公司开放数据，在特定的

[①] 本部分内容参考"The Future of (Open) Insurance is Fearless"，Accenture Insurance，May 21，2018。

保险领域创造了新市场。这显示了在金融业开放式创新中，其他行业对金融业开放数据同样具有重要意义。

（三）大型科技企业

以谷歌、亚马逊、脸书、苹果（GAFA）为代表的国外大型科技企业，由于具有庞大的客户群体、强大的平台网络效应、丰富的数据资源、领先的技术实力以及提供出色的用户体验产品的创新能力，长期以来被视为将会颠覆传统金融机构的力量。近年来，大型科技企业基于各自的商业生态和优势，纷纷进入支付、信贷、保险等金融领域，在金融行业不断扩张，并带来了创新产品和服务。但大型科技企业全面进入金融领域，可能影响市场的正常竞争，导致市场过度集中，商业领域风险进入金融体系则可能增大系统性风险。因此，许多国家的金融监管当局对大型科技企业进入金融业进行了限制。从大型科技企业的角度看，接受全面的金融监管，也会给自身的商业模式带来诸多限制。

时至今日，在以美国为代表的发达国家，多数大型科技企业并未获得金融核心牌照而成为金融机构，再加上传统金融机构的渗透率较高，大型科技企业主要通过与金融机构开展合作涉足金融业务。例如，苹果公司和高盛在2019年联合推出信用卡Apple Card，用户可以在苹果手机应用Apple Wallet中申请和使用苹果信用卡。同样在2019年，谷歌和花旗银行达成合作，将联合通过谷歌支付（Google Pay）为用户提供活期账户，账户的金融与合规事务将主要由花旗银行承担。而在发展中国家，由于金融市场结构和监管政策不同，以及传统金融机构渗透率较低等原因，大型科技企业与传统金融机构之间更倾向于形成竞争关系。

在PSD2和开放银行实施后，大型科技企业只需获得许可成为第三方服务提供商，而无须与金融机构签订协议，便可多对多接入金融机构数据和服务，结合自身资源和能力，提供更有吸引力的金融产品和服务。对于开放银行而言，业界普遍认为大型科技企业将借此渠道，大规模扩展在金融业的版图，给银行带来更大挑战。2018年8月进行的一项对130名来自银行和金融科技企业的专家的调查显示，63%的来自银行的受访者认为，大型科技企业是开放银行实施后最大的潜在威胁，而在其他受访者当中，这一比例是45%。① 在开放银行实施之后，实际情况是，大型科技企业表现出的参与意愿相对有限。在2019年4月于伦敦举行的金融创新全球峰会上，OBIE实施受托人Imran Gulamhuseinwala表示，由于大型科技企业未就将对开放银行采取怎样的举措过多发声，因此尚不明了其对开放银行参与度较低的原因。② Imran Gulamhuseinwala认为有两个可能的原因：一是大型科技企业通过社交媒体和搜索引擎获取的数据已经足够使用，在对个人数据权利严格保护的欧洲，大型科技企业对进一步获取敏感的金融数据缺少动力；二是目前各个国家和地区的开放银行政策与标准有较大差异，大型科技企业如果参与开放银行，就需要在各地对其产品和服务做出不同调整。

即便如此，在2018年PSD2实施之后，附属企业在欧洲经济区拥有支付牌照的大型科技企业数量显著增加。这些企业中大多数还未基于PSD2提供支付服务，但大多表示未来将提供相应的服务，以此提升自身的平台和服务能力。③ 由于开放银行乃至开放金融的政策和实践处于初期阶段，大型科技企业的加入还需要一个过程，但大型科技企业普遍参与开放金融生态，必然加剧金融业竞争。来自大型科技企业的竞争有助于促使传统金融机构加速向数字化转型，促进金融机构提升产品和服务质量。另外，金融机构单向对外开放数据和服务，将会强化大型科技企业对数据的占有，造成竞争的不平等，带来监管套利的潜在可能。将金融监管层面的开放式创新政策扩展到经济的各个行业，是与数字经济更相适应的政策选择。澳大利亚基于数据开放的消费者数据权利立法和数据开放的双向性原则，是具有开创性和参照意义的范例。2018年4月，英国商业、能源和产业战略部向议会提交了《消费者市场的现代

---

① "Opportunity Knocks: The Future of Open Banking", TLT, Nov. 21, 2018.
② Scott Carey, "Why the US Tech Giants are Uninterested in Getting into Open Banking", Computerworld, May 1, 2019.
③ "BigTech in Finance: Market Developments and Potential Financial Stability Implications", FSB, Dec. 9, 2019.

化：消费者绿皮书》①，宣布开始进行智能数据调查（Smart Data Review），着手制定政策以推动发展应用数据驱动的新技术和服务，改善消费者体验。制定智能数据相关政策的目的在于，在金融业之外的各行业，包括大型科技企业所处的行业中实现消费者对自身数据的控制权，通过更广泛意义上的数据开放，促进消费市场中数据驱动的创新，利用数据和技术帮助弱势消费者，保护消费者和消费者数据。

---

① "Modernizing Consumer Markets: Consumer Green Paper", Department for Business, Energy & Industrial Strategy, Apr. 2018.

第四章　开放金融的意义、目标和原则

宋　鹭*

摘　要：本章从金融工作三大任务"服务实体经济、防控金融风险和深化金融改革"出发，立足开放金融在国家、行业、机构、客户、监管等不同层面的价值，结合金融业数字化转型战略，基于金融科技框架下开放金融的新功能和新趋势，首先，围绕服务国家经济金融发展战略、助推金融行业高质量发展、助力银行和非银行机构战略转型等探讨了开放金融的宏观意义；其次，从C（个体客户）端、B（企业）端、G（政府）端三个角度切入，具体分析了开放金融应用和赋能的微观意义；再次，从金融监管视角，系统阐述了开放金融对促进金融监管创新完善的积极作用；最后，围绕开放金融的发展目标和核心价值，提出了开放金融"定位明确、业务合规、分级分类、最小授权和安全可靠"五大发展原则。

关键词：开放金融　金融科技　数字化转型

2017年7月召开的全国金融工作会议上，习近平总书记明确提出，金融工作的三大任务分别是服务实体经济、防控金融风险和深化金融改革。开放金融应当在金融工作三大任务的指引下，明确其发展意义、目标、价值和原则。

---

* 宋鹭，经济学博士，中国人民大学国家发展与战略研究院院长助理、研究员，主要研究领域为开放宏观经济、宏观金融、货币政策、金融科技等。

开放金融作为一种金融底层模式的变革，无论是在国家经济金融发展的宏观层面，还是在行业、机构、客户等经济主体活动的微观层面，都具有十分重要的意义，发挥了"催化剂"和"润滑剂"的作用。对于监管而言，开放金融在给既有监管体系带来风险和挑战的同时，也为金融监管的优化和创新提供了新机遇，同样具有不可忽视的作用。以此视角来看，开放金融不仅是金融科技发展的一个组成部分，而且是推动金融行业数字化转型的有效途径，更是建设未来全新开放平台和金融生态的战略举措。开放金融不仅包含金融服务和科技创新的开放融合，而且涉及金融监管和风险异化之间的"开放融合"。

因此，本章从金融工作三大任务出发，结合金融行业数字化转型战略，基于金融科技框架下开放金融的新功能、新趋势，首先，深入探讨开放金融在国家、行业、机构层面的意义；其次，从C（个体客户）端、B（企业）端、G（政府）端三个角度切入，研究开放金融在客户层面的价值；再次，以一个较为整体的视角系统阐述开放金融对监管层面的作用；最后，围绕开放金融的发展目标和核心价值，提出了开放金融发展和监管的五大原则。开放金融在不同层面的意义见图4-1。

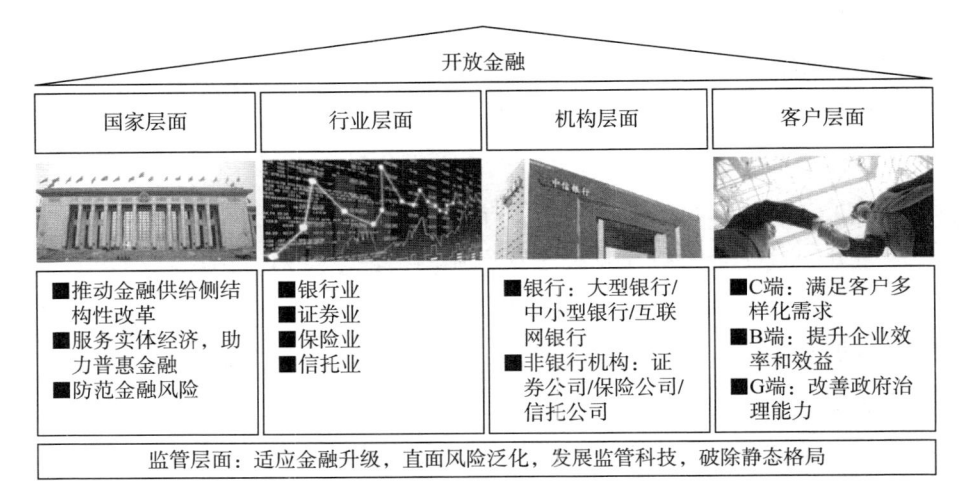

开放金融			
国家层面	行业层面	机构层面	客户层面
■推动金融供给侧结构性改革 ■服务实体经济，助力普惠金融 ■防范金融风险	■银行业 ■证券业 ■保险业 ■信托业	■银行：大型银行/中小型银行/互联网银行 ■非银行机构：证券公司/保险公司/信托公司	■C端：满足客户多样化需求 ■B端：提升企业效率和效益 ■G端：改善政府治理能力
监管层面：适应金融升级，直面风险泛化，发展监管科技，破除静态格局			

图4-1 开放金融在不同层面的意义

一 开放金融服务国家经济金融发展战略

(一) 开放金融是世界经济发展的大势所趋

开放金融成为近年来诸多国家推进金融市场改革的一项探索性做法。欧盟是较早的发起者和践行者，2015年，欧盟通过了《支付服务修订法案（第二版）》（PSD2），要求欧洲银行把支付服务和相关客户数据开放给客户授信的第三方服务提供商，并且要求其成员在2018年1月13日前将此法案在各国法律中正式实施。为了配合欧盟针对开放银行相关协议的落地，英国于2016年正式对外发布了《开放银行标准》，细化了银行间开放和独立的标准。紧接着，非欧盟国家也纷纷效仿，自发行动，积极构建自己的开放银行。如新加坡金融监管局专门成立了包含六大类金融数据在内的API注册中心；2016年8月，韩国成立了由金融电信清算机构和证券信息公司共同管理开放的API数据平台，对第三方金融机构开放，共同推动金融数据的共享；澳大利亚财政部也于2017年8月发布了《澳大利亚开放银行评论》，明确提出金融数据共享的发展战略。综上，近年来，随着全球经济格局的剧烈变动，诸多国家开始探索开放金融和开放银行模式，以期推动金融市场平稳、健康、创新发展。

与国外相比，中国的开放金融实践可追溯到2012年中国银行提出的开放平台理念。近年来，随着数字金融和金融科技的快速发展，开放金融重新引起了金融行业特别是银行业的关注。与西方国家发展开放金融自上而下（即国家从监管层面主动推进）的特点不同，中国开放金融的发展是一种自下而上的模式，即通过金融行业和金融机构以及平台企业的实践，带动开放金融业态、赋权金融主体发展，进而推动国家金融理念以及监管措施不断完善。在此意义上而言，中国发展开放金融既是顺势而为，也是未来在金融发展方面加强与其他国家经济合作交流的窗口。

（二）开放金融是推动供给侧结构性改革的重要举措

推动供给侧结构性改革是党和政府确定的重大战略举措，其目标重点是通过改革减少无效和低端供给，扩大有效和中高端供给，增强供给结构对需求变化的灵活性，从而提高全要素生产率，使得供给能够更好地适应需求。具体到金融层面，中央和地方政府着力从改善金融供给、优化金融结构、降低融资成本、提高配置效率、畅通供给渠道五个方面深入推进金融供给侧结构性改革。

开放金融无疑是金融供给侧结构性改革的题中应有之义。以银行为例，在开放银行模式下，银行在安全前提下将客户信息和交易数据交由第三方公司并进行合作开发。一方面，银行主体可以借此完善数据库建设；另一方面，银行主体可利用大数据技术进一步洞察客户行为，分析并适应客户需求，为客户提供更加精准高效的服务，以增强客户黏性。而对于第三方平台，可以通过访问银行所提供的数据，以一种安全、清晰的方式将其服务与这些客户数据进行融合，进而快速、高效地研发出更加优质的新产品、新服务。除了灵活有效地提供服务，在降低成本方面，开放金融既降低了第三方公司收集数据以及进行产品开发的成本，也有助于银行主体构建更加广泛的分销网络，大大降低产品的营销成本。由此可见，开放银行模式开拓了一种金融机构与第三方公司高效合作的创新渠道，提高了供给质量，减少了低效供给，降低了运行成本，助力金融供给侧结构性改革进一步推进。

（三）开放金融是推动普惠金融发展的有效方式

作为实体经济的血脉，服务实体经济发展是金融的本质和宗旨，金融不能脱离实体经济而存在。这也是全国金融工作会议把"服务实体经济"放在金融工作三大任务之首的原因所在。而普惠金融是服务实体经济发展的关键，开放金融与普惠金融在目标和价值层面具有共通性，在此意义上可通过改善金融服务，推动普惠金融深入发展，更好地服务实体经济。

长期以来，我国金融市场存在一定的"二八效应"，即金融机构侧重于服务大型企业和高收入人群，而小微企业、低收入农村客户等长尾群体难以得到有效的金融服务。同时，发展普惠金融具有风险大、成本高和收益低的特点。因此，一些金融机构在发展普惠金融方面动力不足、行为谨慎。

目前，通过相关政策的大力推动，以及社会各方的共同努力，我国普惠金融的发展初显成效。据不完全统计，截至2019年9月，小微企业的普惠贷款余额保持强劲的增长势头，达到112700亿元，同比增长45.8%（见图4-2）。虽然存在风险和发展不足，但开放金融的出现，使得各主体间的数据实现了更大程度的共享，数据割裂的情况有所缓解，长尾市场的边际成本逐渐降低。另外，金融机构服务客户的范围逐渐扩大，实现了从服务客户到服务用户的转变，金融的"触角"更好地渗透于社会的各个方面，有效地缓解了"金融排斥"现象，推动了普惠金融的发展。

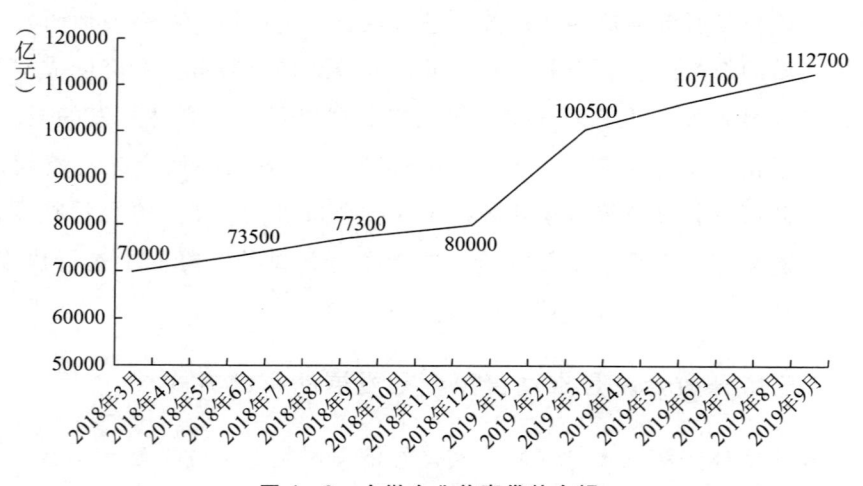

图4-2 小微企业普惠贷款余额

资料来源：Wind数据库。

（四）开放金融是防控金融风险的有力抓手

近年来，我国金融行业风险有抬头趋势。例如，2019年1~11月，国内累计有 159 只债券发生违约事件，合计违约金额达到 1257 亿元，同比增长 3.92%，是 2017 年全年违约债券规模的 4 倍多。再如，在信用风险方面，商业银行不良贷款率呈上升势头，2019 年 9 月为 1.86%，环比上升 2.76 个百分点（见图 4-3）。与传统意义上金融产品设计、生产、销售等环节完全是在一个金融机构内部产生和进行有所不同，目前商业活动呈现线上化、数据化的大趋势，通过产品创新和模式创新，金融科技和互联网金融快速崛起，金融市场模式发生了巨大变革。

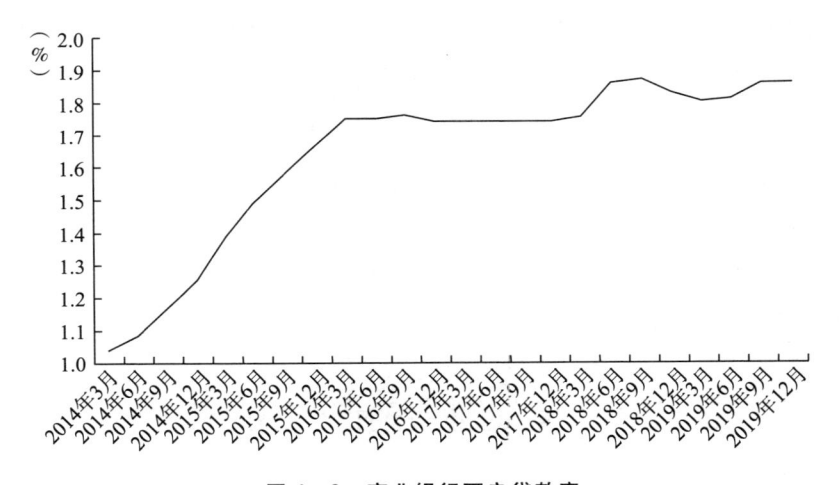

图 4-3　商业银行不良贷款率

资料来源：Wind 数据库。

金融科技从"存""贷""融资"等不同点切入金融产业链，使得传统的金融产业链变成一个个垂直的金融领域。这种运作模式在一定程度上导致跨机构、跨市场、跨行业的风险传递，增大了系统性金融风险的发生概率，给防范金融风险、加强金融监管带来了巨大的挑战。

以消费金融为例，在引流获客、场景支持、大数据服务、风险评估、风险审批、资金投放、风险缓释、贷后催收、不良处置等链条中，通常认为，只有资金投放和风险承担属于核心金融环节，需要持牌机构来做，其他环节均可由非持牌的第三方负责。但应该意识到，在全流程风控视角下，获客、核身、反欺诈、多头借贷监测、信用评估、贷后催收等环节均涉及风控，当这些环节交由第三方机构负责时，金融机构只承担了部分风控职责，并不具备完整的风险识别和定价的能力，从而难以真正地承担起最终风险。换言之，金融科技的出现，使得金融监管出现了真空地带，因此监管机构应该重视监管协作。

而在开放金融模式下，银行等金融机构通过开放客户的金融交易数据给监管机构，监管机构可以掌握大量的金融交易信息，进而提高监管的有效性。另外，我国金融业采取的是分业经营模式，各个业态之间相对独立。但随着金融深化和市场化改革，银行、证券、保险和基金等行业间的资金壁垒被逐渐打破。正如一枚硬币的两面，金融机构在竞争加剧的同时，其道德风险和监管难度也同样被放大。因此，应当坚持以分业经营为主的基本框架，这不仅有利于金融更好地支持实体经济，而且有利于防范金融风险。开放金融正是顺应了分业经营的监管框架，通过开放 API、SDK 等接口的形式实现银行等金融机构之间的有效合作，在促进金融创新的同时，更好地规避金融风险的交叉感染，降低系统性金融风险发生的概率。

二　开放金融助推金融行业高质量发展

（一）提升金融行业整体运行效率

发展开放金融，可拓宽金融服务的渠道。利用金融科技手段，构建线上线下一体化的经营发展模式，使得金融服务的触角延伸到传统金融服务覆盖不到的地方，使得更多的人可以享受金融服务，缓解"金融排斥"现象，提高金融行业的整体普惠性。另外，在开放金融模式下，金融机构通过 API、SDK、H5 接口进行数据共享，降低了边际成本，提高了边际收益，盘活了整个行业内的数据资源，打通了数据孤岛，充分发挥了数据的价值。

随着数字经济和互联网经济的发展，整个金融行业存在金融脱媒的现象，金融机构面临收益低、成本趋高的困境。而开放金融的兴起，使得传统金融业搭上了平台经济的东风，通过 API 等接口，与互联网公司、零售公司、金融科技公司等构建了合作共赢的商业平台，这将极大地提高金融行业的运行效率，更深、更广地影响并渗透于经济社会的各个方面。

（二）推动银行业全面转型

开放金融模式下，银行可进一步发展普惠金融，更好地服务实体经济。《中国银行业信息科技"十三五"发展规划监管指导意见》提出，要深入开展电子渠道一体化建设，支持电子渠道一体化运营，实现线上、线下多元渠道整合，改善客户体验，增强服务能力。积极运用移动互联网、智能终端等技术拓展服务渠道，扩大金融服务覆盖面，提升农民、中低收入人群和其他特殊群体的金融服务可得性和满意度。开放银行通过接口的开放，促进了信息和数据共享，在降低服务门槛和交易成本的同时，也能够有效扩大金融服务的覆盖面，有利于银行业更好地服务实体经济。

开放金融模式下，银行可强化综合性的产品服务与渠道创新。传统银行产品的生产过程离客户较远，营销渠道不通畅，银行设计一个符合客户需求的产品需要耗费较长的时间和较大的精力。而开放银行可以及时、全面地掌握客户的需求，设计出更多优质的产品，并且可以通过前端传来的数据获得及时的反馈，不断优化其产品和服务。银行可以利用金融科技开展包括存贷款、汇兑、理财在内的综合业务，从而满足客户多样化的金融需求，在供给端优化了银行服务。银行渠道不再依靠第三方公司的创造与开发，而是可以通过开放 API 扩展其服务范围，提高银行产品被触达的可能性。比如将接口开放给一些社交网站（应用），客户可以通过社交网站（应用）直接进入银行接口，获取银行的产品和服务，银行实现了场景在前、服务在后。

开放金融模式下，银行的风控能力得到进一步提升。传统的风险监管模式以合规、满足监管检查为导向。目前随着金融科技、数字经济的发展，传统的风控模式出现了"监控真空""监控滞后"等问题，因此各大银行都在探索发展监管科技，利用金融科技和大数据等新兴技术赋能风控体系，构建智能化的风控系统。开放银行使得数据的来源渠道大幅增加，数据采集、数据加工处理、数据挖掘与分析等大数据应用流程更加顺畅。银行风控数据获取渠道得到扩展，风控数据变得更加全面，从而能够为更多的场景、人群设计出不同的产品，并为客户的多种风险如信用风险、抵押品风险、异常交易风险、操作行为风险以及机构的行为风险、授信风险等提供决策支持。

（三）促进证券业建设金融科技新生态

开放金融模式下，券商传统经纪业务逐渐转型，财富管理水平日益提升。证券公司通过与第三方大型互联网平台连接，在传统的营业部开户模式以外，直接通过互联网引流，降低获客成本，实现客户、金融产品及海量信息的互联互通，通过大数据分析评估客户的风险偏好，通过人工智能技术在海量金融产品中匹配客户需求，推广个性化服务，从佣金价格竞争转向投研服务、融资融券、量化交易、财富管理等更多方式的竞争，建立全新的证券服务生态。

开放金融模式下，市场交易的活跃度将提高。2019年2月，证监会就《证券公司交易信息系统外部接入管理暂行规定（征求意见稿）》向社会公开征求意见。券商接口如果重新开放，将有助于降低私募机构的交易成本。各机构的交易系统与券商的集中交易系统开放接口、直接联通，在降低交易延时、提高交易速度的同时，将显著改善证券监管效率，提升市场交易的活跃度和可靠性。

开放金融模式下，证券行业可加强对风险的识别和防控。《深圳证券交易所发展战略规划纲要（2018~2020年）》指出，我国的证券行业要"主动拥抱大数据、人工智能等现代科技，全面提高科技监管能力。推进新一代互联网应用平台和新一代信息平台规划建设，建成大数据中心，实现主要监管活动的科技化、智能化"。我国证券业开放进程持续提速，越来越多的外资券商、资产管理公司拿到牌照，对证券行业风险控制的要求逐渐提高。大数据、人工智能和深度学习技术与开放证券相融合，在身份识别、潜在关联交易和内幕交易监测、反洗钱等方面开始发挥更为重要的作用。

（四）促进保险业服务智能化升级

开放金融模式下，保险业可为客户提供更好的产品及服务。在信息采集方面，传统模式下自然人个体或者法人投保需要填写较为烦琐的信息，在事故现场进行信息收集也需要从业人员花费较大精力。为了提高信息录入效率，优化客户体验，许多保险公司采取了OCR（Optical Character Recognition），即光学字符识别技术。在使用保险公司App时，通过OCR身份识别就能够快速录入客户的个人身份信息，无须用户手动输入。这样就能有效提升业务效率，大幅提升用户体验，增强保险公司服务竞争力。而且，针对保险公司的移动查勘实际需求，基于移动终端的OCR拍照识别技术在完成拍照取证的同时，直接识别出当事人、案件车辆的身份信息，解决了信息采集的效率瓶颈问题，缩短了赔付时间，提高了客户满意度。但是保险公司自己开发OCR系统，需要花费较大的财力和人力，这对于一些中小型保险公司来说成本过高，因此可通过与科技公司合作，直接嵌入OCR API或者SDK等接口，打造一个集身份证识别、驾照识别、行驶证识别、银行卡识别、文档识别、名片识别、车牌识别、护照识别等OCR识别功能于一体的业务开放平台，在较小的成本基础上实现用户服务体验的优化。

开放金融模式下，保险业的销售渠道不断转型升级。在较为严格的市场监管和稳固的客户关系下，传统的保险业商业模式较为稳定且程序化，但灵活性和创新性不足。现代的消费者希望获得无缝化、快捷的在线保险购买体验，并且将保险融入购物活动中。因此，保险公司通过开放API等接口，安全地将信息和服务公开提供给广泛的合作伙伴。通过公共API在销售端的力量，利用合作伙伴的消费场景推动保险的销售，实现客户购物保险一体化消费模式。另外，一些资质欠佳的小型企业在购买一般责任、工伤险或商业财产险等保险产品时，难以得到大型保险公司的重视，往往需要冗长烦琐的纸质申请流程，不仅耗时、耗力、体验差，而且难以通过核保。通过开放API等接口，小型企业购买保险变得极其简单，解决了保险服务水平低下的行业痛点，使得保险平台可以连接更多的长尾交易场景，这也是普惠金融在保险领域的一个重要实践。

开放金融模式下，保险业的风控将更加智能化。欺诈骗保问题一直是保险行业的痛点和难点，根据国际保险监督官协会的测算，全球每年有 20%~30% 的保险赔款涉嫌欺诈，损失金额高达 800 亿美元，给保险业健康发展带来了突出风险。例如，在车险方面就存在摆放现场、二次碰撞、故意出险、虚报盗抢、驾驶员酒驾、重复索赔等 30 多种欺诈类型，给保险业带来了巨大损失。基于开放保险的理念，保险行业可以加强与交通部门和第三方金融科技公司的合作，通过开放、共享的方式共建保险智能风控体系，实时获得事故现场的精确信息，构建反欺诈行业共享数据库，降低保险行业的整体风险。

（五）促进信托业科技创新与变革

党的十八大以来，信托行业积极深化金融供给侧结构性改革。中国信托业协会数据显示，截至 2019 年第三季度末，全国 68 家信托公司信托资产规模为 21.99 万亿元，较 2017 年末的历史最高点累计下降 16.19%。其中，事务管理类信托资产规模累计下降 25.84%，即通道类业务明显压缩，交叉嵌套、资金空转等现象得到整治。在通道业务减少的同时，信托业服务实体经济的质效不断提升。截至 2019 年第三季度，直接投入实体经济领域的信托资产余额占总额的 60.24%，较 2017 年末提高 6.94 个百分点。在信托资产规模整体压缩的行业背景下，服务实体经济是信托业回归本源、加强主动管理和业务创新的生存之路。

开放金融模式下，信托通过其制度优势，结合股权、债权、物权等多种方式调动多方资源，灵活运用资金，与第三方平台合作建立风控系统，更好地为实体经济尤其是民营小微企业服务。例如，应收账款 ABS 和供应链金融等模式都有助于小微企业盘活企业资产从而获得融资。在风控方面，信托公司通过打通中国人民银行征信数据及第三方平台企业主的衣食住行等数据，可以在贷前辅助风险决策；在贷后阶段，通过风控系统实时监控抵押品市场估值情况，便于进行风险预警。

开放金融模式下，通过大数据的积累和沉淀以及用户画像刻画，信托在消费金融、家族信托、ABS、服务信托等领域大有可为。从客户全生命周期出发，提供多元化、"一站式"服务。例如，根据客户年龄段的需求或者横跨不同消费场景，提供多种形式的金融产品和服务。

开放金融模式下，信托业监管更加高效。监管部门可通过开放平台，实现信托业的全监管线上化。2017年9月1日，中国信托登记有限责任公司研发出的信托登记系统投入运营。该系统实现了从手工到电子报送的跨越，实现了全流程的电子登记。信托产品及其信托受益权集中登记的不断深入，不仅有利于信托产品精细数据的收集、汇总和分析，而且有助于监管部门及时、准确、全面地掌握信托公司单体风险和信托业整体风险，进一步提升对信托产品监管的科学性和有效性。对完善信托产品发行和交易市场建立、规范信托产品的信息披露、加大投资者保护力度等都具有非常重要的应用价值。未来，开放金融将进一步赋能信托业的发展，为信托产品的交易流转提供更全面的服务。

三 开放金融助力银行和非银行机构战略转型

（一）助力各类银行机构更好更快地实现数字化转型和跨越式发展

大型商业银行的客户基础较稳固，业务量较大，进行开放银行转型将会产生巨大的效能。工、农、中、建、交、邮储等大型商业银行拥有海量的客户数据资源，若在合理的范围内向一些第三方平台开放，将更加有效地发挥其数据的价值，促进银行、金融科技公司、第三方平台共赢局面的形成。例如，中国工商银行于2019年11月8日发布智慧银行生态系统ECOS，四个字母分别代表企业级服务、以客户为中心、开放融合、智慧智能。中国工商银行利用其丰富的数据资源以及强大的业务触角构建了开放融合的跨界生态，成为国内最大的综合金融服务"供应商"，实现了将支付、融资、理财、投资等金融产品嵌入教育、医疗、出行、政务等民生消费和企业生产场景。

大型商业银行的风险承受能力强，科技实力雄厚，相关人才资源储备充足，可自行发展金融科技，构建开放银行平台。中国工商银行、中国银行、中国建设银行、招商银行等均已成立了金融科技子公司。2018年4月，中国建设银行组建"建信金融科技有限责任公司"，打响了国有大型商业银行成立金融科技公司"第一枪"。总的来看，开放银行是大型商业银行进行科技转型的一个重要抓手，商业银行在实践中可不断优化自身的金融科技体系，通过开放银行在金融科技"下半场"中强势回归。部分银行成立金融科技子公司情况见表4-1。

表4-1 部分银行成立金融科技子公司情况

银行	金融科技子公司	成立时间	注册资本（万元）
招商银行	招银云创	2016年2月	5000
中国建设银行	建信金融科技	2018年4月	160000
中国工商银行	工银科技	2019年6月	60000
中国银行	中银金科	2019年6月	60000

资料来源：根据公开资料整理。

中小型银行可利用开放金融实现弯道超车。在传统的存贷款、资管、结算等业务方面，相较于国有大型商业银行和大型股份制银行，中小型银行尤其是城商行、农商行并没有什么优势。构建开放体系、融入产业链是其实现弯道超车的机会。中小型银行由于体量较小，更容易实现迅速转型。同时，在多年的经营过程中，一些中小型银行已经形成了自己的核心客群。在开放金融体系下，以互联网为通道，引进服务客户所需的专业能力和资源为己所用，中小型银行可以全面提升客户服务能力，扩充风险防范和化解手段，提高运营效率，进一步提升客户的黏性。另外，大部分中小型银行的业务范围较为有限。根据监管规定，城商行的异地金融业务受到规模限制，农商行的资金甚至"不能出省"，这极大地限制了城商行、农商行业务的拓展。在开放金融模式下，城商行、农商行可进一步拓展自己的直销银行业务，突破商业银行面临的地域管制，面向全网用户提供金融服务。

开放银行模式下，一批新型的民营互联网银行将得到较好的发展机会。如微众银行，旨在通过自身的金融科技能力为大众消费者和小微企业提供金融服务。微众银行聚焦消费信贷，基于开放银行的理念，打造出智能风控、金融安全、区块链等金融科技应用实践，通过构建开放平台（Open Platform），进行开放创新（Open Innovation）和开放协作（Open Collaboration），向外输出科技力量，推动整个开放银行体系的构建与完善。这些民营开放平台银行并不依赖大量的网点建设，甚至不设物理网点，只是通过互联网办公，就大大降低了运营成本。同时，这些开放平台银行通过专业的技术能力构建开放平台，并与各大商业银行和实体企业合作，作为互联网平台与其他金融机构的连接者，盘活金融机构资金，助力金融行业的数字化转型，进一步推动了普惠金融的发展。

（二）助力各类非银行金融机构实现共享、共生、共赢

资产管理公司通过开放平台，实现资管业务的科技化转型。资管机构和互联网公司合作，可以利用其广泛的传播渠道和坚实的科技支撑，创造出新的价值。例如，京东数科推出业内首个"一站式"、全方位、智能化的资管科技系统"JT^2智管有方"，旨在为资管业务提供包括用户触达、SDK 提高开发效率、Time to Market、部分运营、数据支持、账户体系支持等全方位的开放平台服务。将大数据分析能力与机器学习技术等有机整合，构建了自我迭代升级的智能研究体系、资产评价工具和基于算法的 FOF 及 MOM 的投资配置体系，可有效帮助资管机构提升其产品设计、销售交易、资产管理和风险评估等能力。

证券公司与互联网等第三方平台合作，拓展交易咨询、远程开户等业务模式。互联网公司在其网站或者 App 上开设股票投资者教育模块，通过 API 接口可及时链接到券商的行业研究报告、投资建议等，为券商的投资咨询业务拓宽了渠道。同时，可利用互联网公司的人脸识别、智能风控技术帮助券商实现远程开户、交易和查询业务。例如，腾讯公司提供的腾讯微证券业务，目前已与招商证券及华林证券合作，投资者通

过在腾讯微证券公众号上传有效身份证件、影像，签署风险提示书、开户协议、回访问卷等，即可完成开户业务。腾讯微证券的交易业务提供链接证券公司系统的服务，协助投资者直连证券公司服务端，大大提高了证券公司对客户的触及度。

大型基金公司与第三方机构合作，线上与线下相结合，推进投顾业务发展转型。例如，全球最大的公募基金领航集团联手蚂蚁金服在支付宝 App 上推出基金智能投顾产品，根据投资者的投资目标、投资期限及风险偏好为其提供定制化服务，用户最低投资金额为 800 元。再如，华夏基金探索"线下投顾 + 线上理财机器人"模式；南方基金和第三方基金销售平台合作推出"司南智投"，为投资者提供不同投资组合策略。未来在开放金融模式下，基金销售业务将从收取申购、赎回费等传统模式转向提供投资顾问业务，更好地为投资者服务。

保险公司可以拓展销售渠道，完善风控流程，提高服务质量。例如，寿险公司通过在一些健康类 App 或者网站上提供保险购买接口来实现更加精准的投放，降低产品推广成本。用户通过 App 上对保险产品的介绍，可增加对产品的了解，从而节省了保险公司的人工咨询费用。财险公司可通过开放平台与银行、汽车销售、消费类 App 或网站进行合作，通过第三方公司的场景为其保险产品引流。比如在车辆销售平台提供车险产品接口，可方便消费者自行了解保险产品信息，从而根据个人的需求和偏好，自主选择要购买的保险产品。保险公司还可以通过开放平台与政府相关部门进行数据共享，全面了解投保人的信息，为其费率设置和风险核算提供更加充分的决策依据。更进一步，开放金融可以把保险公司、保险经纪人和客户联通在一个平台上，完成从自动匹配、线上签约到保单理赔等全流程业务，确保全程可追溯。

四 开放金融提升服务 C 端、B 端、G 端客户的价值

作为一种经济形态，金融变革的驱动力，其根本在于金融需求的变化。对此，我们可以分别从宏观和微观两个层面加以理解。

就宏观而言，开放金融从需求端进行供给侧调整，是高质量发展的要求。在经济大转型、大调整的背景下，金融机构推进转型发展、回归服务本源，通过科技驱动带动整体服务能力提升，有效应对客户金融需求的变化，是金融高质量发展的题中应有之义。

在微观意义上，金融机构通过开放形式服务于客户需求，是解决自身资源瓶颈问题的合理选择。例如，2013年以来，第三方移动支付的渗透率不断攀升，至今已达到了较高的水平，呈现增速逐渐放缓的趋势（见图4-4）。为探索新的规模扩张边界，金融机构需要加强与新场景的融合渗透，实现服务精准化，以突破重围，重构核心竞争力。

图4-4 2013~2020年第三方移动支付市场规模及其同比增长率

注：2019年、2020年为预测数。
资料来源：《中国第三方支付行业数据发布报告》，艾瑞网，2019年10月16日。

通过开放API接口，金融机构可以链接到不同的场景生态，在延长其服务链条的同时，能够有效满足不同客户主体的多元化、差异化需求，实现双赢。当然，落实到不同的客户群体，开放金融的具体意义各有侧重，以下将分别展开论述。

（一）C端突破重围，提升客户需求效用

作为消费金融的主体，长期以来C端客户都是金融机构必争的客户。根据中信建投研究报告，开放服务环境下将产生以下四类新的消费

者行为。①消费者惯性的结构性减弱。消费者能够更加主动地更换产品，从而获得更大的价值。②消费者购买金融产品的渠道发生明显变化。客户更有可能消费金融产品，并将其作为他们（数字）消费/生活方式的一部分。③单一服务商崛起。消费者更喜欢挑选符合自己需要的产品组合，进行个人事务的主动编排。④寻找新的"指挥家"。消费者希望"在一个地方获得所有金融服务，但并非都来自一家服务商"。

毫无疑问，新的消费行为将对金融机构存量业务产生影响，后者需要重构原有的业务模式，以在开放金融的背景下满足客户日趋多元化的服务需求，从而增强获客能力和用户黏性。因此，在各家金融机构跑马圈地的过程中，C端客户的效用得到了不断的提升，具体体现在以下几个方面。

1. 关注长尾消费金融群体的服务需求

近年来，在电商、支付平台的主导下，网贷消费金融成交规模呈爆发式增长态势（见图4-5），小额微贷的长尾客户也逐步受到传统金融机构的重视。众所周知，消费金融的核心在于场景。在这一认知下，互联网平台相对于银行等传统金融机构具有天然的优势。而开放金融的核心在于金融机构与场景的链接，借由开放金融，传统金融机构可以参与到长尾客户竞争中，从而提高消费金融市场的规范程度。

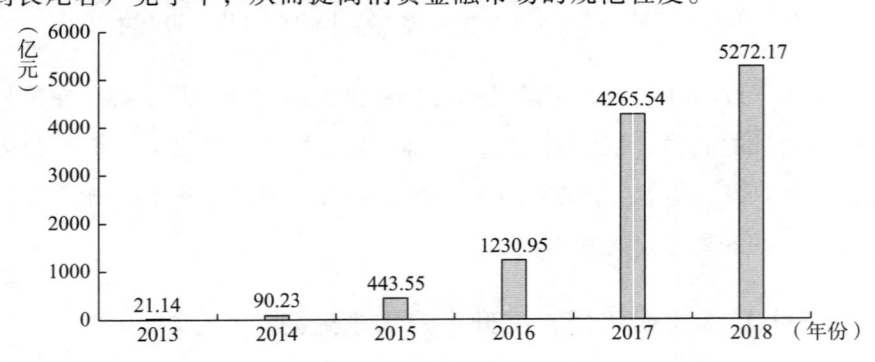

图4-5 2013~2018年网贷消费金融成交规模

资料来源：清华大学中国经济思想与实践研究院：《2018中国消费信贷市场研究》，2019年1月。

开放金融的另一个功能在于连接大量第三方数据。在传统模式下，由于机构与客户之间的信息不对称，银行难以在风险承受能力之内为抗风险能力相对较差的客户提供有效信贷。打通 API 接口之后，银行可以结合这些客户的行为和信用大数据，在风控方面有针对性地进行优化改进，为不符合传统银行服务资格或发现成本过高的消费者提供零售金融服务，达到普惠金融的效果。

2. 满足客户对灵活性与便利性的需求

随着第三方移动支付的普及，客户对金融服务的需求并没有发生本质变化，但对其灵活性和便利性的偏好越来越强。

一是服务场景的变革。当金融机构将产品和服务嵌入场景中时，基于其接口产生的无界金融服务将极大地提高灵活性。通过全面整合各业务场景的服务端口，在各类移动端和网络端建立满足客户多样化需求的平台式体系，消费者能够随时随地享有金融机构提供的便捷、无缝式的产品和服务，不需要走到物理网点便可以满足个人消费、投资、理财等各方面的需求。以银行为例，近年来银行业离柜率逐年攀升，线下银行网点的规模持续缩小，线上服务正逐渐取代线下服务，以满足消费者即时、随机性的金融需求（见图 4-6）。

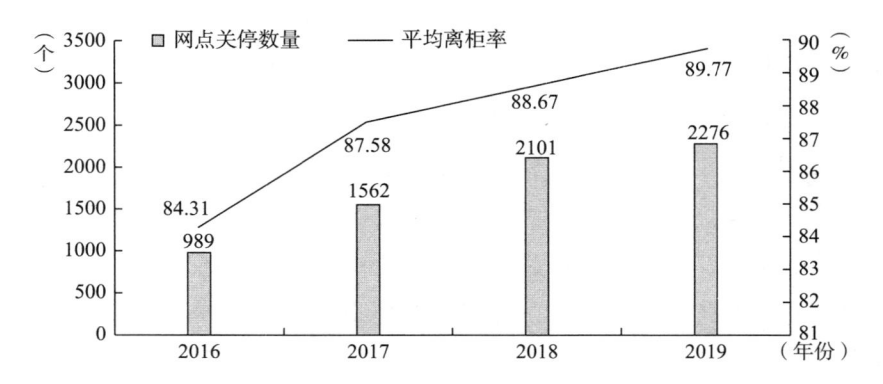

图 4-6　2016~2019 年银行网点关停数量及平均离柜率

资料来源：中国银保监会网站。

二是金融服务模式的变革。例如,"金融超市"的服务模式极大地提高了客户需求满足的便利性,即在一个服务平台整合各家金融机构的信贷、基金、保险等产品,为客户提供"一站式"线上服务。消费者不需要分别通过不同的应用软件(客户端)获取金融服务,而是可以将自己的支付、理财、信贷等需求"一站式"实现。同时,通过产品与服务的汇总,客户可以在"金融超市"直接进行比较与排名,省去了登录不同平台的步骤,节省了浏览时间,为客户灵活选择产品和服务提供了可比较的基础,极大地改善了客户的使用感受。

3. 适应客户需求更加智能化、精准化的趋势

从目前的发展阶段来看,金融服务智能化趋势是指运用大数据、物联网等技术,丰富用户数据,提高数据的及时性及可信度,并通过整合分析及深入挖掘,形成金融服务的新形态。而金融服务精准化则是指金融机构依托智能化数据图谱,实现营销方式的重大突破。在金融科技的推动下,金融机构可以将数据分析结果和金融服务精准对接,快速实现数据价值。

智能化、可视化的数据分析,可以提供全景式业务动态,帮助管理者提高决策能力,同时也可以帮助业务人员掌握客户信息,搭建精准营销服务平台。而精准营销服务平台为业务人员提供了海量、灵活的筛选指标,机构员工可根据客户信息、产品信息、交易信息等不同指标,组合筛选出针对不同业务目标的客户群体。进一步,通过个性化的用户画像,实现客户的精准识别、精准预测和精准服务。

可以预见,在云计算、大数据、人工智能等技术基础之上,金融服务将实现进一步升级,具备推理、联想、学习、预测的能力,这为开放金融提供了更加坚实的基础。智能投顾将更加普及,为不同层级的客户提供精细化投资管理服务和智能化资金交易平台,甚至应用于投资银行、私人银行等领域,打通不同金融机构的业务藩篱。而在 App 的使用上,机器能够在可预知的范围内,自动根据对象处理信息,按照预设模型提供精准服务,实现人机无障碍交流,从而进一步提升用户体验。

4. 提供差异化、定制化的金融产品

与传统行为模式相比，用户的线下需求不断减弱，人们越来越多地使用手机支付、电子钱包、银行 App 等线上工具。为顺应这种变化，传统网点正趋向于个性化设计，科技与传统银行相融合成为各家银行竞逐的潮流。对于第三方机构而言，可以通过客户信息大数据分析，为客户提供更为深入全面的消费和投资建议，在宽泛的客群分类基础上，打造个性化和差异化的产品，提升客户的效用。

例如，在不同年龄群体的理财产品、不同职业特征的授信额度下，依托消费者的个人数据，打造适用于其自身的差异化的金融产品。与此同时，客户还可以参与到产业链的服务流程之中，主动定制服务需求，供给与需求之间的界限不再泾渭分明。这种可以最大限度地关注微观个体需求的双向开放模式，目前也通过金融与科技的跨界融合成为开放金融的新趋势。

（二）B 端全面赋能，提升企业经营效益

相较于 C 端的"红海竞争"，定位于 B 端的金融服务尚处于"蓝海市场"，这在某种意义上正是银行等金融机构的潜在优势所在。从融资授信到系统输出、业务外包、咨询服务，金融机构正在利用自身技术及资源优势，构建 B 端客户服务的完整生态。进一步根据客户性质的差异，可将 B 端客户分为同业金融机构、金融科技公司以及其他企业三种类型。

1. 同业金融机构

金融同业平台的客群覆盖面较广，包括中小型银行、证券公司、保险公司、信托公司、基金公司、金融租赁公司等。其中，技术力量较为薄弱的中小型金融机构是同业平台发力的重要切入点。

中小型金融机构可以从同业平台获取技术支持。在业务需求相似的金融机构之间，可以进行直接的系统输出，助推中小型金融机构打造新

一代核心体系，实现系统的升级换代；在业务差异较大的金融机构之间，直接进行系统输出较为困难，可以提供系统运维、数据存储备份、大数据分析、资金流动性支持等服务，实现多边机构的互惠互利。

此外，同业金融平台的搭建有助于增强中小型金融机构的存在感，使其在技术更新、战略调整的过程中，更加积极地参与到监管对话和技术联盟规范的制定中，提升金融行业融合度。

2. 金融科技公司

在开放金融模式下，由于金融产业分工与合作的细化及深化，金融科技公司与金融机构的差异化逐渐缩小。两者既是竞争对手，又互为客户。一方面，金融科技公司为金融机构提供技术创新服务；另一方面，金融机构为金融科技公司提供数据资源服务。彼此的合作关系越来越紧密。

从合规风险来说，以往金融科技公司不能合法、直连地访问和调取银行数据，服务质量和服务效率都较为低下，甚至还会出现信息安全方面的风险。而开放金融支持金融科技公司和传统金融机构之间的数据直接互通，使得金融科技公司能够在避免复杂合规要求的同时，轻松覆盖金融机构客户群，扩大客户覆盖面。

从战略定位来说，开放金融模式可以建立起资源共享机制，有助于金融科技公司寻找自身在金融行业中的定位。API 接口的开放拓展了金融科技公司服务平台的广度和深度，使其得以访问金融机构的大量交易数据，并结合大数据和人工智能技术构建业务战略。在此情景下，金融科技公司的优势在于可以构建虚拟服务，而不必像传统金融机构那样实际持有用户资产或提供财务建议，于是便突出了其在金融行业细分领域中的独特作用。

从具体实践来说，金融科技公司在部分领域的业务已出现了阶段性的天花板效应，网贷行业的分类清理和集中整治以及行业集中度的逐渐提高，都使得金融科技行业的发展面临诸多挑战。在此背景下，开放金融为金融科技公司提供了与银行合作融资借贷之外的新思路和新机遇。

向科技赋能转型，逐步建立与证券公司、保险公司、基金公司、期货公司等其他金融机构的技术合作模式，将成为金融科技公司新的发展方向和利润增长点。

3. 其他企业

从传统的金融服务功能来看，依托开放金融平台，银行可以将服务延伸到长尾客户领域，破解普惠金融成本高、风险大的难题，帮助小微企业解决融资问题。

长期以来，针对小微企业的金融服务存在诸如信息不对称、征信成本高、获客渠道难等顽疾。因此，银行等金融机构的经营重心大多放在中高端客户吸储、理财以及向企业大客户放贷上。而在金融科技的助推下，银行服务正经历从"二八定律"到"长尾至上"的转变。

依托多维度来源的数据，银行可以逐步改变强调关注企业财务报表和流水表现的传统做法，在B端客户授权的情况下，通过第三方渠道获取真实可信并有价值的数据，对企业客户的日常流水、商品订单等经营情况进行科学评估，并利用数据建立数理模型，判断企业的违约概率，区分商户等级，提供授信融资服务。通过对接不同平台的数据，银行可以优化获客、授信审查、风控、贷后管理等环节的服务，连接到优质用户，完善征信系统，满足小微企业的融资需求。

跳出固有存贷格局之后，金融服务与相关产业或商业的深度融合可以实现双方的共生共赢，提升B端客户的工作质效。通过数据接口，金融机构可为企业客户搭建开放平台，在产品形态、服务模式、场景生态、盈利模式、风险防控等方面进行深度合作，建立共享的动态平衡关系并催生新的金融业态。比如金融机构可以通过海量数据，形成客户上下游多层资金网络图谱，建立多维精准营销模型，从"资端"转向"智端"；形成集分析、监测、挖掘于一体的对公系统工具，输出基础服务设施，帮助企业加快转型升级，提高经营效益和生产效益。

（三）G 端深入合作，改善政府治理效能

1. 开放金融响应了智慧政务的迫切需求

2014 年底，国务院办公厅出台《关于促进电子政务协调发展的指导意见》，首次将提升数据开放水平作为目标，提出"建设国家公共信息资源开放平台，推进信息资源共享共用和数据开放利用，推动政府数据开放"。2015 年 8 月，国务院又发布《促进大数据发展行动纲要》（以下简称《纲要》），进一步提出"加快政府数据开放共享，推动资源整合，提升治理能力"。《纲要》发布后，政府数据开放进入顶层设计密集区，数据共享相关政策的制定迈入新阶段。

在中央政策的推动下，我国电子政务市场规模持续增长，实现了快速发展（见图 4-7）。根据相关学者总结的国内外经验，电子政务的发展历程可分为信息发布、单向沟通、双向互动、全方位网上事务处理四个阶段。2017 年国务院办公厅发布《"互联网+政务服务"技术体系建设指南》，强调打造"互联网+政务服务"平台，实现政务服务事项的一体化办理。在电子政务向智慧政务转变的过程中，开放金融的出现恰逢其时，为深化"放管服"改革、提高政府治理效能注入了新动能。

图 4-7　2008~2018 年我国电子政务市场规模

资料来源：前瞻产业研究院：《中国电子政务发展前景与投资战略规划分析报告》，2019 年 9 月。

2. 开放金融扩展了智慧政务建设的实现路径

2019年9月，中国人民银行发布的《金融科技（FinTech）发展规划（2019~2021年）》（以下简称《规划》）提出，"在切实保障个人隐私、商业秘密与敏感数据前提下，强化金融与司法、社保、工商、税务、海关、电力、电信等行业的数据源融合应用，加快推进服务系统互联互通，建立健全跨地区、跨部门、跨层级的数据融合应用机制，实现数据资源有机整合与深度利用"。《规划》强调了现阶段数据融合机制建设过程中，开放金融在电子政务体系中应当发挥的重要作用。

毫无疑问，在现代经济体系中，国家和社会治理涉及的诸多公共产品和公共服务与金融机构提供的基础金融产品和服务存在高度融合关联。通过开放线上渠道、金融技术和信息系统，金融市场主体可以进入不同的政务场景中，为政府治理由管理型向服务型转变提供了可行路径。

金融机构可链接不同的服务场景，打造"一站式"政务服务平台。财政管理、教育、医疗、社保、经营纳税、缴费等民生类服务场景具有高频、大流量的特点，可以充分发挥金融机构利用数据、应用分析和实施创新服务的功能，推进上述方面的政务建设实现智能化、便捷化。通过链接此类政务场景，金融机构具有延长自身服务链的动力，可逐步推动电子政务公共服务系统实现立体化、多层次，进一步加强政府与市场、社会各主体之间的同步互动、深度融合。

五 开放金融促进金融监管创新完善

（一）适应金融升级，标准建设持续完善

高质量的金融发展需要高质量的金融标准。党的十九届四中全会强调，推进国家治理体系和治理能力现代化，要全面贯彻新发展理念，强化标准引领，推动规则、规制、管理、标准等制度型开放。金融标准建

设是完善监管规则的基础,同时监管标准本身也是金融标准体系的一部分。以开放银行为代表的开放金融探索,在一定程度上倒逼金融标准体系日益完善,对监管升级具有重要意义。

我国的开放金融以自下而上的市场力量驱动,属于新生事物,尚缺乏法律、法规或者金融行业监管规章制度的规范。随着开放金融规模的不断扩大,该领域立法空白、多头监管、主体权益保护不足等问题逐步显现,潜在风险不断暴露。

开放金融的理念创新、技术创新和服务创新,为金融标准的制定提供了新范式。正如中国人民银行副行长范一飞所言,提高金融标准供给质量,要前瞻性地做好标准预研,紧跟数字金融热点和发展趋势,做好国内标准需求预判研究,强化标准引领。在金融行业转型升级、开放金融不断探索创新的背景下,金融标准化、高质量发展亦不断推进,金融标准支持金融治理、服务金融业健康有序发展的能力也得到进一步提升。

(二)直面风险泛化,数据监管从无到有

开放金融的根本在于数据开放,这既触发了金融和科技领域的深层次变革,也带来了诸多有别于传统金融领域的风险问题。2017年4月25日,中共中央政治局就维护国家金融安全进行第四十次集体学习,习近平总书记强调,"金融安全是国家安全的重要组成部分,维护金融安全是关系我国经济社会发展全局的一项带有战略性、根本性的大事"。从金融安全的视角来看,开放金融的发展无疑在新的条件下强化了金融风险的交叉性、传染性和复杂性。

正是在上述意义上,一旦开放金融过程中涉及数据的共享,就需要考虑如何保障用户数据安全。或者说,开放金融带来的金融风险泛化问题也对金融监管的即时性、精准性和穿透性等要求带来了新的挑战。

为了应对开放金融过程中的数据安全问题,诸多国家和地区通过法律进行有效规制。例如,2018年5月25日,欧盟《通用数据保护条例》(GDPR)正式生效,通过前所未有的违规处罚力度,保护个人数

据安全。我国也对此问题高度重视，并在法律制度环节进行了探索性规范。2017年6月1日实施的《网络安全法》对个人信息的收集、使用等做出了相关规定；2019年5月28日国家互联网信息办公室发布的《数据安全管理办法（征求意见稿）》专门对数据收集、使用和安全监督管理做出了明确规定。

总而言之，开放金融探索过程中不断暴露出的数据安全风险，需要采取严格而又合理的数据保护措施。随着社会各界的强烈呼吁以及相关制度的推动，《数据安全法》的立法已走上快车道，《个人信息保护法》或将在5年内出台。随着相关法律的逐步完善，我国将在法律层面建立起日益完善的数据监管体系，开放金融对数据监管和金融监管的意义将得以体现。

（三）发展监管科技，封闭监管走向协同

开放金融条件下的业态融合，对传统的监管方式提出了挑战。具体而言，在传统的金融治理模式下，各机构的数据互相隔绝、彼此封闭，形成了一个个信息孤岛，监管者只需分而治之，对不同机构分类施策、逐个监管即可。但在开放金融的背景下，金融业务交叉运行，金融服务跨界融合，金融信息快速传递，业界的数据孤岛被打破，金融发展逐渐突破传统的监管边界。而传统的金融监管由于缺乏全面的数据支持，难以形成宏观有效的监管体系，监管能力与现实问题之间的张力日益明显，并呈现明显的"异步效应"，即技术革新和金融业态的迭代发展已经超前于现有的监管方式。

从实践来看，监管思路和监管方式都将负载于监管科技之上。2017年6月中国人民银行印发的《中国金融业信息技术"十三五"发展规划》提出，要加强金融科技的监管研究与应用。2018年8月31日，证监会正式印发《中国证监会监管科技总体建设方案》，明确了监管科技建设的顶层设计。但是制度与实践之间仍然存在错位和距离，中国在监管科技方面的创新和投入与全球趋势相比还有很大的发展空间。

与开放金融的内核相同，科技监管的关键也在于数据，故而开放金融探索过程中的数据技术同样可为监管科技的突破提供现实借鉴。具体而言，科技监管体系的构建需要针对经济金融风险的新特征、新变化，将科技驱动优势贯穿于事前、事中、事后的全链条，依法建立统筹部门、地区、层级的公共数据监管信息共享机制。

因此，信息的透明度将不断提高，监管部门与各界的互动将不断增强。在监管者与被监管者的纵向维度上，监管科技可以加强监管者与行业的互动，促进监管信息的双向流动；在监管部门与其他部门的横向维度上，开放金融促进了监管部门与征信、税务、政务、海关等政府部门及第三方机构的合作，不断丰富数据来源。通过制度保障、技术跟进、理念同步、组织协同，监管科技将改变封闭监管的局面，构建整体化、跨部门协同监管体系，形成协同监管的合力，更好地促进我国开放金融的健康稳定发展。

（四）破解静态困局，改进滞后监管动态

面对不断更新的经济形态和产业模式，以及民众日益多元的现实需求，加之经济环境剧烈变动、信息技术快速发展引发的一系列风险和问题，监管制度和方式的滞后不仅在我国表现较为突出，而且是全球"风险经济社会"下的常态现象。尤其是在金融监管领域，如何在相对稳定的监管模式与不断变动的监管对象之间寻求秩序与活力的动态平衡，无疑是所有经济体都需要面对的难题。

分而述之，在传统静态监管的理念构想下，监管层要先行制定标准化行为规范，被监管机构按照规范要求提供相关金融服务，监管层再依据行为规范对市场经营主体进行监督。但金融市场的不断创新使得行为规范的制定长期处于相对滞后的状态，经常出现监管无法可依的真空地带。

开放金融呈现的空前灵活性，进一步凸显了金融监管时效性的缺乏。从监管数据的标准看，传统的技术性规则偏于静态，如资本充足率、流动性比率等监管标准，关注对过往数据的考核，仅能反映之前一

段时间已经存在的问题。在开放金融不断深化、产品创新与交易模式日趋复杂的情境下，传统监管难以有效规避和化解可能存在或出现的系统性风险；从数据来源的场景看，监管层依赖于被监管者的信息披露，这样被动地获取信息很难掌握市场交易主体的实时动向，而开放金融的跨界融合趋势带来了更多的监管盲点，进一步加剧了被监管主体与监管层之间的信息不对称。如何破除静态化、模式化的监管格局，化解监管滞后及其可能衍生的一系列风险问题，成为摆在国家机构、市场主体和社会民众面前的难题。

开放金融"无远弗届"的特点既是监管问题产生的原因，也为监管层提供了新的思路，有助于监管机构解决自身行动滞后的问题。例如，监管部门在获得金融机构和平台企业相关数据的基础上，通过大数据、人工智能等技术，构建系统性的监管数据平台，不仅可以对各类违规行为进行即时监控、即时处理，而且能够对市场变化和行为异动进行实时反馈、实时预测，真正实现金融监管的同步化和动态化，有效破解监管滞后困局。

六　开放金融的发展目标和原则

开放金融作为平台化的金融发展模式，以 API、SDK 为核心，综合人工智能、大数据等技术，通过业务整合架构和模块封装使金融服务嵌入实体经济领域，在各项业务中与商业生态系统共享数据、算法、交易、流程等功能，在全新的生态结构下为客户、机构、员工、第三方开发者、金融科技公司、供应商和其他合作伙伴提供服务，使各类金融机构创造出新的价值，推动金融行业整体数字化变革转型，构建适应金融科技新功能的开放生态与平台金融，为金融监管的创新完善提供新驱动和新标准，服务于国家整体经济金融发展战略。

在此目标下，开放金融的发展和监管应当遵循定位明确、业务合规、分级分类、最小授权和安全可靠五大原则。

（一）定位明确

开放金融以平台发展模式为主要特征，始于"开放"，归于"金融"，是金融行业未来发展的必然趋势。其本质是以用户需求为导向，以场景服务为载体，以共享和融合为核心手段，解决行业内普遍面临的金融脱媒问题，使金融机构能够更加充分地利用自身数据资源优势和金融牌照优势，更好地服务实体经济，促进金融科技发展并提升自身核心竞争力。因此，开放金融要聚焦金融本质，对于"开放"在现阶段要有明确定位，目前开放金融开放的主要是渠道和服务，而不是数据和牌照。

（二）业务合规

开放金融使得传统金融机构提供服务的场景更加丰富，参与合作的第三方平台更加多样，业务模式更加复杂，在国内相关监管政策尚不完善的情况下，业务合规风险较大。金融机构强大的外部性使其对经济发展具有"牵一发而动全身"的影响，因此在发展尚不成熟的开放金融模式下，相关金融机构应严格遵守有关法律法规、监管要求和行业标准，在现有业务的基础上，结合金融科技进行业务探索和创新，确保开放金融的边界处于合理范围内，坚持持牌功能，在新的经营模式下保证业务合法合规。

（三）分级分类

开放金融的主体和客体均具有异质性，对不同行业、机构、客户应当采取分级分类的发展模式、安全防护和监管规则。针对不同类型的服务对象，不同的金融行业和金融机构在服务性质、业务模式、运营管理、渠道建设、技术标准等方面存在较大差异。行业主管部门应牵头制定针对不同金融行业和金融机构、不同服务产业以及不同服务对象的差异化的监管标准，包括数据标准、API 标准、安全标准等；金融机构在开放 API 与数据资源的同时，也应针对不同的合作方与服务对象采用差异化的安全防护手段。

（四）最小授权

对于提供开放金融服务的金融机构而言，在向第三方平台开放 API 接口和相关业务、构建商业生态系统的同时，要明确数据开放共享的各种管理与使用权限，同时保证金融机构自身具有对各类权限的绝对控制权。此外，应以消费者授权为前提开放与共享金融数据，将个人信息隐私安全放在首位，在信息有效保护的前提下进行数据共享。始终遵循"用户对个人数据利用的控制权""最小必要性"等原则，明确第三方合作平台在数据种类、数据内容、访问频率、数据保存时间、数据授权使用等方面的权限，保证个人客户对数据共享的知情权。

（五）安全可靠

开放金融在共享的基础上激发金融机构服务潜力的同时，也让其面临更大的风险敞口。因此，金融机构和参与各方需要强化风险管控意识，重视并防范包括数据泄露风险、业务操作风险、网络安全风险在内的多种潜在风险。金融机构等相关主体在严格遵循国家金融行业技术标准的同时，要不断提高核心风险管控能力，正确识别业务风险，准确定位自身开放领域与开放程度，合理评估合作平台业务开展质量和风险管理能力，建立适当的风险缓释及隔离机制，保障用户数据安全和自身业务安全。

参考文献

卜亚：《金融科技新生态构建研究》，《西南金融》2019 年第 11 期。

陈华、石朝：《商业银行的演进与开放银行的兴起：基于服务实体经济视角》，《农村金融研究》2019 年第 7 期。

《打造金融连接器：中国开放银行发展报告 2019》，零壹财经，2019 年 12 月 10 日，http://www.01caijing.com/article/44186.htm。

范一飞:《标准建设提升金融治理现代化水平》,《中国金融》2019年第23期。

《工行金融科技三件大事落定》,新浪财经,2019年11月11日,http://finance.sina.com.cn/stock/relnews/hk/2019-11-11/doc-iicezzrr8699490.shtml。

《广发银行步入智能网点服务定制化时代!》,百度百家号,2019年8月31日,https://baijiahao.baidu.com/s?id=1643377030739419138&wfr=spider&for=pc。

郭伟伟、黄满盈、周岩军、白鹭:《我国"互联网+政务服务"的研究现状及趋势分析》,《办公自动化》2019年第12期。

黄剑辉:《推进开放银行建设 构建全新商业生态》,《中国证券报》2019年5月7日,第3版。

黄志凌:《智慧政务建设与政银合作》,《中国金融》2019年第14期。

《李东荣:发展金融监管科技,应考虑适当提升规划层次》,百度百家号,2019年11月18日,http://baijiahao.baidu.com/s?id=1650505940828622709&wfr=spider&for=pc。

马向东:《从"开放银行"看"开放保险"》,《中国保险报》2018年12月4日,第8版。

《内外巨头强强联手 基金投顾迎"巨无霸"》,《证券时报》2019年12月16日,第1版。

前瞻产业研究院:《中国电子政务发展前景与投资战略规划分析报告》,2019年9月。

《信托登记系统上线 入选金融市场创新案例》,同花顺财经,2017年10月20日,http://trust.10jqka.com.cn/20171020/c600927181.shtml。

许可:《开放银行的制度构造与监管回应》,《财经法学》2019年第5期。

杨东、龙航天:《开放银行的国际监管启示》,《中国金融》2019年第10期。

杨涛:《金融科技背景下的"开放银行"变革》,《中国保险报》2019年4月15日,第14版。

易宪容、陈颖颖、周俊杰:《开放银行:理论实质及其颠覆性影响》,《江海学刊》2019年第2期。

赵亮:《中外开放银行理念与实施的差异》,《中国国情国力》2019年第8期。

甄新伟:《开放银行助力普惠金融高质量发展》,《上海金融报》2019年1月29日,第2版。

中国互联网金融协会:《瞭望智库:中国商业银行数字化转型调查研究报告》,2019。

中信建投证券股份有限公司:《开放银行专题深度研究:如果银行开放,未来将会怎样?》，2019 年 7 月。

《资管科技生态圈的迭代加速：转向开放平台、定制化服务》，和讯网，2019 年 9 月 24 日，https://bank.hexun.com/2019-09-24/198656381.html。

《2019H1 中国第三方支付行业数据发布报告》，艾瑞网，2019 年 10 月 15 日，http://report.iresearch.cn/report/201910/3454.shtml。

Anna, O., "Banks and FinTechs: How to Develop a Digital Open Banking Approach for the Bank's Future", *International Business Research*, 2018, 11 (9).

Bruno, A., "The Open Banking Journey", https://www.accenture.com/us-en/blogs/blogs-bruno-azenha-open-banking-journey, Apr. 18, 2019.

Brühl, V., Krahnen, J. P., "An Open Banking Platform for Germany: A Future-oriented Alternative to a Merger of Deutsche Bank/Commerzbank", SAFE Policy Letter, No. 73, Goethe University Frankfurt, SAFE-Sustainable Architecture for Finance in Europe, 2019.

CapGemini, Linkedin, EFMA, "World FinTech Report", Retrieved Jun. 8, 2018, https://www.capgemini.com/wp content/uploads/2018/02/world fintech report wftr 2018.pdf.

Deloitte, "How to Flourish in an Uncertain Future: Open Banking and PSD2", https://www.deloitte.com/content/dam/Deloitte/cz/Documents/financial-services/cz-open-banking-and-psd2.pdf.

Elena, T., "HSBC Addresses Current and Future Banking Challenges Using Open Bank Project", https://www.openbankproject.com/wp-content/uploads/2019/05/Case-Study-Openlab-@HSBC.pdf.

第五章 开放金融的风险与监管

万轩宁 陶 峰 蒋则沈[*]

摘 要：金融科技的快速发展正在逐渐改变金融业务形态，以场景化、开放化为特征，以信息共享、技术合作为手段的开放金融引起广泛关注和思考。本章以开放银行为重点研究对象，首先，梳理其发展的基本背景，揭示国内外发展的路径差异，分析当前面临的数据安全、与第三方机构合作、科技公司挑战以及消费者保护等问题。其次，归纳了国内外关于开放银行的监管动向和举措，认为当前监管主要存在金融业务与非金融业务边界难以界定、第三方机构外部监管约束亟待加强以及行业具体规范有待进一步完善等问题。最后，提出应按照技术中立、风险为本的创新导向，坚持金融业务持牌经营理念、加强部门间监管协作、加强金融机构与第三方机构之间合作的监管、重视消费者保护等政策建议。

关键词：开放银行 数据保护 第三方合作

---

[*] 万轩宁，中国社会科学院大学硕士，就职于中国银行保险监督管理委员会创新业务监管部，从事金融科技、电子银行、信用卡等领域的研究工作。陶峰，中国人民大学经济学博士，北京大学经济学院流动站、中国银行保险监督管理委员会工作站博士后，研究方向为金融科技的发展及影响。蒋则沈，复旦大学学士、英国伯明翰大学硕士、中国人民大学经济学博士，就职于中国银行保险监督管理委员会，主要从事电子银行、金融科技等领域的研究。

一　开放金融的基本情况概述

近年来，金融科技的快速发展推动了金融机构业务模式创新，开放银行（Open Banking）作为开放金融的重要表现形式，受到国内外市场和监管的广泛关注。本章以开放银行为重点研究对象，浅谈开放金融发展过程中的风险和监管问题。

（一）定义

巴塞尔委员会金融科技工作组 2019 年在研究中提出，开放银行业务是指第三方机构①共享和利用金融机构的客户数据，建立应用程序，为客户提供实时支付、清晰透明的账户管理方案和市场营销等服务的业务模式。

与巴塞尔委员会的定义相比，我国实践中开放银行的概念更为泛化，主要是商业银行运用应用程序接口（Application Program Interface，API）、软件开发工具包（Software Development Kit，SDK）、第五代 HTML（H5）等技术将部分金融服务或其业务环节延伸至合作的第三方平台或客户，在互联网环境下借助第三方商业或金融场景直接为客户提供金融服务，以进一步扩大金融服务覆盖面，提升服务效率和用户体验。此外，有观点认为开放银行还包括商业银行对其信息技术、数据能力等方面的共享与开放。

（二）发展背景

从国际实践看，一些国家或地区的开放银行案例源自政府自上而下的政策推动。英国、欧盟、新加坡和日本等国家或地区的金融市场历史悠久，金融机构已经形成了较为固定的金融业格局，一些大型金融机构长期保持较高的市场份额，坚持传统谨慎的业务模式，虽然积累了

---

① 第三方机构包括持牌金融机构和非持牌机构。

大量客户资源和数据，但相对于现代科技发展和中小企业、新兴消费者的金融需求，缺乏创新意识，在线服务能力不足。政府部门为进一步提升用户体验，促进市场竞争，充分挖掘数据在金融业务中的应用价值，开始推动商业银行数据共享，鼓励用户授权第三方机构依法有效地获取银行开放数据，提供更便捷、更优质的服务。

除此之外，在大多数国家，包括我国，开放银行实践主要是市场自由发展形成的结果。随着金融科技的发展，一些互联网企业不断拓展线上渠道，积累了大量客户数据，且其涉足的第三方支付、网络借贷等业务也具备了一定规模。相比之下，商业银行在获客渠道、数据收集和运用分析能力上并不占优势，在业务扩张、风险控制和满足客户需求等方面也不具竞争力。因此，商业银行开始主动与具备场景和客户流量的第三方机构寻求合作，以建立平台、融入生态等形式寻求与互联网企业合作，进一步扩大业务覆盖面，提升用户体验，完善风控措施，增强行业竞争力。

现阶段国内外开放银行在业务模式、发展背景等方面存在一定差异，但二者都是为了运用新技术和业务模式扩大服务覆盖面，提升用户体验，增强市场竞争力，主要呈现以下发展趋势。一是银行与第三方机构的合作使服务分工更加专业和细化。一些银行将更加聚焦金融业务和风险控制，推出更多差异化、特色化的金融服务，而第三方机构将在渠道、技术等方面提供更加专业的支持和补充。二是深化金融市场竞争与合作。一方面，部分银行已在技术领域开始发力，在武装自己的同时也寻求技术输出的新途径，具备实力的科技公司开始申领金融牌照，参与市场竞争。另一方面，中小金融机构转型过程中对科技力量的内在需求决定了金融机构与科技企业的合作将延续下去。

同时，在开放银行发展和监管过程中需认识到以下几点。第一，开放银行业务是一类业务形式而非银行法人机构，其中涉及的金融业务本质和风险特征并未发生改变。第二，开放银行的核心是数据处理和运用，需重点关注客户数据的获取、运用和管理等过程中形成的技术风险、操作风险、声誉风险等。第三，随着参与主体的增加，开放银行的业务形式、技术运用、风险管理、消费者保护等较一般银行服务更为复杂，加强跨领域监管协作、注重行为监管等，或将成为应对金融与非金融业务边界日益模糊的重要抓手。

二 开放金融的风险及问题分析

（一）数据安全

在数据收集方面，运营者未以简单易懂的方式披露个人信息收集使用规则，且采集前未让客户知悉收集使用规则并获得明确同意。在数据处理使用方面，信息保存超过约定期限，未及时按用户要求删除、更改信息，在扩大信息使用范围、向第三方机构提供前未经个人同意。未经客户授权，滥用、倒卖客户信息。在技术运用方面，应用程序接口在商业银行领域的运用存在建设标准不统一、建造和维护成本较高等问题。此外，该项技术仍然存在数据泄露、误用和伪造，以及 IP 地址欺骗等风险。

（二）与第三方机构合作

从参与主体角度看，开放金融场景中引入了第三方机构，甚至第四方、第五方机构，拉长了金融服务链条，提高了金融服务的复杂程度，相应的风险敞口也会随之增大。随着银行与第三方机构的合作深入数据共享、技术支持等层面，第三方机构的操作风险、道德风险、合规风险和技术风险均会快速传导至金融机构，可能引发严重的声誉危机和流动性风险等。在实践中，金融机构与合作方之间还存在权责划分不清等问题，容易相互推诿，引起纠纷，也不利于金融消费者保护。此外，一些第三方机构的资质参差不齐，可能存在信息安全能力不足、操作管理不到位等问题。其自身的内控管理、经营战略等与银行合规审慎经营管理理念也存在一定冲突，同样会影响双方合作的可靠性和金融服务的安全性。

(三) 科技公司挑战

科技公司参与金融行业对我国开放金融发展起到了一定的积极作用，尤其是在场景流量、数据运用、技术支持等方面，弥补了现有金融服务短板，但也会带来挑战，如部分领域科技机构的市场集中度较高。一些科技企业掌握了数据、技术和风控模型，与金融机构广泛开展合作，集中度风险较高。如贷款风控模型尚未经过周期检验，数据的真实性也无法完全保证，一旦出现外部冲击、网络欺诈，可能导致大面积信用违约。还有的平台可能出现核心系统被攻破、大量数据泄露、合规问题频发等，这些都可能给合作的金融机构带来风险隐患，产生较大的负面影响。

(四) 消费者保护

一是权责划分不清。一些商业银行和第三方机构合作过程中签订的协议较为宽泛，双方在消费者宣传、信息披露、客户服务和投诉处理、应急机制等安排上不明晰，最终的风险和义务承担未落到实处，容易损害消费者权益。二是消费者教育不足，隐私保护意识薄弱。一些消费者为追求便利或补贴、折扣而忽视风险提示，也未认真阅读授权协议，轻易将个人信息或数据调用权限交给第三方机构。三是误导销售。第三方机构粗放激进的发展模式与商业银行的合规审慎经营理念存在差异，导致机构在线上推介宣传金融产品时，经常出现夸大收益率、销售与风险承受能力不相匹配的产品、进行虚假宣传、风险和收费信息披露不充分等行为。四是消费者保护机制缺失。当前机构普遍还是重营销、轻售后，在一些业务合作过程中，未及时建立与业务规模相匹配的售后服务和投诉处置机制。

三 开放金融的监管状况

(一) 我国开放金融的监管现状

开放金融监管既涉及金融业务监管，又包含数据与信息安全、信息技术运用和标准等非金融领域监管。目前,在实践中备受关注的方面主要包括数据运用与监管、金融机构与第三方机构合作监管。

1. 数据运用与监管

在职能分工上,中央网信办牵头负责全国互联网信息内容管理工作,并负责监督管理执法。各行业管理部门按照行业发展情况出台相应的数据安全规制。目前,中国人民银行已就《个人金融信息保护试行办法》征求部分金融机构的意见,对个人信息进行了定义,规定只有中国人民银行批准的征信机构才可以从事个人金融信息的收集与处理工作,并对外包服务开展业务提出了要求。此外,中国人民银行正在研究制定开放银行服务安全管理相关规制。行业协会负责引导推动相关技术标准的实施推广和行业自律。

在法规框架上,我国在数据保护立法上分为三个层级。在法律层面,主要参照《网络安全法》《电子商务法》《消费者权益保护法》等,对数据保护从不同角度提出原则性要求。目前,《个人信息保护法》《数据安全法》已列入2020年立法工作计划。在部门规章层面,中国人民银行印发了《关于金融机构进一步做好客户个人金融信息保护工作的通知》,中国银保监会按照现有监管框架对开放银行业务实施监管,主要参考《电子银行业务管理办法》《关于银行业金融机构做好个人金融信息保护工作的通知》《关于印发银行业金融机构数据治理指引的通知》等。这些规制主要要求金融机构做到以下几点。一是遵循合法、正当、必要原则。在收集使用个人信息时应当公开其收集使用规则、目的方式和范围,并应获得被收集者同意。二是不得泄露、损毁、篡改收集的信息。未经被收集者同意不得向他人提供信息,但经过处理无法识别特定个人且不能复原的除外。三是保护被收集者的合法权益。个人发现商业银行违法违规或未按约定收集使用个人信息的,有权要求其删除。不得以非法方式获取、出售或向他人提供个人信息,需采取技术手段或其他措施保护数据安全,建立健全网络信息安全投诉机制。在行业规范层面,全国信息安全标准化技术委员会于 2017 年 12 月发布了《信息安全技术 个人信息安全规范》，之后再次修订，并于 2019 年 6 月公开征求意见，规范个人信息控制者在收集、保存、使用、共享、转让、公开披露等信息处理环节中的相关行为，旨在遏制个人信息非法收集、滥用、泄露等乱象，最大限度地保障个人的合法权益和社会公共利益。但该标准拟作为推荐性标准发布，不具法律强制性。

2. 金融机构与第三方机构合作监管

开放金融涉及金融机构与以非金融机构为主的第三方机构合作，主要包括通过互联网平台引流开户、销售金融产品，开展联合贷款、助贷业务，发起小额支付业务，等等。金融机构与第三方机构合作的形式主要包括签订战略/业务合作协议、业务外包、股权合作等。近年来，各监管部门也陆续出台了相关规制（见表 5-1）。

表 5-1 近年来各监管部门出台的相关规制

单位	文件名称	重要内容
原银监会	《银行业金融机构外包风险管理指引》	（1）最终风险由银行董事会和高管承担，商业银行确定与预期风险管理水平相适宜的外包活动范围，战略管理、核心管理以及内部审计等职能不宜外包 （2）合作前开展充分风险评估，通过合同方式明确双方的权利和义务、定期向银行报告、配合接受监管部门检查等，遵守保密原则，不得进行业务转包和分包
原银监会	《银行业金融机构信息科技外包风险监管指引》	（1）在实施信息科技外包时，不得将信息科技管理责任外包 （2）要求商业银行科学设定外包机构准入标准，做好尽职调查，在合同中明确银行机构检查检测权、信息归属权及适用范围、系统安全和保密要求等
原银监会、中国人民银行	《关于加强商业银行与第三方支付机构合作业务管理的通知》	（1）严格遵循各项信息保护法律法规和监管制度，严格遵照客户意愿指令进行支付，不得违法违规泄露相关信息 （2）进一步明确商业银行与第三方支付机构合作过程中客户身份鉴别、客户意愿确认、交易查询、资金监测、安全能力等方面的要求

续表

单位	文件名称	重要内容
证监会	《证券基金经营机构信息技术管理办法》	（1）可以委托已在证监会备案的信息技术服务机构提供产品或服务，但证券基金经营机构应当依法承担的责任不能因委托而免除或减轻，信息技术服务机构须满足无违法违规记录等要求 （2）信息技术服务机构只能提供信息技术服务，不得参与证券活动中的任何环节或提供容易引起误解的信息，不得截取、存储、转发和使用与证券基金业务活动相关的经营数据和客户信息，不得在服务对象不知情的情况下转委托第三方提供信息技术服务
北京银保监局	《关于规范银行与金融科技公司合作类业务及互联网保险业务的通知》	（1）合作机构须满足一定要求，如持牌经营且经营规范、系统成熟、管理良好等 （2）不得将授信审查、风险控制等核心业务外包，银行必须掌握独立风控权并承担相应责任 （3）在风险承担、信息披露、风险揭示等方面应明确双方边界 （4）第三方平台不得参与保险经营或保险中介行为，规范委托保险销售和销售佣金支付等行为，在信息安全上应与平台分工明确

从商业模式看，监管部门关注的核心是双方合作过程中权责是否分明、风险责任分配是否合理，不应以业务外包或委托至第三方而免除或减轻金融机构责任。从技术层面看，双方均关注技术的安全性、稳定性，注重数据保护和客户信息安全。同时，在实践中，金融机构与第三方机构主要通过签订商业协议来约束第三方行为，如设定合作机构门槛标准、定期进行评估检查等，但也存在第三方机构议价能力越强，金融机构出于商业利益考虑对其约束和管理能力越弱的情况，从而造成商业约束力度不足的问题。

（二）国外对开放金融的监管态度

从国外看，开放银行发展处于初期阶段，多数国家尚未制定专门的监管规则，行业实践也主要集中于支付领域和部分数据处理及咨询业务。随着开放银行的发展，部分国家的监管部门如英国金融行为监管局

（FCA）也提出开放金融的概念，将开放银行数据共享的理念逐步拓展至其他金融领域。目前来看，主要国家关于开放银行的监管态度分为以下三类。

1. 制定相关规制，强制要求银行向符合条件的第三方机构共享客户数据

欧盟地区的《支付服务修订法案（第二版）》（Payment Services Directive 2，PSD2）与开放银行相关的内容主要包括以下几个方面。一是支付服务市场对第三方机构开放。在客户同意的前提下，交易和银行账户信息可以被第三方机构获取。二是新设两类第三方支付服务机构牌照。这两类第三方支付服务机构为账户信息服务机构（Account Information Service Provider，AISP）以及支付发起服务机构（Payment Initiation Service Provider，PISP）。三是要求第三方机构在本国监管当局和欧洲银行管理局备案。账户信息服务机构需要在相应成员国和欧洲银行业管理局（EBA）注册，没有自有资金要求，但要求其通过保险或担保形式确保资金安全。支付发起服务机构除注册外还需获得监管当局许可，且注册资本不低于5万欧元。

2. 积极支持引导，鼓励商业银行按照商业意愿主动共享数据

2018年7月，香港金融管理局发布《银行业开放应用程序接口框架》（Open API Framework for the Hong Kong Banking Sector），推动银行按照业务风险程度和复杂程度逐步开放API。API开放进程分为四个阶段，依次为查阅银行产品和服务资料、接受银行产品申请、读取或更改账户信息、进行交易处理（详见案例）。

3. 包容审慎，暂不针对开放银行制定专门政策，按照现有监管框架进行监管

2017年10月，美国消费者金融保护局发布了《消费者保护原则》

（Consumer Protection Principles），提出了关于金融数据共享的 9 条指导意见，包括数据获取渠道、数据范围与可用性、数据管控与知情同意、支付授权、安全性、渠道透明性、信息准确性、非授权问题的发现与处理、高效问责机制，主要从加强金融消费者利益保护的角度明确了金融数据共享必须以服务和保护消费者的利益为前提。

（三）面临的问题和挑战

1. 金融业务与非金融业务边界难以界定

在银行跨界合作过程中，金融业务与非金融业务边界容易模糊。第三方平台作为场景供应方，处于业务前端，在产品宣传、客户引流、信息归集整理等环节也可能涉及金融产品营销、风控筛选、以办理金融业务为名过度收集信息等活动。商业银行在场景中转为后台，间接提供金融服务，增大了金融监管部门风险监测的难度，同时也容易导致客户的品牌认知错误。此外，开放银行业务边界难以界定。开放银行总体上处于发展初期，其业务开放的维度和深度、数据开放技术的标准尚不统一，容易导致行业的无序竞争。

2. 第三方机构外部监管约束亟待加强

开放银行涉及互联网平台、科技公司和其他相关公司，在业务开展过程中可能掌握了大量的客户金融数据，甚至实质参与了金融风控环节等，但缺乏必要的监管约束。多数国家在监管实践中面临共性问题，需要重点关注第三方机构违规滥用数据、利用金融机构品牌和信誉变相开展金融业务或为自身业务背书等行为。

3. 行业具体规范有待进一步完善

目前，我国虽然在宏观层面对数据保护做出了相关规定，但在法律层面对个人信息的定义以及对信息使用权和所有权的确定等有待进一步细化，执法和监督力度也有待加大。同时，相关技术标准的统一和配套基础设施建设也有赖于监管部门、市场机构、自律组织等市场主体的通力合作、共同推进。

四　研究思考

（一）监管理念

1. 客观看待开放金融发展

开放银行这一概念虽然出现时间不长，但并非新生事物。我国早在2005年就推出了"银企直联"等服务，以网络技术专线等技术实现了数据共享和服务延伸。巴塞尔委员会于2018年2月发布了《良好实践：金融科技发展对银行和银行监管者的启示》，对金融科技发展进行了情境分析，未来金融科技机构形态或将分为四类。①实力雄厚的商业银行自力更生，自建系统平台开展新技术研发应用，实现成功转型。②实力较强的金融机构雇用科技公司为其提供技术支持等非金融、辅助性业务。③大型科技集团掌握客户资源和重要技术，银行作为后台仅设计金融产品、提供资金支持。④具备实力的科技集团另起炉灶，直接设立金融机构。由此可见，我国开放金融发展本质上是金融机构与科技公司在金融领域竞争和分工的结果。因此，应以客观中立的态度看待这一市场现象，避免出现概念炒作，或以"开放"之名从事违规行为。

2. 主动适应金融服务开放和数据共享发展趋势，坚持技术中立、风险为本的创新导向

在依法合规、风险可控的前提下，引导商业银行充分运用新技术进一步扩大金融服务覆盖面，提升服务的效率和质量，助力金融供给侧结构性改革。同时，需时刻保持清醒头脑，既不能盲目跟风冒进，甚至以"开放"之名从事违法违规活动，也不能过于故步自封，抑制合理创新。对于国内外金融创新过程中涌现出的新业态、新概念，应充分结合

我国国情和行业发展阶段进行客观分析，把握好数据价值的充分挖掘运用和相应风险防范之间的平衡关系，始终坚持合规守正创新，把有利于服务实体经济、有利于防范化解金融风险、有利于保护消费者合法权益作为开放金融发展的指南针。

（二）政策建议

一是坚持金融业务持牌经营理念，确保同类业务保持统一的监管标准。开放金融在一定程度上增大了金融风险的隐蔽性、传染性和突发性。对于开放银行实践中各类创新的产品和服务，应坚持"穿透"原则分析其业务实质、法律关系和风险特征。无论是银行还是第三方机构，只要从事同类金融业务，都应按照"监管一致性"原则，在现行法律法规框架下，接受相应的市场准入和持续监管，遵循同等的业务规则和风险管理要求，从而维护监管标准的统一性，维护公平竞争。

二是加强部门间的监管协作，稳步推进制定统一规范的行业规制和标准。建议监管部门密切观察国内外关于信息安全和保护的相关政策与行业实践，充分考虑到我国与其他国家在数据管理和数据共享方面的国情差异，尤其是在我国科技企业（特别是大型科技企业）在数据采集、存储、交换和使用等方面占据一定优势的背景下，应加强推动相关技术标准的确立和行业信息保护规则的制定工作，使金融机构和科技企业遵守统一的监管标准，确保公平竞争。

三是加强金融机构与第三方机构之间合作的监管。金融机构应加大对信息科技风险、外包风险、操作风险、声誉风险等的管控力度，在业务外包过程中弄清自身所承担的主体责任。同时，应明确与第三方机构在风险分担、信息披露、风险揭示、客户信息隐私保护、投诉处置等方面的权利和责任。提高第三方机构合作准入要求，完善相应的尽职调查、风险评估和持续监测机制。不得因业务外包而降低风险控制标准，不得与从事非法金融活动以及窃取、滥用、泄露客户信息的机构合作。

四是重视消费者保护。应加强客户信息安全、金融消费者教育，鼓励引导金融机构完善投诉处理流程等管理运营机制和配套系统。金融机构应在数据保护方面做好隐私数据识别、数据加密、安全存储、数据防火墙建设等工作,并厘清各环节的责任,加大对泄露隐私数据行为的惩处力度。在数据治理方面,不断完善内控机制,全面有效地将数据保护纳入高管职责、部门设置、内控流程、审计考核等环节。在消费者教育方面,多措并举,帮助消费者不断增强数据保护意识,树立理性消费、科学负债理念,提升金融风险、金融诈骗抵御能力。同时,引导金融机构吸收国外经验,完善线上投诉处理机制,明确权责认定,加强信息披露,使线上交互的流程和界面设计更加人性化、便捷化。

案例:

香港地区开放银行实践

开放应用程序接口(以下简称开放 API)是香港建设"智慧银行"的七大目标之一,旨在激发银行业的竞争力与活力,通过营造安全、稳定的技术环境,促进银行与第三方机构合作,向客户提供更加优化的银行服务,进一步巩固香港作为国际金融中心以及金融科技枢纽的地位。在推进开放 API 的过程中,香港金融管理局坚持以下原则:一是以促进金融行业发展和优化消费者体验为初心;二是坚持开放合作理念,循序渐进地推进 API 开放;三是开放 API 框架以原则性要求为主,为市场实践留足空间;四是建议沿用当前的国际标准或通用惯例,确保开放 API 与现有的技术和规程有序衔接。

开放 API 框架主要归纳为以下三个方面:一是开放 API 的功能及阶段安排;二是银行对第三方合作机构的管理;三是开放 API 技术顶层设计、安全性及数据标准。

一 开放 API 的功能及阶段安排

2018 年 7 月,香港金融管理局发布《银行业开放应用程序接口框架》,推动银行分阶段对外提供 API。API 共划分为四个类型:第一类是产品和服务信息 API,用于提供银行的产品和服务细节;第二类是产品和服务订阅与申请 API,用于存货产品的网上申请;第三类是账户信息 API，用于认证客户的账户信息读取与修改；第四类是交易类 API，由验证客户发起交易、支付、转账。香港开放 API 阶段安排见表 5-2。

表 5-2 香港开放 API 阶段安排

阶段	开放 API 功能	例子	推出时间
第一阶段	查阅银行产品和服务资料	存款利率、信用卡优惠、收费等	2019 年 1 月底前
第二阶段	接受银行产品申请	申请信用卡、贷款产品等	2019 年 10 月底前
第三阶段	读取或更改账户信息	账户结余、信用卡结欠、账户交易记录、更改额度等	2020 年内公布一套技术标准，之后确定具体的实施时间
第四阶段	进行交易处理	付款及转账	

银行业已于 2019 年 1 月底前推出第一阶段开放 API。参与此项工作的 20 家零售银行已提供超过 500 个开放 API。2019 年 10 月 31 日前，20 家参与机构完成了第二阶段开放 API，主要涉及银行存款、银行贷款、基金、保险等业务的开户和申请等。

考虑到第三阶段及第四阶段开放 API 涉及读取客户账户信息及处理财务交易，具体实施工作可能较为复杂，香港金融管理局拟与业界合作，先就第三阶段及第四阶段开放 API 制定更详细的标准，然后再确定具体实施时间表，以确保业界稳妥有效地开展并落实工作。与此同时，香港金融管理局还注重行业实践，鼓励部分银行及第三方机构合作探索推动第三阶段及第四阶段开放 API 的落实，为后续政策制定摸索实践经验。

二 银行对第三方合作机构的管理

从管理要求上看，香港金融管理局建议行业主要从以下三个方面来推动落实。一是做好合作事前准备。建议银行对合作机构做好全面充分的评估和尽职调查工作，确保合作符合监管政策要求，发挥双方专业特色，顺利实现业务衔接。二是引入中间机构。建议银行共同出资设立中间机构，探索对第三方合作机构的评价标准，为银行提供评估服务，使银行与第三方机构合作更加标准化、流程化，以提升合作效率。三是银行应牵头制定双方合作的基本原则。

从管理内容上看，银行对第三方机构的管理涉及尽职调查、人员管理、风险监测、职责划分、消费者保护、数据与系统安全、基础设施韧性以及应急处置机制等多个方面。香港金融管理局建议处于第一阶段的银行降低对第三方机构的准入要求，重点关注消费者保护相关问题。对于处于第二阶段及以后的银行，香港金融管理局建议从以下几个方面推进对第三方机构的管理。一是制定合作基本原则。既包括财务状况、内控管理、主营业务发展情况等经营能力要求，也包括银行对第三方机构的约束能力、技术风险、信息安全和数据保护等内容。二是做好持续约束管理。三是加强信息披露。建议银行及时公开或更新与第三方机构的合作情况，强化网络监督，充分保护消费者权益。四是做好争议处置。建议银行与第三方机构明确争议处置相关约定，包括资金补偿、与消费者的充分沟通等。

在市场建设方面，为确保开放 API 生态环境的稳健发展，香港金融管理局建议由特定数据平台来统筹开放 API，第三方机构和银行均可免费将 API 代码上传至这些平台供其他合作方使用。同时，随着开放 API 在银行业的广泛运用，香港金融管理局希望由专门组织对开放 API 在技术顶层设计、安全性及数据标准等方面进行持续的后评估，做好必要的跨行业协作、消费者教育等工作，促进金融行业与其他领域的深度合作和交流。

三 开放 API 技术顶层设计、安全性及数据标准

香港金融管理局强调，技术安全性应贯穿于开放 API 的四个阶段，包括身份验证、成型、保密性、授权等方面的安全。

在技术顶层设计方面，香港金融管理局推荐 REST（Representational State Transfer）和 SOAP（Simple Object Access Protocol）作为通讯协议标准，推荐 JSON（JavaScript Object Notation）作为数据格式标准。在安全性方面，香港金融管理局强调，银行有义务持续监测技术风险和信息安全风险，保护银行数据和客户信息。在数据标准方面，鼓励银行制定并公开自己的数据标准。

参考文献

李文红、蒋则沈：《金融科技发展与监管：一个监管者的视角》，《金融监管研究》2017 年第 3 期。

陶峰：《从国际视角看开放银行》，《中国金融》2019 年第 21 期。

谢宁：《欧美移动支付监管的主要做法及对我国的启示》，《金融纵横》2017 年第 4 期。

杨东：《依法保护金融数据》，《人民政协报》2019 年 10 月 8 日。

杨帆：《金融监管中的数据共享机制研究》，《金融监管研究》2019 年第 10 期。

曾刚、李重阳：《开放银行的实践与挑战》，《银行家》2019 年第 6 期。

朱太辉、龚谨、张夏明：《助贷业务的运作模式、潜在风险和监管演变研究》，《金融监管研究》2019 年第 11 期。

Anna，S. and Louise，B.，"Introducing the Open Banking Standard"，Open Data Institute，2016.

Basel Committee on Banking Supervision，"Report on Open Banking and Application Programming Interfaces"，https://www.bis.org/press/p191119.htm.

EBA，"Understanding the Business Relevance of Open APIs and Open Banking for Banks"，May 2016.

Hong Kong Monetary Authority（HKMA），"Open API Framework for the Hong Kong Banking Sector"，https://www.hkma.gov.hk/eng/news-and-media/press-releases/2019/07/20190731-3/.

第六章 我国开放金融的创新重点

李　鑫　马洪杰　潘志江*

摘　要： 在开放金融商业模式中，技术是影响金融机构基业长青的重要因素。未来，在众多技术体系中，开放平台技术、分布式技术、微服务技术将成为开放金融技术创新的三个重点。开放金融是数字化时代、移动时代场景金融的延伸，场景金融创新的复杂性主要体现在潜在金融场景广泛、试错成本高昂、持续不断创新、需植入综合服务场景等方面，因此金融机构以开放来对接多种类型场景建设主体十分必要。开放金融尽管属于平台经济范畴，并具有平台经济的基本特征，但与传统的平台经济相比，开放式平台金融的网络外部性体现在更广泛的层面，并通过强化跨界合作，更好地融入创新生态，其交易成本能否降低取决于治理是否有效。此外，金融机构有效利用开放金融模式的关键在于其深层次的体制机制，因此创新金融机构组织架构是夯实其开放的基础，其中包括构建专门业务经营实体、推进敏捷组织建设和组织架构扁平化、创新激励约束机制、提升风险控制能力等。

关键词： 开放金融　场景金融　平台经济　组织架构

---

* 李鑫，经济学博士，国家金融与发展实验室特聘研究员，主要研究领域为金融科技、商业银行、支付清算。马洪杰，大连理工大学系统工程学博士，神州信息副总裁，兼任中国软件行业协会副理事长、中国电子工业标准化技术协会副理事长、ISO/IEC JTC1 SC40 专家等。潘志江，神州信息金融服务本部副总裁。

一 开放金融的数据、技术与系统

开放金融的本质是通过 B 端场景服务金融的 C 端客户，金融机构和场景中的 B 端是赋能与合作的关系。因此，开放金融首先是 To B 的商业模式，而在 To B 的商业模式中，技术是指以数据为基础，适合开放金融的先进技术以及相关信息系统，是影响金融机构基业长青的重要因素。未来，在众多技术体系中，开放平台技术、分布式技术、微服务技术将成为开放金融技术创新的三个重点。

（一）开放平台技术是开放金融高效联结场景的利器

工欲善其事，必先利其器。开放金融的第一步是实现与场景的快速联结。因为只有建立了联结，才能实现客户共享、数据共用、相互赋能等深度协同。什么技术能够帮助实现快速联结？就目前趋势来看，标准统一的开放平台技术是开放金融高效联结场景的利器。

开放平台技术是指金融机构将自身服务封装成各种标准化的数据接口（Open API）供外部场景开发者（ISV）使用，提供基于标准服务组合的 API 批发中心，构建金融机构生态管理的统一平台，与场景合作伙伴一起为用户提供综合服务。开放平台技术使异业线上合作更加易执行、可落地。

一般开放平台技术提供服务 API 批发中心，支持访问控制机制，快速聚合互联网服务能力，具备支撑多渠道场景合作方进行服务发布、安全控制、运行监管、开发者社区提供的能力（见图 6-1）。

互联网开放平台能力应基于分布式微服务架构进行构建，按照能力分布划分为 8 个主要功能模块、4 种 SDK 接入组件及相关配套工具集（见图 6-2）。

开放平台的客户中心是银行对外输出金融能力的展示门户，为第三方开发者提供快速接入服务，是应用开发者使用互联网开放平台的入

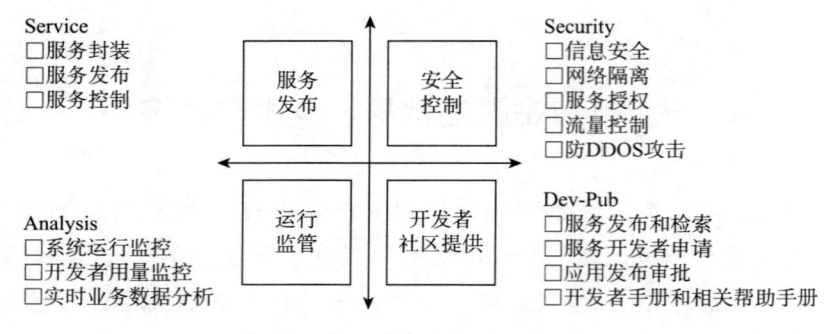

```
Service                                        Security
□服务封装        ┌──────┐  ┌──────┐      □信息安全
□服务发布        │ 服务 │  │ 安全 │      □网络隔离
□服务控制        │ 发布 │  │ 控制 │      □服务授权
                 └──────┘  └──────┘      □流量控制
                                          □防DDOS攻击

Analysis                                       Dev-Pub
□系统运行监控    ┌──────┐  ┌──────┐      □服务发布和检索
□开发者用量监控  │ 运行 │  │开发者│      □服务开发者申请
□实时业务数据分析│ 监管 │  │社区提供│    □应用发布审批
                 └──────┘  └──────┘      □开发者手册和相关帮助手册
```

图 6-1　开放平台能力分布

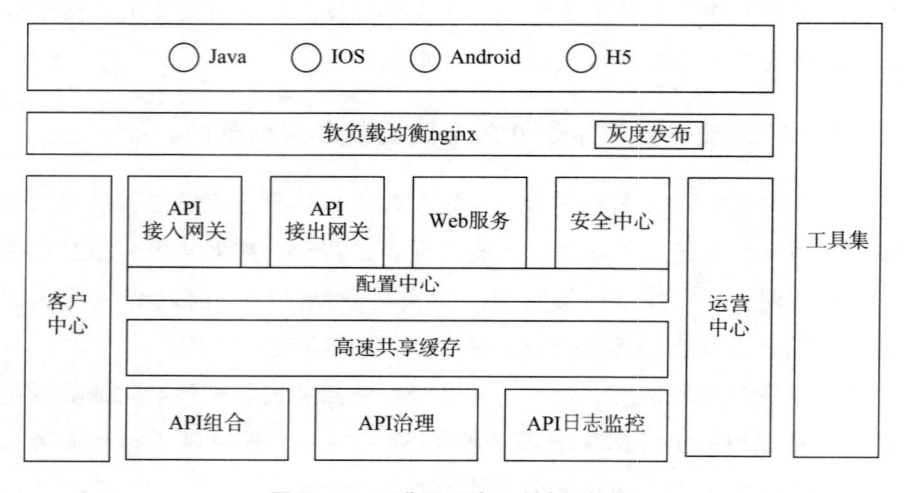

图 6-2　互联网开放平台应用架构

口。应用开发者在客户中心创建应用并申请相应的产品，使用互联网开放平台提供的 SDK 和服务，完成应用的开发和线下测试。测试完成后，通过客户中心将应用部署在互联网开放平台的测试环境中，进行在线测试，然后就可以正式使用金融机构提供的服务，也可以利用互联网开放平台对应用进行管理及监控。

API 网关分为接入网关和接出网关。接入网关对内与行内的系统进行信息交互，保障金融能力的输出；接出网关对外与行外的系统进行服务访问，打包行外的服务能力与金融机构内的业务高度糅合，形成新的金融能力。API 网关是互联网开放平台中最核心、最基础的功能实现平台，主要包含服务发布、协议转换、安全控制、报文转换、服务理由等技术集成功能，为API的调度提供安全、稳定、可靠的运行环境，同时还提供流量控制、异步流水、存储转发、故障隔离等一系列平台功能。

Web服务模块支撑业务SDK的运行，是业务SDK中H5的运行容器，提供业务SDK所需的H5资源的管理服务，包括对H5的分组、分类等。

安全中心提供一整套安全管理机制，提供对用户访问资源的安全管控，包括证书管理、密钥管理、第三方权限管理、频繁交易管理、服务鉴权、用户鉴权、SDK安全控制、签名验签、加密解密等。

运营中心是客户中心的后台管理平台，运营中心的使用者为业务运营人员。运营中心为业务运营人员提供便捷的运营管理功能，包括用户实名认证审核、证书审核、应用创建审核、产品申请审核、产品营销管理、新闻推送管理、广告管理、消息管理等。

API组合提供API组合运行引擎，可以根据业务需求对多个原子API进行业务调用编排，从而形成一个高聚合、精业务的组合业务API。组合后的API仍然发布到外联应用网关系统互联网开放平台上，供应用开发者使用。

API治理可以有效地对企业内部的业务服务、接口、元数据、交易线等进行管理和控制，可以对发布到客户中心的产品进行统一管理，也可以对金融机构外部的服务等相关信息进行管理，实现对API的全生命周期管理。

API日志监控包括API管理平台和API监控平台，API日志监控主要供互联网开放平台运维人员使用。其中，API管理平台为运维人员提供服务的管理，包括平台相关参数的管理和配置、服务的管理和配置等；API监控平台为运维人员提供服务的监控，包括服务的监控指标设置、监控数据统计分析、异常告警等。

工具集包含沙箱环境、挡板及便捷开发工具。其中，沙箱环境是生产环境的测试环境，与生产环境部署区域和应用相同，共用同一个客户中心和运行中心,但是与生产环境物理架构是隔离的。沙箱环境的接入网关后接的是挡板应用,生产环境的接入网关后接的是银行真实的系统。挡板是为沙箱环境做版本验证服务的,可以自定义多种类型的报文,支持常见的通讯协议。便捷开发工具包括样例报文生成工具、绿灯测试小工具等有利于便捷开发的若干工具。

未来,开放平台需要支持联结并发的智能路由机制,解决多个服务动态负载均衡的算法问题;全面支持异构系统间应用和服务的互联互通与动态扩展,考虑应用和服务分离,增强服务的复用性;支持服务的统一发布、统一计费、全程监控、全面安全认证管理。

(二)IT 架构转型需要分布式技术做支撑

随着互联网的快速发展,我国 B 端用户的交易模式和 C 端用户的消费模式发生了巨大变化,与之对应的金融行为呈现大并发、大数据量、浪涌等明显特征。传统金融机构的 IT 系统采用大型主机、集中式架构已经不能满足现有业务的需要。新形势要求金融机构的技术架构具有足够的灵活性,可按需扩容以响应业务的快速变化,也可灰度发布以降低发布风险和升级成本,还可支持大并发访问。同时,为适应互联网技术的多元化趋势,技术架构要求金融机构的系统在可控的前提下保持高度开放,对数据库、中间件、操作系统和硬件等底层技术零依赖。这些挑战都需要利用分布式技术重构金融 IT 系统。

在新的系统架构中,应用、数据、缓存及日终计算都将具有分布式的特征,任何一个点遇到瓶颈,都可以利用分布式的特性,通过增加节点的方式来解决,为系统的可用性、伸缩性及性能等技术要求提供必要的保障。为适应金融行业特点,分布式技术在金融机构落地时需要支撑金融业务的典型场景,如联机业务的同/异步及批量处理、日终批处理调度等。同时,分布式技术还包括配套的开发、测试、部署和运维的 DevOps 能力,以及企业级 IT 治理和软件工程全生命周期管理的规范和技术支持(见图 6-3)。

完整的分布式技术体系主要包括分布式技术平台、金融典型业务框

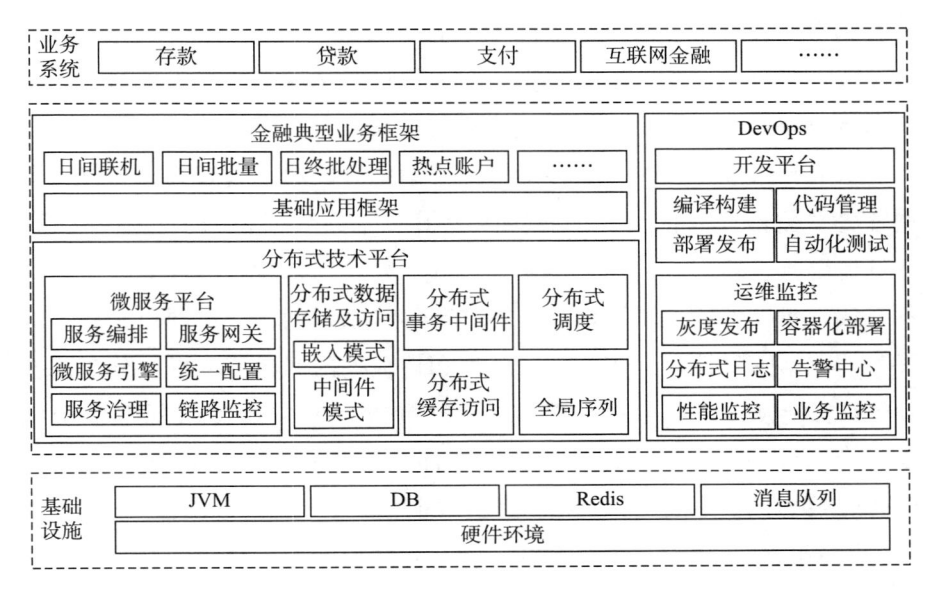

```
┌─业务─┬──────┬──────┬──────┬────────┬──────┐
│ 系统 │ 存款 │ 贷款 │ 支付 │互联网金融│ …… │
└─────┴──────┴──────┴──────┴────────┴──────┘

┌──────────────────────────────────┬─────────────────────┐
│         金融典型业务框架            │       DevOps        │
│ ┌─────┬─────┬──────┬─────┬────┐  │      开发平台        │
│ │日间联机│日间批量│日终批处理│热点账户│……│ │ ┌──────┬──────┐  │
│ └─────┴─────┴──────┴─────┴────┘  │ │编译构建│代码管理│  │
│    ┌──────────────────────┐     │ ├──────┼──────┤  │
│    │    基础应用框架         │     │ │部署发布│自动化测试│ │
│    └──────────────────────┘     │ └──────┴──────┘  │
│         分布式技术平台              │      运维监控        │
│ ┌───────┬────────┬─────┬─────┐│ ┌──────┬──────┐ │
│ │微服务平台│分布式数据│分布式│分布式││ │灰度发布│容器化部署│ │
│ │服务编排│存储及访问│事务中间件│调度 ││ ├──────┼──────┤ │
│ │服务网关│        │     │    ││ │分布式日志│告警中心│ │
│ │微服务引擎│嵌入模式│分布式│全局序列││ ├──────┼──────┤ │
│ │统一配置│中间件模式│缓存访问│    ││ │性能监控│业务监控│ │
│ │服务治理│链路监控│     │    ││ └──────┴──────┘ │
│ └───────┴────────┴─────┴─────┘│                     │
└──────────────────────────────────┴─────────────────────┘

┌─基础─┬──────┬──────┬──────┬──────┐
│ 设施 │ JVM  │  DB  │Redis │消息队列│
│     ├──────┴──────┴──────┴──────┤
│     │         硬件环境              │
└─────┴────────────────────────────┘
```

图 6-3 分布式技术整体架构

架及其关联的从开发到运维的完整的 DevOps 能力。该体系不仅包括最基本的应用的分布式，而且体现在数据及计算的分布式上，要求系统支持通用的分布式缓存访问，为系统在各个环节的性能提供强有力的保证。

从分布式技术平台看，主要创新方向包括分布式服务运行平台、分布式数据存储及访问、分布式事务处理、分布式缓存访问、分布式调度等内容。就分布式服务运行平台而言，一般有服务网关、服务容器、注册中心三个不同角色的组件，承载不同业务单元构成的服务集群，既具备服务自我发现、故障自我隔离能力，也具备从容应对应用的动态伸缩能力，同时提供标准通讯协议、运行服务治理、服务质量监控等功能。

服务网关提供对外访问的 Rest API 服务，主要起服务隔离作用。所有外部（跨系统）的服务请求调用都要经过服务网关，由它来进行服务的调度和过滤。服务网关一般包括服务路由、服务发现、负载均衡、权限认证、服务限流、熔断降级、服务鉴权等功能。网关中须包含灵活、可配置的热部署的过滤器框架，以实现统一的处理逻辑。当服务直接通讯则不经过服务网关，由服务运行容器提供服务路由及负载均衡、服务接入、流量控制、熔断降级、服务认证等功能。所有服务通过服务端和客户端配合在注册中心完成服务的自动注册与发现。

从分布式数据存储、缓存、事务、调度方面看，分布式技术体系重点解决"数据持久化层"问题。因为银行账务数据在交易过程中会被不停地更改，这部分数据一旦被分布到多处存储，就会造成更改信息的不一致、不可见以及读取信息的不准确等一系列问题，这同样是分布式事务下数据一致性、隔离性、原子性和持久性的问题。所以，分布式技术体系需要从服务、数据、缓存、日终计算、事务及应用框架几个维度同时实现分布式，以解决写入缓存前的数据更改和清除缓存失败产生的脏数据问题，提供优质的数据访问体验。

未来面向业务主要是在金融行业基础应用框架和核心、互联网、支付、中间业务等应用框架方面进行创新。在开发运维平台方面，主要面向开发平台、编译构建/代码管理/部署发布/自动化测试以及运维监控等工作进行管理创新，需要提供松耦合、模块化、轻量级的业务支撑框架和个性化的开发运维工具，开发人员只需在此基础上快速装配，便可实现全覆盖式开发和运维环境，具备快速构建业务系统的能力，显著减少业务人员的工作量，降低系统的升级维护成本。

（三）微服务应用架构让金融服务成为随需可得的服务

微服务是一种全新的业务架构理念和服务创新模式。一般来说，业务架构和基础架构不同，基础架构是寻求可复用的通用能力，而业务架构需要随企业自身的业务不断应对变化、引领创新。随着金融机构越来越依赖科技支撑所有业务的运行以及开放战略的落地，金融机构面临多云运行环境、多异构系统整合、大量的分布式事务处理、多个开源框架的管理，这些都给金融机构的日常运行管理带来了巨大挑战。微服务将成为解决以上问题、连接金融企业战略和技术实现的桥梁。云时代的来临以及中台的构建丰富了微服务的内涵，如 Severless。

微服务平台功能架构见图 6-4。

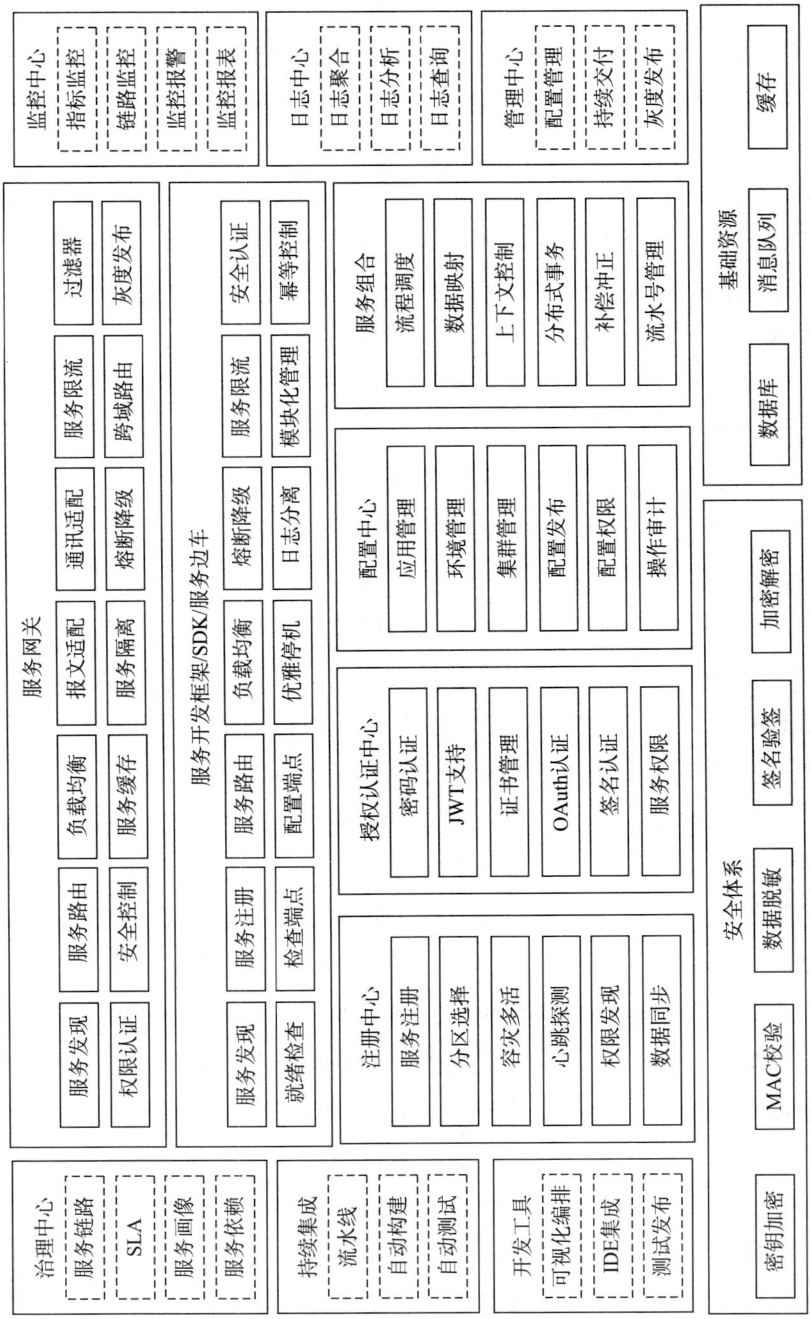

第六章 我国开放金融的创新重点 | 133

图 6-4 微服务平台功能架构

注册中心。注册中心为微服务平台提供了服务注册、心跳探测、分区选择、权限发现等功能。每个微服务应用启动时将自己的网络地址信息注册到微服务注册中心，服务的消费者可以在注册中心查询到各服务提供者的网络地址，并使用该地址调用服务。同时，注册中心会对已注册服务进行心跳探测，及时更新服务状态。注册中心支持集群部署，集群部署最大限度地提高了注册中心的可用性。注册中心支持容灾多活的部署模式，多中心的注册中心之间通过同步机制保证服务注册信息的一致性。

配置中心。配置中心为各微服务应用提供了统一集中化的配置加载管理，当配置发生变动时，应用能够从配置中心获取最新配置，也可以订阅自身感兴趣的配置。

服务网关。服务网关介于客户端和服务端之间，网关对外发布统一通讯协议与报文标准的 API，所有外部请求（含客户端请求、旧有异构系统请求）统一调用网关发布的 API，网关进行认证并将通讯转化为微服务体系内协议后，将请求路由到具体的微服务中，所有的外部请求都会经过服务网关。服务网关支持服务发现、报文适配、通讯适配、服务路由、权限认证、熔断降级、安全控制、服务限流、服务缓存、过滤器、服务隔离等功能。服务网关本身也是基于微服务架构实现的微服务应用，网关启动后会向注册中心获取可用的（服务列表-服务地址）信息缓存在本地目录网关，当注册中心不可用时，也可凭借本地缓存继续对外提供服务。业界一般支持多种通信协议（TCP、HTTP/HTTPS、MQ、JMS、Tuxedo、WS 等）。当单个服务网关遇到性能瓶颈时，会部署多个服务网关节点以达到性能提升的目的。在分布式架构部署下，服务网关可根据客户号等其他关键要素对交易进行分区路由。服务网关可对每个请求调用方进行身份认证和调用权限核查，确保服务不被冒用。服务网关为微服务提供负载均衡的功能，一般支持轮询、随机、最小连接数等算法，同时可根据监控中心分析出的交易流量信息进行动态权重负载。另外，负载均衡器还支持熔断机制，在后台服务发生故障时，可进行服务熔断，避免发生故障蔓延。在交易流经服务网关时，服务网关会记录交易流水，供监控中心分析使用。微服务网关提供拦截器的功能,对于经过网关的微服务调用会自动激发拦截器,完成统一的横切面功能,如权限校验、访问限流、安全认证等。网关拦截器支持热部署,并可以定制化编排。

服务开发框架。服务容器是微服务的开发框架,统一提供服务注册、服务发现、就绪检查、检查端点、配置端点、优雅停机、日志分离、服务路由、负载均衡、熔断降级、服务限流、安全认证、权限检查等功能。

服务边车。对于异构类微服务提供的非侵入边车,边车提供服务注册、服务发现、就绪检查、检查端点、配置端点、服务路由、负载均衡、熔断降级、服务限流、安全认证、权限检查等功能。

授权认证中心。授权认证中心统一管理服务间访问的认证和授权,并支持多种认证授权方式,提供 OAuth 认证、JWT 支持、密码认证、签名认证、服务权限、证书管理等功能。

监控中心。监控中心是微服务平台的专属监控,区别于全行的 IT 系统监控平台,主要针对接入微服务平台的各个服务提供多维度的监控、展示与告警功能,包括资源监控、应用监控、调用链监控、多中心监控等。监控中心的监控面板支持根据自定义的监控指标进行配置,并具备监控告警的功能,可定制化配置告警阈值。监控中心的监控信息采集支持以 Agent 和监控埋点等多种方式来实现。

微服务将为开放金融提供异构微服务统一接入能力、现有业务的解耦和灵活扩展能力、高容错能力、完备的服务访问负载均衡能力、支持微服务应用自动化和灰度发布能力、容器化运行能力、多云多中心微服务多活能力,同时为满足金融机构微服务应用的高可靠性、高可用性,须建立统一高效的监控中心、服务治理中心、安全认证中心、配置中心,以保障微服务业务架构的稳健运行。

二 开放金融的场景与应用

开放金融是场景金融的延伸,更多地体现为数字化时代、移动时代金融服务提供模式的转变。如果单从场景和应用的角度讲，开放金融的应用场景与互联网金融以及金融科技实际上并无二致。

（一）场景金融的创新发展趋势

伴随着金融科技的迅猛发展、新型机构的兴起以及传统机构的转型，数字化的金融创新日益从传统的供给侧驱动转向需求侧驱动，其背后的两个最主要的动力则是制度的包容和技术的进步。从制度角度讲，各国的监管部门都在试图提升银行等金融机构的服务能力，给本国企业和居民带来更好的"包容性"；而从技术角度讲，科技与金融日益深入的融合则为这种"包容性"的实现提供了可能。在此背景下，全面推动面向以客户为中心的场景创新成为数字化时代金融创新的主要方向。

从国内来看，2015年以来，伴随着互联网金融的兴起，场景金融的概念逐渐深入人心。从现有文献来看，不同的背景下研究人员对场景金融进行了不同维度的探讨，如巴曙松、白海峰（2016）聚焦技术角度，对人工智能、区块链等技术在金融场景中的应用进行了探讨；陈华、张乐天（2019）聚焦金融功能角度，探讨了金融科技在银行、保险、理财等功能中的实现场景；叶梦琪（2019）则聚焦互联网产业的热点场景，探讨了在网购、社交、出行、旅游等场景中如何实现金融赋能。其实类似的探讨非常多，并且对金融场景的探索都具有启发性，然而总体而言这些探讨更多的是基于研究者个人对相关领域的理解以及对已有情况的了解而做出的判断，因此不可避免地具有片面性，而实际情况可能远比这种略显简单的归纳要复杂得多。这种复杂性主要体现在以下几个方面：一是无论是从某种维度切入，还是综合考虑多种维度，都难以穷尽现实中可能存在的金融场景创新领域，甚至事后来看，一些很重要的场景在事前可能也无法预料到；二是即便理论上认定为具有很大潜力的金融场景，其能否真正落地仍有待实践的检验，很多时候场景在落地应用过程中所需克服的困难远比此前想象得要大；三是随着科技创新的加速、人们行为偏好的快速转变以及二者的相互交织，金融场景实际上处于快速演变的过程之中，许多如今看来十分重要的金融场景有可能也只是昙花一现，很快会被另一种场景所取代；四是分门别类的归纳往往较少考虑客户的个性化需求，尤其是围绕特定场景的综合服务需求，包括金融的与非金融的，而现实中这种个性化、综合化的需求在场景金融中扮演着十分重要的角色。

因此，深入探讨场景金融的创新发展趋势，可能需要我们超越简单的观察归纳以及仅仅基于特定领域的分析，要根据场景金融创新的特征得出一些更加深入的洞见。实际上结合金融理论和创新理论，我们很容易基于上文对场景金融复杂性的探讨归纳出场景金融创新的四个特征。

第一，以客户为中心、以需求为导向的潜在金融场景十分广泛。

第二，场景金融创新的实现需要试错的过程，鉴于金融越来越普惠的特征，有时试错成本可能比较高昂。

第三，构建良好的场景金融需要进行持续不断的创新，以应对持续不断变化的环境。

第四，金融场景的构建需要考虑客户的个性化需求，并且要将金融功能植入客户的综合服务场景之中。

（二）以开放对接场景的必要性

根据前文总结的场景金融的四个特征，我们不难得出以下结论：在场景金融时代，与传统金融机构相比，其他多种类型市场主体（如科技企业、互联网企业等）的广泛参与对场景金融的建设和完善更为重要。

第一，与数量较少的金融机构相比，与场景金融相关或具有潜在相关性的科技企业、互联网企业以及其他多种类型市场主体的数量要庞大得多，因此更容易覆盖广泛的潜在金融场景，而如果仅依赖于金融机构自身去布局，则可能会抓大放小。然而在目前这个急速变革的时代，对于"大"和"小"的判断很可能事后来看是完全错误的。此外，由于对一些细分领域缺乏专业认知，金融机构甚至可能完全想象不到某些潜在场景的存在，但与之相关的其他类型企业则会对其有更好的把握。

第二，目前所谓的场景金融大多是针对长尾客群的，这意味着场景创新的风险相对较高。而传统金融机构由于业务性质的原因，普遍具有风险回避倾向。相反，科技、互联网等竞争更加激烈的行业中的企业则具有更强的风险偏好，更有意愿针对场景金融创新进行反复的试错。尤其是在大量规模较小的创新型企业中，更能够看到熊彼特所讲的企业家精神，这些企业更愿意通过承担创新风险从而成为连接金融机构与场景创新的桥梁。

第三，金融机构无论是对相关的技术及其演进趋势，还是对特定类型的生产或消费场景及其变化趋势，都缺乏足够的把握，而其他类型的一些市场主体则通常会对上述某些方面具有较强的掌控力，这将有助于其针对相应的金融场景变化开展持续创新。此外，相较于科技企业、互联网企业等其他类型企业而言，传统金融机构往往在体制机制乃至文化方面与开展持续创新的要求不符，当然这也与其更加重视业务和经营的稳定性关系密切。

第四，许多新型的金融服务参与者是通过跨界来提供金融服务或为金融业务提供支持的，对他们而言，金融服务只是客户服务场景中的一块拼图，更多的是基于对客户消费或生产场景的把握而开展个性化、综合化服务，并通过构建生态获取范围经济来实现最大化收益，从而弥补场景建设所需的高昂成本投入。然而对于金融机构来说，其对客户服务综合场景的把握能力，尤其是对非金融场景的把握能力较差，因此仅靠自身的努力很难满足客户个性化、综合化的服务需求。

以近年来日益兴起的开放银行为例，开放银行在很大程度上是被发展场景金融的诉求所驱动的，只因大量用户场景以及相应的流量和数据并不掌握在银行手中。在我国，支付产业的发展可以很好地证明场景金融的强大生命力，将金融融入场景，让金融服务变得无处不在，让用户对金融需求唾手可得，也使得支付对社会生产和商业形态产生了深刻的变更。场景金融是业务场景发展到一定阶段的必然衍生品，只有深耕某一领域，掌握该领域的信息和数据，才能深刻把握这一领域的场景，而银行作为专业的金融机构，其主要精力集中在金融服务建设上，在场景发掘、场景建设方面缺乏敏锐性和专业性，需要与场景的合作伙伴一起，发挥各自的专业特长，共同打造场景金融。开放银行正是商业银行积极面向金融服务场景化、生态化趋势，以用户价值为导向，打造共生、共赢的新型金融生态的一种选择，从而实现银行与合作伙伴间的资源共享、场景融合、优势互补，以及为客户提供覆盖衣食住行全方位的金融服务的目的。对于商业银行来说，以开放银行的形式对接场景具有以下优点：一是模块化的连接形式能够极大地降低对接外部合作伙伴的成本，适于广泛对接外部场景；二是只输出金融服务能力，不承担或较少承担具体场景的开发及商业模式试错的风险；三是更好地利用外部创意来弥补自身创新能力的不足；四是更好地将金融服务嵌入各种类型的商业生态之中。

（三）案例：农业场景的复杂性与商业银行的开放式对接

改进"三农"金融服务一直是我国普惠金融工作以及乡村振兴工作的重点之一，而通过发展金融科技来加大金融支农力度也被政策层寄予厚望。中国人民银行印发的《金融科技（FinTech）发展规划（2019~2021年）》专门提出，要依托电信基础设施，发挥移动互联网的泛在优势，面向"三农"和偏远地区尤其是深度贫困地区提供安全、便捷、高效的特色化金融科技服务，延伸金融服务辐射半径，突破金融服务"最后一公里"制约，推动数字普惠金融发展。然而制约商业银行更好地提供服务的因素，恰恰就在于围绕农业场景进行金融创新的复杂性。

第一，潜在涉农金融场景十分广泛。农业对金融的需求广泛分布在整个产业链条之中，对于商业银行来说，从农资企业、农业生产者、产品加工企业到中间商、经销商、消费者，每个环节实际上都有潜在的支付和信贷服务场景（见图6-5）。仅以支付业务为例，就有聚合支付、交易结算、代收代付等多种业务可深植于苗木交易、农资交易、农机交易、人力雇佣等多个交易场景之中（见图6-6）。

第二，涉农金融场景创新面临较为棘手的信息不对称问题。对于金

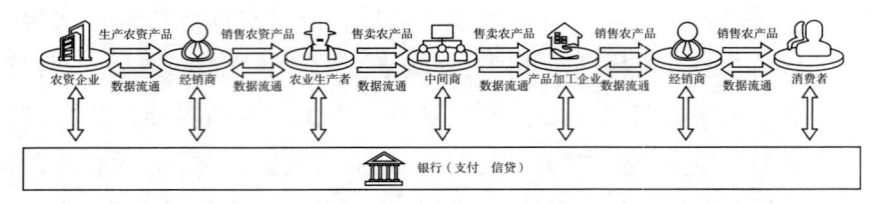

图 6–5　农业金融场景分布在整个产业链条上

图 6–6　支付生态可深植于农业产业的每个交易场景

融而言，重要的是解决信息不对称问题，而农业数据管理方式一直是封闭分散的，各行业、各部门的数据是稀缺的、碎片化的，信息不连贯、不共享的现象普遍存在，同时农业数据涉及千家万户，标准化程度低、链条长、品种多，总体上可以说是搜集难、处理难、分析难、应用难。

第三，我国农业生产方式及相应的金融场景未来可能会加速转变。伴随着改革的深入推进以及科技的快速发展，我国的农业生产已经逐渐从以体力劳动为主的小农经济时代向以机械化生产为主的种植大户时代过渡，而未来可能以更快的速度迈向以现代科学技术为主的数字农业时代。农业生产方式的快速转变必然使涉农金融场景也随之而变。

第四，更加需要依靠范围经济来补偿场景建设的成本。农业大数据获取成本高昂，故大数据采集和建设一定要坚持应用需求导向，特别是针对涉农客群的综合服务需求，如果仅为满足金融单方面的需求则很难抵补数据建设的成本。因此，相较于商业银行而言，由一些专门从事"三农"信息化的科技企业去构建农业场景并将金融场景嵌入其中，可能更具比较优势。

随着开放金融、共享金融理念逐渐深入人心，目前在实践中，商业银行通过与信息科技企业合作布局农业场景的情况已初现端倪。一个典型案例就是建信金融科技有限责任公司（以下简称建信金科）与北京中农信达信息技术有限公司（以下简称中农信达）达成的战略合作。双方利用各自在行业中的优势，分别在产品融合、农业领域场景创新、技术创新、市场营销、运营支撑以及重大战略落地等方面进行深入合作，由建信金科提供金融服务支持，中农信达提供业务支撑和咨询，打造智慧农业交易与计算中心，形成了具有竞争优势的创新产品，实现了互利共赢。由此实现了中农信达自有的农地确权、农业两区、农村产权交易、涉农资金监管、集体经济清产核资、三资监管等农地、农经类产品与中国建设银行金融服务之间的深度融合，通过双方产品的深度融合，优化与提升产品及服务能力，并实现了农业农村智慧交易及结算中心功能，依托中国建设银行的结算支撑，面向全国提供产品或服务及支撑应用。

三　开放金融的平台与生态

（一）平台经济的特征

在现实生活中，越来越多的平台企业通过一些策略性行为向产品或服务的买卖双方提供产品或服务，促使双方在该平台上达成交易。与之相伴，平台经济理论及双边市场理论也成为十多年来产业组织理论中进展最为迅速的研究领域之一。平台经济模式更具有双边市场、交叉网络外部性、增值性、快速成长性等特征，在给平台企业带来巨大回报的同时，还能通过信息精确匹配、规模效益或定向营销等方式给在平台上交易、交流的各方带来便利和实际利益，从而实现多方共赢（见图6-7）。随着互联网技术的发展和应用，一些关乎国计民生的行业，如金融、互联网、软件、电子商务、通信、传媒、社交、交通等，纷纷植入平台基因，利用平台思维来创造新价值，从而获得了巨大成功，越来越多的领域出现了"平台化"趋势。许多增长较快的变革性大企业的成功都在积极为平台模式背书，平台模式在全球各个地区都占据巨大的并

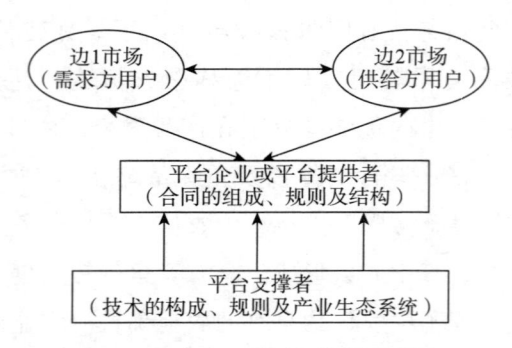

```
       ┌─────────────┐         ┌─────────────┐
       │  边1市场     │◄───────►│  边2市场     │
       │ (需求方用户) │         │ (供给方用户) │
       └─────────────┘         └─────────────┘
              ▲                       ▲
              │                       │
              └───────────┬───────────┘
                          ▼
              ┌───────────────────────┐
              │  平台企业或平台提供者  │
              │ (合同的组成、规则及结构)│
              └───────────────────────┘
                     ▲   ▲   ▲
                     │   │   │
              ┌───────────────────────┐
              │     平台支撑者         │
              │(技术的构成、规则及产业生态系统)│
              └───────────────────────┘
```

图 6-7　平台经济运作的基本模式

且持续增长的经济份额。北美地区有苹果、谷歌、微软、脸书、英特尔、甲骨文、亚马逊等；亚洲地区有阿里巴巴、腾讯、百度、京东、苏宁、软银；欧洲地区有 SAP、Sptify；拉丁美洲和非洲地区有 Naspers 公司。其中，苹果以全新的形式重构了产业价值链，也以其鲜明的创新特色成为"平台经济"时代的典型。

从表面上看，平台经济的产生是互联网尤其是信息技术在产业边界促使产业融合的结果；但从本质上看，平台经济诞生的前提是互联网技术打破了传统意义上价值链和产业链的运行规则，剔除了多余的中间环节，实现了价值链和产业链的分裂与再整合，重新划定了效率导向的"市场势能"。可以说，平台经济模式代表了互联网时代商业模式的创新方向，在重塑现代市场经济体系微观基础的同时，将成为互联网时代的主要商业模式。

相较于其他业态，包括开放式平台在内的平台经济具有以下显著的特征。

一是平台经济具有显著的网络外部性。平台的建立能够聚集众多企业、个人，进行信息或资金的互换，吸引各种资源加入，发挥集聚效应，而这种集聚效应主要体现在网络外部性上。平台的网络外部性又分为"使用外部性"（Usage Externality）和"成员外部性"（Membership Externality），通常也被称为"直接网络外部性"和"间接网络外部性"（Rochet，Tirole，2004）。直接网络外部性是从产品的使用中产生的，如共享软件、传真机、电邮服务和电信服务等的价值几乎只与产品用户数量以及产品使用频度相关,因为它们主要是用于用户之间的通信。间接网络外部性则是指平台的一类用户的数量影响该平台对另一类用户的价值。比如已加入该平台的买家越多,则卖家加入该平台的潜在收益就越高;同样,已加入该平台的卖家越多,则买家加入该平台的潜在收益就越高。因此,对于平台企业而言,如何达到正反馈,流量是基础,如何持续获取流量是打造平台生态圈的关键。

二是平台经济呈现生态化发展趋势。随着互联网经济向纵深发展,如今的平台型企业呈现以下两个趋势。一方面,平台越来越依赖于用户参与,甚至这已成为目前平台运行的最主要的特征之一。例如,谷歌将用户的搜索行为转换为具有丰富价值的广告,脸书运用在线社交搜集并出售用户的精准画像,而 Youtube 的平台则可以让每一位用户都能成为拥有灵活工作时间并从平台获得收益的创业者。平台经济依赖于用户的参与,在调动用户参与生产的过程中,也对用户产生了巨大影响。另一方面,平台呈现大规模跨界倾向。随着资源共享的范围越来越广、程度越来越深,以及产业内部的边界越来越模糊,产业通过平台实现的跨界融合现象也愈加显著。平台型企业通过连接多边群体,整合多方资源,设立规则与机制,满足多边群体的需求,充当连接、整合的角色。综合二者来看,平台化的商业竞争似乎已经不再是企业之间的竞争,而是生态之间的竞争。

三是平台经济能够降低交易成本。平台经济为促成双方或多方客户之间的交易提供了一种现实或虚拟的空间。在平台经济模式下,交易双方不再以原子方式随机碰撞,而是在平台提供者或平台型企业的组织下,通过信息纽带缔结在一起,平台型企业为供求双方提供信息空间、撮合市场交易、提升交易效率。可以说,平台经济通过所提供信息的精确匹配,大大提高了撮合效率,降低了交易成本。因此,有学者认为,平台商业模式本身销售的不是产品,而是"交易成本的节约"(Munger,2015)。

（二）开放式平台与平台金融的创新发展趋势

近年来，随着 API 技术的逐渐成熟，开放式平台模式日益兴起，越来越多的企业利用 API 技术将企业能力作为 API 服务与外部机构进行商业交换。企业在发展过程中会积累一定业务能力或者沉淀一些有价值的数据，在不涉密的前提下，将这些能力或者数据 API 有偿提供给其他企业使用，将增加企业营收并有望形成一条全新的业务线。早在 2012 年，API 就给互联网巨头们带来了非常可观的经济效益：Salesforce 23 亿美元的年收入中超过 50% 是通过 API 产生的；谷歌每天通过 API 处理 50 亿笔交易；Twitter 每天通过 API 处理 130 亿笔交易；亚马逊每天通过 API 处理 10000 亿笔交易（姜红德，2015）。近年来，API 更是成为联结各类企业资源的利器，不同类型的企业纷纷将自身拥有的数据、服务和业务能力以 API 的形式开放给生态系统各参与方，形成了业务能力的互联互通、参与方共生共赢的新的价值网络。这个价值网络将真正实现以客户需求为中心来组织各类资源（设计公司、供应商、经销商、企业、售后服务机构、金融机构等）加入，形成平台式的互联网连接模式。尽管开放式平台、API 经济与较为传统的平台经济的商业模式有所不同，但本质上讲它们同属于平台经济，并且是一种更深层次的平台经济。

API 经济模式也为金融机构获得互联网业务能力、捕捉互联网用户需求、融入互联网生态提供了更为快速和灵活的途径。平台金融正是开放式平台在金融领域的应用，同样具备平台经济的一些基本特征。简单来看，可以用客户规模增长与合作伙伴数量增加二者之间价值的相互促进来解释网络外部性，用生产生活场景的广覆盖来解释金融服务的生态化，用技术特别是 API 技术的进步来解释交易成本（与第三方合作成本）的下降。然而如果深入分析的话，实际上平台金融的创新发展趋势及其所带来的影响可能远比上述列举的几点要复杂得多。

首先，目前开放金融的主要模式是借助第三方机构来服务最终客户，即所谓"场景在前、金融在后"。其中，网络外部性确实主要体现为随着客户规模的增长与合作伙伴数量的增加，双方相互之间的价值在提升，并由此使得连接双边市场的开放式金融平台的价值也在提升。然而我们要意识到，从开放金融的发展趋势来看，开放的程度并不仅限于此，开放式金融平台所能连接的市场也并不限于上述两类。就目前初步的商业实践来看，按开放程度由浅到深，开放金融的开放对象大体包括金融服务需求方（最终用户）、金融服务供给方（如 FinTech 公司等软件提供者）、平台硬件及操作系统提供方、平台发起者和开发建设者（如参与制定平台的标准与规则，是完全的开源平台）、其他五类（见表6-1）。这意味着我们在思考开放金融的未来时，可能需要更加大胆一些，同时平台金融的网络外部性可能也会体现在更广泛的层面。

表 6-1 开放金融的不同类型

开放对象	大部分银行	大部分挑战者银行（如 Monzo、Atom、Starling Bank、Number26、TransferWise 等）	部分新型银行 API 平台（如 Fidor、Token、Figo 等）	开源 API 平台（如德国 Open Bank Project 平台）
金融服务需求方	开放	开放	开放	开放
金融服务供给方	不开放	开放	开放	开放
平台硬件及操作系统提供方	不开放	不开放	开放	开放
平台发起者和开发建设者	不开放	不开放	不开放	开放
其他	大部分平台	Macintosh	Windows	Linux

资料来源：Eisenmann, T., Parker, G., Alstyne, M. V., "Opening Platforms: How, When, and Why?", Harvard Business School Working Paper, 2008; Zachariadis, M., Ozcan, P., "The API Economy and Digital Transformation in Financial Services: The Case of Open Banking", SWIFT Institute Working Paper, No. 001, 2016.

其次，尽管目前传统金融机构普遍试图通过开放合作来覆盖更多的生产生活场景，从而构建金融服务生态，但如前文所述，场景是在不断演进的，因此生态本身就是一个具有变革性、融合性、创新性的概念。随着众多新兴机构（金融科技公司、互联网企业、技术服务商、类金融组织等）加入原有金融服务产业链，整个金融行业生态都在发生变化，事实上这些新兴机构本身往往也是一个平台，也有自己的服务生态圈，对于传统金融机构而言，更需要考虑的可能并不仅仅是从自身业务出发，通过完善场景布局来构建自己的金融服务生态圈，还要考虑如何更好地融入由其他各类机构构建的服务生态之中，因此多层次的平台模式应成为市场结构的优化方向。从这个角度来讲，开放金融并不仅仅是通过联结更多的第三方机构来构建场景生态，更重要的是通过强化跨界合作以更好地融入创新生态。

最后，尽管通过平台与开放合作的形式可以为客户提供质量更高、成本更低的服务，但随着接入平台的服务机构数量的增加，金融机构可能面临越来越高的平台治理成本，因此总交易成本能得到节约的关键不仅在于技术，而且在于有效的治理。一方面，随着进入壁垒的降低，越来越多的创新者会接入平台，由于竞争加剧，可能会降低这些创新者的利润份额。与此同时，开放式平台的模式使得这些机构切换到其他平台的成本也随之降低，因此将外部机构及其所拥有的客群锁定于特定平台的难度在增大。另一方面，我们要意识到如果治理不善，网络效应也可能会是负的，比如接入大量劣质的或不可靠的服务供应商，会极大地影响金融机构本身的声誉和客户忠诚度。因此，金融机构在考虑构建开放式平台时，一个关键点是学习如何管理一组合作伙伴，特别是在接入主体类型多样化的情况下，如何为各类主体提供有效的激励与约束对能否真正降低交易成本至关重要。

（三）平台建设的关键在于保持开放的态度

考虑到平台金融的上述创新发展趋势，当前金融机构在建设开放式平台时，重在保持开放的态度，具体体现在以下几个方面。

一是对各类市场主体的接入保持开放态度。由于开放金融整体还处于发展的初级阶段，模式并不明朗，因此初期开放平台的用户体系可考虑广泛囊括内外部开发者、B端用户、C端用户以及其他各类市场主体，目前来看至少可通过产品/服务开放、自建场景开放、业务创新开放打造"走出去""请进来""合作创新"三种开放形态，逐步探索形成新的商业模式和利润增长点。尤其需要注意的是，要始终保持平台建设的灵活度，紧跟业务实际开展情况以及国内外开放金融发展形势调整平台业务的侧重点。

二是对各类生态圈保持开放的态度。在平台金融生态中，需广泛纳入各类潜在的金融服务主体，包括利用自身技术优势开展金融业务或对外提供技术服务的互联网企业、主要为金融机构或类金融组织提供技术支持与外包的新技术企业，以及利用新技术搭建平台并提供创新型金融服务的互联网金融、类金融组织等。不过与扩大外部合作相比，对于金融机构来说，更为重要的是将"以我为中心"构建业务生态圈与参与其他生态圈紧密结合，以更加开放的态度参与到其他机构构建的生态圈或者共同构建的更大生态圈中，并且真正体现"以服务客户为中心"，而不是"以掌控客户为中心"（见图6-8）。

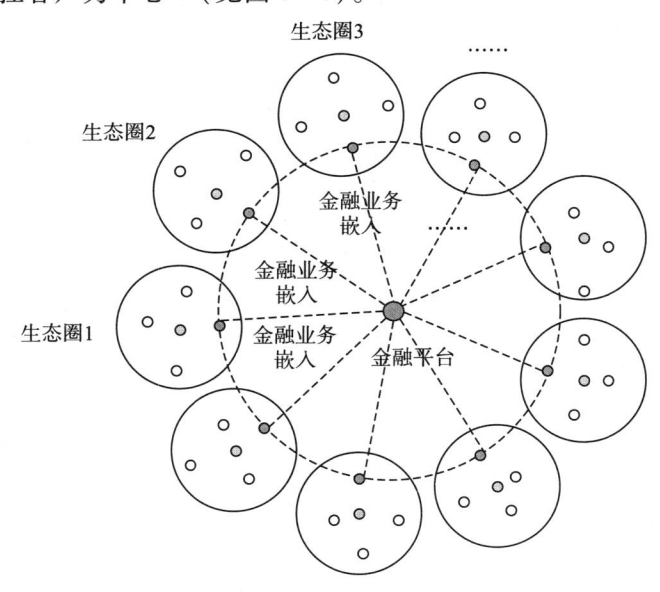

图6-8 通过融入各个外部生态圈来打造自我生态

三是对各类接入机构共同参与治理保持开放的态度。鉴于接入平台的各类主体之间存在相互依赖的非对称性、技术配套的专用性、集体行动的"搭便车"行为以及技术学习能力的差异性,应试图围绕创新生态系统构建各相关利益方共同治理的开放治理架构,综合运用协商机制、声誉机制、信息披露机制及信任机制等,实现克服机会主义行为、提高共享意愿的治理目标。此外,为谨慎起见,平台建设初期宜持循序渐进的态度,稳健分步推进 API 产品或服务的开放进程。

四是对于金融机构而言,并非一定要选择独自建设平台,应对参与开放金融的形式本身保持开放态度。从目前国内外开放银行生态圈的构建情况来看,大体存在自建、投资、合作和联盟四种模式,四种模式各有利弊,需结合金融机构自身实际认真权衡,选择最佳的构建模式(见表 6-2)。

表 6-2 构建开放银行的四种模式

模式	具体形式	优势	劣势
自建模式	自建开放平台,业务场景、技术支持、流量入口等都由银行或子公司自行建设	保障产品或服务与业务场景的绝对融合,形成独特的竞争优势	投资风险高、投入大、周期长,需要较强的资本、技术和人才实力
投资模式	通过股权投资、兼并收购等方式,基于利益、风险共担的原则,实现与金融科技公司、互联网平台等的合作	解决内部人才不足与创新文化缺失的问题,加快推向市场的速度	权益估值、投后管理具有挑战性
合作模式	与金融科技公司等生态参与者合作,利用其开发的产品或服务,组建合作网络、购买流量/线索、合营企业或合创服务等	无须投入大量的时间和资源,执行快、风险低、灵活性强	需要选择靠谱、可和睦共处的伙伴,容易丧失品牌认知力和忠诚度
联盟模式	与其他银行、金融科技公司等组建联盟,联盟成员间进行数据交换、科技交流以及共同维护客户等深度合作	可共享资金、技术、人才等,在不影响自身业务的情况下降低投入成本	难以主导平台建设方向,与本行业务重点或难以融合

资料来源:亿欧智库:《2019 开放银行与金融科技发展研究报告》,2019。

四 开放金融的组织与架构

(一) 开放金融需要深层次的体制机制调整

随着开放金融的深入推进,金融机构的实际客户将发生重大转变,由终端消费者转为拥有业务场景的金融科技公司,这意味着传统金融机构的经营模式被迫转型。这里包括诸多方面,比如从重自建到重融入,即以更开放的态度深度融入外部场景、生态及新的分销渠道;从重获客到重转化,即围绕客户需求将精力转向生态中的客户深耕及价值挖掘;从单纯场景嵌入深度产品创新,即合作目的从单纯获取流量到以线上化和数字化模式改变业务逻辑,实现产品、服务及业务模式的深度创新,成为真正的"合作创新方"。为了完成上述转型,很重要的一点就是经营理念要从前端拓展转向包括组织架构在内的整个体系的转型,从而以"开放"驱动存量业务经营逻辑的转变,促使机构内部组织分工、资源配置、考核激励等全面重塑与调整。

尽管蓬勃发展的开放金融似乎为金融机构提供了无限的可能,但真正决定其能否有效利用这种新模式的关键并不仅仅是技术、场景和平台,还有深层次的体制机制。从目前来看,科技人才的匮乏、IT系统的落后等确实制约了金融科技在金融机构的落地应用,然而这些问题相比体制机制的僵化更容易解决。以银行为例,层层权限审批的科层管理体制、传统的部门银行与条线分割、注重规模的量化考核机制等,都严重制约了金融科技在银行经营管理中的全面应用,而这些与开放金融所蕴含的理念也十分不符。因此,API平台及产品竞争的背后,实际上是金融机构之间综合实力的全面比拼,需要在架构、流程、文化等方面进行有针对性的调整,强化部门之间的业务协作,全面提升获客、运营、风控、科技等能力,以增强开放性产品的适配性,使得金融机构可以更好地借助各类渠道高效输出。

（二）创新组织架构，夯实开放基础

组织形式的演化与信息科技的发展以及开放式平台商业模式有着密切的关系，由此形成的运行机制也与传统金融机构大相径庭。因此，金融机构只有在组织架构和运行机制方面与时俱进、不断创新，才能适应开放金融的要求。

第一，设立专门实体负责开放金融业务。开展开放金融业务通常需要设立独立的业务部门，在管理人员、财务资源、销售渠道等方面给予足够的自主性，并在一个通用的技术平台上开展开放金融业务组合，如花旗银行的开发者中心。对于金融机构来说，可考虑由旗下金融科技子公司来负责开放金融平台的开发运营，如 Fidor 银行的数字银行业务平台 Fidor OS 就是由其全资金融科技子公司 Fidor TecS 开发运营的，不仅能够自营纯线上数字银行业务，而且可以通过开放 API 的方式，向企业和其他中小金融机构输出支付、线上社区运营等业务能力。

第二，通过敏捷组织提升创新能力。可借鉴花旗、BBVA 等国际先进银行经验，构建更为完善的创新组织体系，通过建立联合创新实验室、孵化器、加速器及创新社区等载体，提供数据技术能力、项目孵化等支持。为使组织架构保持"轻型化"和富于"弹性"，应在实验室或孵化器中推进敏捷组织建设，以敏捷组织的形式来代替传统的"部门"。借助新兴科技的技术和理念，以项目为导向，以快速迭代的方式完善产品，加快创新的速度，拓展创新的深度和广度，并以此推动形成鼓励创新的决策机制。此外，需增强员工对开放金融的文化认同感，将传统的项目思维转变为产品思维、场景思维、生态思维。

第三，进一步推进组织架构扁平化。对业务流程进行细致的梳理和精简，并在此基础上进一步推进机构的扁平化改革，以促进企业内部信息沟通速度、反应能力以及经营效率的提升。扁平化是信息科技高度发达的产物，其实质是经营管理的垂直化和专业化，适度集权可以提高效率，但必须符合内控要求，以专业化为基础。其关键在于科学设计矩阵式管理方式的实现形式，明确垂直管理的范围、内容和形式，平衡好前、中、后台可能产生的矛盾,防止集权可能带来的组织僵化和公共资源部门化。

第四,创新激励约束机制。可考虑从人力资源管理入手推动商业银行真正实现从行政化、部门化、科层化向专业化、扁平化、流程化转型。一方面,应通过利益驱动,激发员工创业的热情,创新管理规则,科学设计工作流程,提升客户和员工体验。另一方面,可进一步强化专业技术序列在考核、薪资、晋升等方面的作用,以提升人事调整的灵活性。此外,为适应互联网生态和扁平化管理体系的要求,应建立数字化的管理和考核系统,学会用数字而不是感觉来进行管理,努力实现企业管理的数字化、标准化和精细化。

第五,提升风险控制能力。面对开放金融的各种潜在风险和挑战,需增强风险管理穿透力,强化风控合规。其中,尤其需要加强数据信息风险管理,密切关注数据立法进程,构建全面的客户数据控制框架,采取强有力的客户身份验证和数据安全策略,打消客户对个人信息泄露的顾虑。需建立充分的缓释和隔离机制,尤其应建立一整套事前授权、事中跟踪、事后补救的数据安全防控机制,确保数据交互可追溯,并制定紧急补救措施和追责制度。此外,应建立业务场景、系统应用、认证机制协同的多层安全防护体系,有效识别并阻止恶意攻击,控制 API 的版本权限,及时发现外部请求中的异常行为和可疑交易。

参考文献

巴曙松、白海峰:《金融科技的发展历程与核心技术应用场景探索》,《清华金融评论》2016 年第 11 期。

陈华、张乐天:《金融科技应用场景、监管面临的风险及其应对》,《科技与金融》2019 年第 6 期。

姜红德:《互联网 + 的本质:API 经济与生态圈》,《中国信息化》2015 年第 12 期。

叶梦琪:《金融科技在场景化服务中的应用研究》,《时代金融》2019 年第 25 期。

Eisenmann, T., Parker, G., Alstyne, M. V., "Opening Platforms: How, When, and

Why?", Harvard Business School Working Paper, 2008.

Munger, M., "Coase and the 'Sharing Economy'", In Veljanovski, C. (eds.), *Forever Contemporary: The Economics of Ronald Coase*, London: Institute for Economic Affairs, 2015.

Rochet, J. C., Tirole, J., "Two-sided Markets: An Overview", Paper for the IDEI-CEPR Comference on Two-sided Markets, Toulouse, Jan. 23 – 24, 2004.

Zachariadis, M., Ozcan, P., "The API Economy and Digital Transformation in Financial Services: The Case of Open Banking", SWIFT Institute Working Paper, No. 001, 2016.

第七章　我国开放金融的实践路径

孙中东　李　健　李润东　王　和　袁　田　朱太辉　等*

摘　要：开放银行是银行电子化、数字化发展的必然产物，面向社交网络开放以及面向生态场景开放是其发展的两大关键路径；开放银行体系产品模式利用移动互联和大数据等技术，在促进金融服务成本降低的同时，能够有效控制和降低风险，提升商业模式的可持续性。从长远来看，开放银行不仅是一项具体的技术或者业务解决方案，而且是科技时

---

* 本章共分六部分。第一部分"我国开放金融的演进历程"由孙中东撰写。孙中东，国家科学技术奖励工作办公室入库专家，中国人民银行科技发展奖评审专家，波士顿咨询公司全球资深顾问，国内开放银行的首倡者，多年来致力于金融行业数字化转型研究。第二部分"开放银行创新与展望"由李健、王丽娟、黄奕桦等撰写。李健，中国银行业协会研究部主任。王丽娟，中国银行业协会研究部副调研员。黄奕桦，中国银行业协会研究部主管。第三部分"开放证券创新与展望"由李润东撰写。李润东，北京大学物理学院学士，斯坦福大学物理学博士。光大金控资产管理有限公司资产管理部副总经理，国家金融与发展实验室博士后，光大集团特约研究员。主要研究方向为量化金融、新技术在证券和资产管理行业的应用等。第四部分"开放保险创新与展望"由王和、周运涛撰写。王和，博士，高级经济师、研究员。北京大学、清华大学等多所高校客座教授、博士生导师，享受国务院政府特殊津贴专家。中国人民财产保险股份有限公司原执行副总裁，中国保监会重大决策专家咨询委员会委员，国家减灾中心特聘专家，中国保险学会副秘书长，中国精算师协会副会长。周运涛，中国人民财产保险股份有限公司高级主管，保险区块链研究项目团队核心成员，金融科技50人论坛青年成员。主要研究方向为互联网保险、保险科技等。第五部分"开放信托创新与展望"由袁田、郝晨旭撰写。袁田，清华大学法学博士。中航信托股份有限公司首席研究员，中国信托业协会特约研究员。主要研究方向为信托金融及其商业实践。郝晨旭，北京理工大学硕士。中航信托股份有限公司研发与产品创新部研究员。主要研究方向为数字信托、服务信托、慈善信托等。第六部分"开放式的金融科技企业创新与展望"由朱太辉、马晓撰写。朱太辉，京东数字科技研究院研究总监。马晓，中央财经大学金融学院硕士研究生。

代背景下金融业战略转型的重要方向。银行或其他金融机构借助开放 API 这一边界资源，可以基于开放、连接、共赢的生态平台共享各自的核心功能，并向外部开发者提供可以与之交互操作的模块。本章将围绕开放金融的主线索，从银行、证券、保险、信托、金融科技企业的多维视角，系统梳理和考察开放金融在我国金融各领域的实践路径。

关键词： 数字化转型　开放银行　开放证券　开放保险　开放信托

一　我国开放金融的演进历程

（一）从银行业电子化到开放银行

银行业电子化大约始于 20 世纪 70 年代，随着二战后全球经济的快速增长，金融交易金额和笔数日益增加，原先的手工处理逐渐不堪重负，出错率较高，西方发达国家的银行业开始尝试引进计算机技术，替代一些手工操作，其划时代的发明即自动取款机。前台用计算机处理业务，后台有存储设备，内部由专用网络连接，并逐步建立了内部信息管理系统，这基本上构成了银行计算机系统的标准配置。进入 20 世纪 90 年代，互联网技术开始应用于银行业，不仅全国银行业实现了互联互通，而且很多标准化程度较高的业务逐渐实现了网络化、在线化办理。中国银行早在 1996 年就建立了自己的网站，向社会提供各类金融信息服务；1997 年在国内同业中率先成功完成第一笔网上支付，并首家提供 ATM 自助取款服务；1999 年推出了"网上银行服务系统"，提供"企业在线理财""支付网上行""银证快车"等面向企业、个人和金融机构客户的网上银行服务，随后各银行持续跟进，接入渠道有的是网银软件，有的是直接在网页上登录网银。随着手机功能的增强，2001 年之后，手机等移动终端开始接入互联网，出现了移动互联网，很快便有银行在移动互联网上推出网上银行服务,又称手机银行(但在智能手机成熟之前,以 WAP 等方式接入手机银行的体验不佳,未得到推广)。

综观银行业信息化发展历史,从网上银行、手机银行到时下流行的直销银行,无不体现银行互联网化发展中的印记。伴随着银行业业务种类的增加和网点的日益扩张,面向银行网点的客户群体不断增加,为使大量网点的标准业务实现线上化运行,传统的网上银行诞生了,随后随着移动终端的普及,大量原来使用网上银行的客户逐渐主动或被动地转向使用手机银行。主动是因为自身使用习惯的变化,被动则是因为银行围绕手机银行大范围推广的绩效考核体系促使银行网点向客户推送了大量的手机银行 App 下载建议,所以网上银行和手机银行的本质是存量客户的服务线上化以及服务渠道的不断迁移,为银行业网点分流了标准业务,提升了网点的产出效率,目前国内大部分银行已经具备了较完备的网上银行及手机银行服务体系。国内直销银行的兴起,方便了非本行客户购买本行的理财产品。直销银行对争夺异地、跨行的中等收入客群效果明显,所以受到异地分支机构发展限制的大量城市商业银行陆续推出了各自的直销银行服务。目前国内主流直销银行产品集中于储蓄和理财,理财产品以对接基金公司的货币基金或其他基金产品为主。国内直销银行其实是网上银行或手机银行无法满足零售客群便捷理财这一垂直场景的产物,受制于大而全的网上银行和手机银行发展思路,很多垂直领域的银行服务功能缺失或者体验欠佳。目前国内直销银行的发展,对外面临产品和服务同质化的问题,对内面临来自其他部门和条线的阻力,因为直销银行也在银行内部分流客户和存款等资源。而国外直销银行案例有很多值得借鉴的地方,如荷兰的 ING Direct 通过在当地提供高息储蓄账户打开市场,采取以线上为主的运营模式,为客户提供简洁的产品组合,在线下设立少量的品牌体验店,通过体验店内金融顾问与客户的实际交流沟通推广 ING Direct 的品牌。又如 mBank 是来自波兰的直销银行,重点关注 20~35 岁的年轻客群,以提升客户体验为目标推出了一系列在线快捷和创新服务,比如通过推出 24 小时在线视频客服、15 分钟在线快速发放个人无抵押贷款、经由 Facebook 账户转账等服务,将一流的"感官和视觉"体验作为成功的关键因素。银行发展阶段见图 7－1。

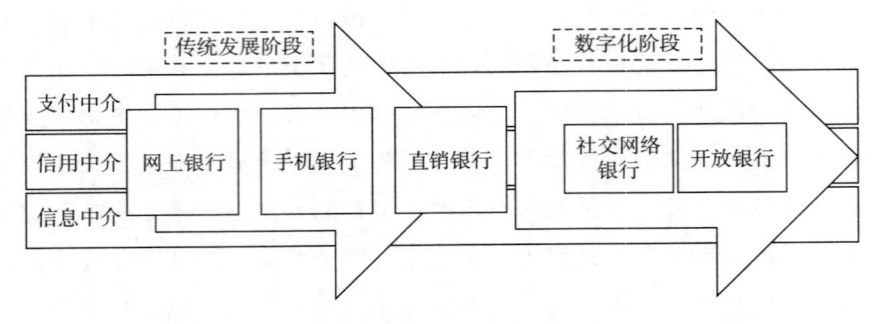

图 7－1　银行发展阶段

所以，网上银行、手机银行或直销银行模式都是银行业特定发展阶段的产物，数字化转型阶段的银行业，如何触达长尾客群、多元场景，更加高效便捷地对外提供金融服务？面向社交网络及各类场景和生态的开放银行体系是一大重要转型方向。

1. 将银行服务植入社交网络，成为社交网络的银行

当前移动互联网已经形成了一个群雄林立的格局，出现了以搜索、电商、社交网络为代表的大量超级应用，占据了移动互联网的主要流量入口，银行再造流量入口的可能性微乎其微，所以充分利用流量入口才是发展的趋势和方向。以社交网络为例，以 Facebook、微信、微博、QQ 为代表的社交应用聚集了大量的移动用户——主要是 80 后、90 后，这类群体的特点是：喜欢新鲜事物，喜欢社交分享，更喜欢"轻应用"而不喜欢需要频繁下载更新的"重应用"。移动互联网有一种技术能够很好地满足以上三个特点，那就是 HTML5（以下简称 H5）。在"非移动不金融"的年代，谁能利用这一巨大流量入口谁就能抢得先机。依托 H5 技术实现的移动银行服务直接植入社交朋友圈内，为用户提供"一键注册、永远在线、生生不息、幻影随行"服务，充分运用社交应用开放的用户体系，摒弃了传统银行应用烦琐的注册使用流程；实现了移动金融服务的永远在线、随时可用、触手可及；用户在社交朋友圈的

每一次分享都是一次银行服务的传播；依托 H5 的技术特性，逐渐从社交朋友圈推广到餐饮、游戏、旅游等垂直生态领域，其间通过 MGM 手段和用户成长体系不断进行营销和推广，依托好的产品和服务黏住客户，逐渐打造出社交网络化的银行。社交网络银行连接全景见图 7-2。

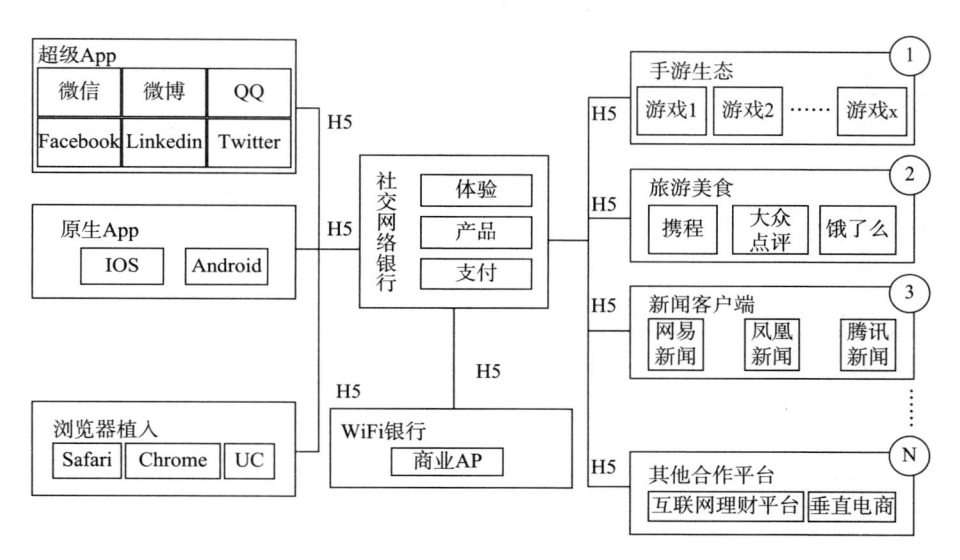

图 7-2 社交网络银行连接全景

2. 将银行服务向互联网生态场景开放，打造开放银行体系

银行通过社交网络银行的方式植入超级应用只是发展的第一阶段，主要承担了流量导入的工作，而只有实现更多的交互才能完成与生态圈的融合，打造面向生态的开放银行，服务于各种场景，其交互手段主要是开放平台。目前很多专业人士在讨论"互联网+"中的"+"是什么，以及怎么"+"的问题。我们认为"+"就是连接一切，走向开放共赢的工具，开放平台就是"+"，助力银行打造开放银行体系。开放平台起源于互联网公司，目的是将互联网平台的功能特性开放给第三方使用。国外以 Facebook 和 Amazon 为例，Facebook 通过开放自己的 API（应用程序编程接口）将拥有的海量社交用户档案和关系数据开放给第三方。在这些第三方中，有专门从事开放平台应用开发的公司或个

人,这些公司或个人有明确的商业目的,希望得到收入或其他商业回报;也有以兴趣为导向,在开放平台从事开发的个人,他们想要在应用传播及使用中获得成就感和一定的收入;还有一些是看重社交平台的用户资源,希望将应用与自身的传统业务结合起来的商家,开放平台是这些商家推广的渠道和获取用户的手段。Amazon 作为全球顶级的云计算服务提供商,其 CEO 贝索斯在公司内部要求"把数据和软件功能通过服务接口对外公开,所有的服务接口在设计时都必须具备一个能力,那就是允许日后让外界第三方开发者调用,没有任何例外"。国内以微信为例,微信通过开放平台将微信登录、分享和收藏、公众号、微信支付等功能开放给第三方使用。银行业已经在一个封闭体系内发展多年,封闭使发展空间越发受到局限,而只有开放才能不断发现蓝海。微信可以让很多电商的 App 使用微信支付,而银行则暂时无法便捷地让电商的 App 使用银行的支付,这是由开放平台能力缺失造成的。所以,民营银行未来基于产品、用户、账户、支付等银行能力的开放,将直接使银行融入生态圈内各种需要银行服务的垂直场景中,最终使 B 端和 C 端的客户随意调用、使用银行开放的金融服务能力。开放银行服务能力见图 7-3。

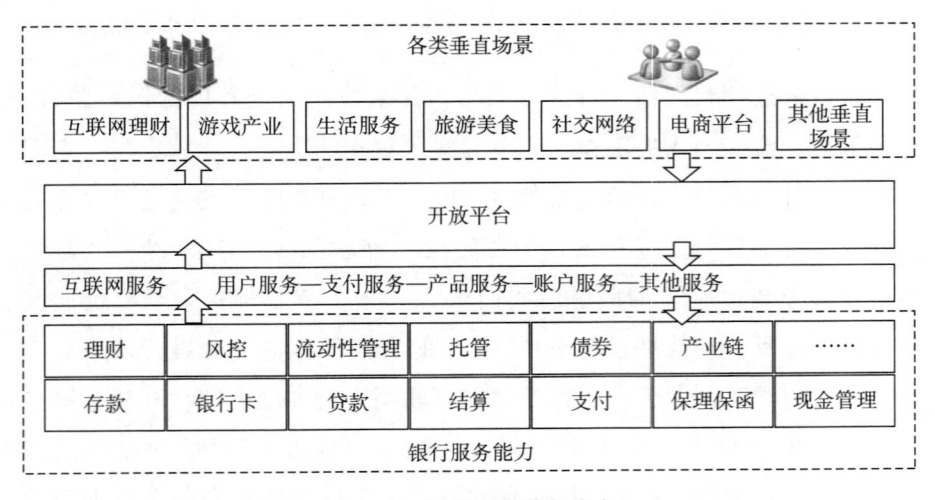

图 7-3 开放银行服务能力

（二）我国发展开放金融的内在基础

开放金融是解决普惠金融长期痛点的关键模式。例如，作为一种创新的银企合作模式，开放银行的本质是借助接口的聚合与流程的再造，将原本需要数十个接口交互的金融服务大大缩减至两三个服务入口，可以让原本复杂的金融业务逻辑完全集成在 API/SDK 内部，降低了企业与金融机构对接的复杂度，让企业尤其是小微企业，仅通过在线自助申请、自动审核审批即可完成注册签约和服务下载，再通过简单几行代码便可完成金融服务的植入，快速拥有全方位的金融服务能力。同时，可配合企业技术特点提供包括 IOS、Android、H5 等在内的多版本服务包，可依托云平台技术，借助引入的第三方技术服务商的资源，根据企业需要提供从简单的个性化 UI 界面到复杂的业务流程定制的差异化服务方案，有效降低企业接入门槛，减少企业开发成本，提升服务合作效率。

从金融机构的视角看，传统金融服务模式或者依靠线下渠道扩张，或者凭借自身打造平台，以保证信息的有效性，从而控制风险，这种模式往往需要较高的成本和长时间的投入，而且脱离了金融机构自身的优势，陷入投入产出不匹配、自建平台无流量、线下渠道同质化竞争严重等困局。而开放银行下的 API/SDK 服务模式是通过与合作企业基于场景进行业务流程的融合，将合作平台作为流量入口，降低了金融机构的获客成本，加快了抢占市场的速度。API/SDK 可最直接地触达和满足客户的真实金融诉求，有效跟踪企业资金的真实流向，掌握第一手信息资源，减少了中间环节所带来的信息丢失或数据篡改，保障了金融信息安全与客户资金安全。同时，金融机构可以更全面且立体地掌握客户分场景、多维度、强关联的金融行为数据，为后续绘制客户全景画像、进行客户 KYC 分析、实施客户精准营销奠定了基础，并可增强金融反欺诈能力，实时甄别和监测欺诈行为，设置动态黑白名单管理功能，完善大数据风控模型，营造安全可靠的风控沙箱环境，根据客户在当前场景下的真实金融需求，实时适配最优的金融产品，并提供无带出感的金融服务推介和引导。未来，当接入企业达到一定规模时，在场景覆盖形成生态效应后，金融机构还可积极发挥信息中介的作用，帮助企业实现企业间交易撮合、流量变现、营销增值等，最大化企业经济效益。

开放金融对于普惠金融的意义，是解决了商业可持续性的问题。商业可持续性关键是要解决金融机构服务普惠大众过程中存在的成本高和风险大两大难题，而当前技术创新的背景给我们带来了解决普惠难题的机会。开放银行体系的产品模式，利用移动互联和大数据等技术，既可以降低成本，又可以有效控制和降低风险，保障商业模式的可持续性。

一方面，探索如何降低客户门槛，降低交易成本。我们知道，传统金融服务模式主要依靠"客户找上门"来提供金融服务，即使在互联网时代，移动金融让交互方式更加便利快捷，其服务模式也还是延续以往让客户来找金融机构的"傲娇"姿态。随着各种机构网点、金融App、直销银行等形式的不断涌现，传统普惠金融的统计指数强调的还是网点覆盖率、渠道覆盖率、账户覆盖率等。而实际上，移动互联技术给人们带来的是更加碎片化、分散化、场景化的生产生活方式，传统金融服务的触达方式已经无法满足人们日益移动化的金融需求，传统普惠金融的统计口径也难以反映客户真实的金融需求的满足程度。通过创新技术，从客户维度探寻全方位、人性化的金融服务模式才是真正意义上的普惠金融。开放银行API/SDK的模式即通过植入社会真实的生产生活场景中，以"机构找客户""机构找场景"的服务理念，通过开放金融服务、降低金融服务门槛、提升金融服务效率、扩大金融服务覆盖面、深入金融服务场景的方式，放下金融高姿态，只做金融本该做的事情，而将社会生产与生活服务的任务交给实体企业去做，实体企业在触网的过程中，所需的金融服务资源和专业化能力交给金融机构来完成，通过共建生态、互利互惠发展，在真正意义上实现普惠大众的目标。

另一方面，寻求如何建立良性的风险防控机制，以及提升贷款投向有效性的方法。从普惠大众的行为特征分析，其需要的贷款往往是金额小、频次高、地域分散、无抵押的纯信用贷款，这类贷款产品运营成本高、风险大。传统金融机构特别是政策性银行，主要依靠低息贷款补贴的方式来完成国家对普惠金融的要求，此方式不仅难以解决企业维持长期经营的问题，而且会造成金融机构无效投入所带来的巨大成本负担，该方式往往难以持续。在互联网金融的热潮下，涌现了一大批以普惠金融为服务口号，为小微企业、低收入农民等群体提供金融服务的机构，暂且不论其提供金融服务的合规性、专业能力、风控水平以及运营安全程度如何，仅就其巨大的资金成本压力来说，也不得不通过高定价来维持发展和实现盈利。同时，非持牌机构非法集资、平台跑路、高息贷款等现象层出不穷，这样既预示着风险，实际上也并未达到国家发展普惠金融的目的。因此，通过合法合规的持牌金融机构，探索可持续发展的商业模式，真正惠及民生，是未来国家发展普惠金融的重要选择。

（三）开放银行能力建设三部曲

1. 依托自身数字化能力建设实现自我赋能

银行数字化能力建设的基础是什么？其基础在于有一个适合银行自身的前瞻性架构规划，通过该架构规划回答数字化银行目标蓝图（Citymap）和数字化银行发展路径图（Roadmap）的问题。在目标蓝图中应充分结合"渠道—客户—产品—财务—管理信息"价值链打造银行基础服务能力，支撑各类基础业务发展；充分结合线上化、数字化能力的要求打造面向互联网的经营能力，实现高效、安全、体验极致的银行数字化服务。在发展路径图中应明确数字化能力建设的先后顺序、轻重缓急，要逐层推进，分阶段解决银行数字化发展过程中的瓶颈问题。通过目标蓝图和发展路径图在全行层面凝聚战略共识，适配数字化银行发展所需的组织形态和机制保障，培养数字化银行所需的复合型人才。

银行数字化能力建设的内容是什么？从数字化银行的基础服务能力来看，银行必须具备七项基础服务能力，即通过统一的客户及账户管理能力，实现客户信息管理及客户服务承载；通过集中的总账管理能力，做到全行一本账，实现全行财务会计精确归集及分析；通过公司及零售客户的产品研发与服务能力，实现迅速捕获市场客户需求并完成产品及服务推送；通过银行高效的交易能力，保障银行客户随时、随地、随意完成交易服务；通过对多渠道的整合能力，实现银行柜面、电话银行、手机银行等新兴移动渠道服务及体验的一致性；通过精准的客户关系管理及分析能力，实现真正以客户为中心，提供贴身拟合的金融服务；通过全面的风险管理能力，实现银行风险收益最大化。

从数字化银行面向互联网端的服务能力来看，银行必须从客户服务、业务支撑、基础设施三个维度加强数字化能力建设。从客户服务维度来看，一是基于自建、合作、植入场景模式，提供银行服务和产品的能力；二是为线上产业链不同客户提供定制化、综合化金融服务的能力；三是迅速响应和满足个人及小微企业民生类、个性化需求的能力；四是提供非金融、增值的服务吸引客户，避免同质化竞争的能力；五是全方位融入社交化网络、了解最新需求、与客户互动的服务能力；六是提供互联网客户统一视图、统一成长体系和服务、一致体验的能力；七是与中小银行、金融同业在互联网端合作共赢的能力；八是基于移动技术，创新银行产品、渠道和对客服务模式的能力。从业务支撑维度来看，一是互联网模式下对公对私一体化、跨行跨境一体化的支付能力；二是快速有效地将现有银行系统交易封装、互联网模式化的能力；三是以开放合作的方式支持内外部机构共同创新业务和产品的能力；四是为各领域提供深入、快捷、有效的大数据分析和支持的能力。从基础设施维度来看，一是以共享云化的方式，将特色、非金融服务推向客户的能力；二是有效隔绝互联网安全风险、提供严密的安全防护体系的能力。

在数字化银行基础能力以及面向互联网端能力建设的过程中，必须充分运用移动互联、大数据、云计算、区块链、人工智能等新兴技术体系，使之不断沉淀和固化到银行的管理体系、业务流程及系统平台中，真正实现银行由表及里的数字化能力提升及自我赋能。

2. 依托开放金融能力建设实现合作赋能

数字经济各环节中银行服务的缺位，阻碍了数字普惠金融的发展。传统线下网点经营模式无法快速响应市场需求，也与数字经济背景下各类产业客户往线上迁移的趋势背道而驰，银行传统的风控模式在数字化经济领域因信息不对称而完全失效，即使商业银行不断通过打造手机银行、直销银行来推广数字化服务，也往往局限于银行本身封闭的服务体系，使银行服务与客户栖息的场景脱节，最终陷入各家银行线上产品和服务同质化竞争的怪圈。所以，通过数字化银行对接服务数字经济背景下的各类业态成为一种必然选择。

通过开放金融能力构建全新的同业合作模式。一方面，随着金融去杠杆、资管新规等一系列监管办法的出台，银行业的同业业务收缩明显；另一方面，随着数字经济的发展，移动互联时代基于线上场景的消费金融得到蓬勃发展，数字化银行在依托开放金融能力逐渐连接场景、服务场景的同时，也暴露出单一银行因资本金等因素限制而无法单独服务于巨大的线上消费金融市场的问题。应继续提升开放金融能力，助力同业机构连接场景，共同服务场景客户，为资金端和资产端搭建一座数字化的桥梁，开辟一片崭新的同业合作市场，使数字化银行赋能同业机构，共同服务线上场景，共同推动数字普惠金融发展。

3. 启迪行业共建生态实现生态赋能

数字经济发展的必然结果是产业数字化，从移动互联的发展现状来看，社交网络、电子商务、交通旅游、娱乐影音、餐饮住宿等产业已经高度依赖互联网进行服务推广，人们的"衣食住行游购娱"已经无法脱离数字化发展的产业形态。从生态的角度来看，数字经济背景下的生态参与者（包括金融机构、核心企业、上下游企业、C端客户）都会通过深度触网来顺应产业数字化发展的趋势。

金融机构、核心企业、上下游企业、C端客户在移动互联、物联网等技术的支撑下已经可以构建完全互联互通的网络，随着生态参与者数量的不断增加，生态网络的价值也将呈指数级提升，数字化银行在运用开放金融的技术向核心企业、上下游企业、C端客户提供标准化金融服务的同时，也会不断撮合其他金融机构与核心企业、上下游企业、C端客户进行交易，数字化银行也将助力核心企业进行自有生态系统的构建，包括通过开放平台引入外部人才、进行产品和业务模式设计、通过开放式的实验室进行小样试验和迭代优化等，整个过程中核心企业将会在数字化银行的推动下不断丰富和壮大产业链条的结构及规模，上下游企业会随着核心企业及数字化银行的赋能而不断成长，C端客户也会逐渐从生态的消费者变成能力和价值的提供者。

生态赋能强调生态参与方共建生态，数字化银行在为其他生态参与者赋能的同时，其他生态参与者（如核心企业）可以进行自有生态的构建，并且可以接入数字化银行构建的大生态内，在从大生态中获取资源的同时，也向大生态贡献资源和能力，最终的结果是产业和金融的深度结合，并不断拓展普惠金融服务的深度和广度。

二 开放银行创新与展望

开放银行作为银行与外部互联互动的"连接器"和"放大器"，通过丰富渠道和扩充场景，能够有效提升金融服务的质量和效率，拓展金融服务的广度和深度，对构建多层次、广覆盖、有差异的银行供给体系具有重要意义。与证券业、保险业、信托业相比，银行业在开放银行模式的探索和建设方面走在前面。当前，与以数据开放为主的欧美国家不同，我国银行业目前以技术开放和业务开放模式为主。中国银行业协会的调研结果显示，多数已实施或正在实施开放银行模式的银行现阶段开放API对应的金融产品在20个以下，其业务主要集中在网络移动支付以及消费贷场景中。作为开放银行模式的变现方式之一，银行向第三方开放API主要是为了获取其线上流量用户，虽然银行产品的用户流量有所增加，但互联网用户转化为银行客户的比例仍不理想，多数在20%以下，这是开放银行今后努力的方向。当然，目前银行面临的困难和顾虑也是客观存在的，短期投入过大、变现不确定或机会成本较大是银行的主要顾虑。同时，银行普遍认为欺诈风险、法律合规风险、数据泄露风险和科技安全风险是开放银行面临的比较大的困难和挑战。展望未来，在国家政策的引导及客户需求的刺激下，我国开放银行的发展前景总体仍比较乐观。

(一) 开放银行有助于深化银行业供给侧结构性改革

推进银行业供给侧结构性改革，主线在于以市场和用户需求为导向，构建多层次、广覆盖、有差异的银行体系，着眼点在于优化金融结构、提升金融资源配置效率以及增加高质量、有效率的金融供给，落脚点在于扩大金融覆盖面、强化金融产品和服务精准定位、降低获客和活客成本、提升用户体验和黏性等方面。开放银行作为万物互联时代银行与外部互联互动的"连接器"和"放大器"，有助于织密银行服务的渠道、扩大触达用户的场景，增加金融产品的边际收益，对促进实体经济和银行自身高质量发展具有重要意义。

1. 优化金融供给体系

在我国金融业对外开放步伐不断加快的大背景下，开放银行模式有望从非金融机构间、银行间、非银行金融机构间三个层面延伸金融服务边界，优化我国金融供给结构。

（1）促进金融供给方向非金融机构延伸

在开放银行模式下，参与者除了银行和客户外，还包括计算机硬件/数据库服务商、金融云服务商、IT软件及解决方案提供商等技术机构，以及富有场景优势的电子商务平台和实体企业。通过API、SDK等技术支撑，非金融机构也参与到金融服务的链条中，有效拓展了金融服务半径。

（2）丰富银行金融供给体系

传统的银行竞争模式使得具有资本、技术、人力优势的大型银行占据绝对主导地位，也使得大型银行成为金融服务市场的垄断方。在新兴科技的不断渗透下，各种类型的银行依托金融科技不断优化自身服务能力，逐渐形成了差异化竞争格局。尤其是在开放技术愈加成熟的背景下，中小型商业银行以及新兴互联网银行能够通过科技公司的赋能接入上层生态，弥补自身在流量、资本、技术等方面的短板，曲线进入广大的金融服务市场，使得银行类金融供给主体得到丰富。

2. 提升服务实体经济的能力

服务实体经济高质量发展是金融供给侧结构性改革的出发点和银行业高质量发展的落脚点。依托开放银行平台，银行配置资源能够物尽其用，重点扶持实体经济的薄弱环节和关键领域。

（1）助力精准开展普惠金融服务

如何兼顾覆盖性、可得性和优惠性是现阶段发展普惠金融的难题。英国的一项研究显示，全国近500家中小企业认为当前银行提供的金融服务难以满足其需求，包括英国创新基金会NESTA、巴克莱银行的Pingit和Buyit方案都希望借助开放银行破解中小企业的难题。当前，我国2000万家小微企业、5000万户个体商户每年的资金缺口达到3万亿元。[①] 开放银行的发展将为我国普惠金融高质量发展提供有力支撑。

首先，开放银行通过场景化链接能够有效触达长尾客户。在传统金融服务模式下，征信数据的缺乏给银行带来了难以准确识别长尾客户的风险。而开放银行让银行不再单纯依赖征信数据筛选客户，还通过各类场景化平台丰富的数据交换与共享（如基本信息、账户信息、交易信息、资金信息等数据），高效认知客户，从而快速锁定目标长尾客户，精准开展普惠金融服务。其次，开放银行通过打通与目标客户相关联的信息隔阂，高效分析其上下游合作数据、社会服务数据（如水、电、煤气）、社会管理数据（如税费、社保）、第三方征信等信息，从而为目标客户完成精准画像，有效评估客户风险状况，进而科学确定金融服务价格，解决普惠金融风险定价难题。最后，开放银行通过降低服务成本可以促进普惠金融业务实现商业模式可持续。普惠金融的传统服务痛点在于小额高频业务维护成本高，银行成本收益不匹配。而开放银行模式下银行不再需要围绕单一长尾客户进行开发、维护，而是通过平台模式批量引流客户，进行集约化的场景服务，这样可以有效分摊银行的获客成本，并实现规模化收益，从而使得普惠金融服务可持续。

[①] 顾雷：《普惠金融呼唤5G时代到来》，财新·博客，2019年9月4日。

（2）满足新金融业态需求

开放银行能够有效满足实体经济新旧动能转化过程中的新金融需求。一是通过选择开放平台合作方，可将金融资源向战略性新兴产业、现代服务业、大健康产业等优势产业倾斜，并优先配对生产技术先进、具有规模优势的龙头企业。二是拓展投资银行服务能力，创新金融产品。通过开放平台的链接，银行将实时、高效识别企业的个性化需求，从而有针对性地为产业整合升级产生的大量并购、重组等方面的投资银行服务需求提供金融服务。三是以供应链生态圈为基础的开放平台场景金融可以打通B2B2C价值链，为上下游企业以及个人客户提供一揽子金融服务，服务产业整体优化升级。如兴业银行的"兴车融"开放平台是产业开放金融的典型代表。

（3）助力中国企业"走出去"

银行通过开放平台对接"一带一路"等国际化建设场景，及时深入了解并满足企业在跨境结算、跨境贸易和跨境投融资等方面的金融诉求，向其开放并购贷款、过桥贷款、知识产权质押贷款、多币种中长期组合贷款、投资风险与收益分析等金融模块，助力"中国制造"向"中国智造"的跨越。

（二）银行实施开放银行的主要驱动因素

用户的多元化需求、激烈的同质化市场竞争、外部科技的冲击以及监管层的态度等是银行实施开放银行战略的主要驱动因素。中国银行业协会对30家已实施开放银行战略的银行进行的调查显示，所有的调查对象都将用户多元化需求排在首位，其次是科技赋能，最后是同业竞争和监管环境。

1. 用户多元化需求推动

第四次工业革命带来的数字化、智能化、移动化等理念逐步深入人心，对金融产品和服务的认知、态度、习惯发生了较大变化，用户希望银行能够提供无时、无界、无感的服务，对银行即服务（BaaS）的需求越来越强烈。中国银行业协会数据显示，2018年中国银行业离柜率已经达到88%，零售用户电子化渗透率不断提高。同时，约3.7亿1995年以后出生的"Z时代"新兴用户①群体逐渐成长，其具有亲科技、重体验、自主决策能力强、金融消费潜力大的特点，对商业银行的金融服务产生了一些新的诉求。

用户对商业银行的服务期望发生了如下变化。在金融产品方面，用户从被动接受标准化、零散式、推销式的产品，转变为更需要个性化、一揽子、探索型的金融产品。在金融服务方面，用户对高效、便捷、安全、场景式的服务需求快速增长。由银行用户体验联合实验室②发布的《2018银行业用户体验大调研报告》显示，银行多入口、同质化的渠道服务模式并不能提升用户的亲和力，反而易导致用户认知混乱，降低使用频率，"一站式"、多功能的整合型渠道更易获得用户青睐。

用户需求的转变倒逼银行迅速转型。一是从产品端拆分、优化、升级传统的产品体系，并及时创新金融产品，在深入了解、分析用户的基础上，主动匹配用户个性化、场景化的产品需求。二是在服务端加快渠道整合、融合场景服务、优化服务流程、提升操作体验。因此，开放银行因其"产品模块随需调用、深度场景融入式"的特性而成为银行转型的重要抓手。

2. 成熟技术拉动

大数据、云计算、5G及物联网、机器学习和区块链等新兴技术为银行建设开放银行提供了不可或缺的底层技术。中国银行业协会调查显示，国内已实施开放银行的银行普遍认为大数据和云计算是助力开放银行发展最重要的新技术，银行可以在新型科技系统支撑的基础上，依托API、SDK和H5等成熟连接方式更好更快地实现开放。在基础设

---

① 泛指1995年以后出生的人群，人口规模约为3.7亿人，约占我国总人口的27%。资料来源：亿欧网。
② 银行用户体验联合实验室由微众银行和腾讯CDC（用户研究与体验设计部）共同发起成立。

施领域，商业银行搭建起云计算平台、大数据平台、人工智能平台等，底层科技能力得到夯实。同时，在 IT 系统架构层面，推动由集中式向分布式转型，以更好地应对互联网场景下特有的交易量并发和快速响应要求。此外，搭建多重智能安全控制系统，能够真实评价客户，智能识别业务过程中的潜在风险，进行科学、高效、实时、动态的风险管理。

3. 市场竞争驱动

银行面临来自行业内外的激烈竞争。从行业内部情况来看，领先的商业银行通过加大金融科技投入来提高业务效率、形成差异化服务、提升用户体验，带动新一轮金融科技投入浪潮。从外部环境来看，金融科技公司、互联网企业依托庞大的用户体量、丰富的数据沉淀、深入的场景服务、成熟的科技能力、敏捷的市场反应，对商业银行构成强烈的冲击。在激烈的市场竞争下，商业银行唯有更快地推出新产品、培养新合作伙伴、构建自有生态，才能在竞争中脱颖而出。因此，搭建平台、对外开放、连接商业生态成为商业银行的重要选择。

4. 监管环境导向

虽然我国未能像欧美国家那样颁布一系列个人数据保护、技术标准规范等方面的法律法规，但监管部门对银行实施开放银行业务持审慎包容的态度，制度建设正在稳步推进。原银监会发布的《中国银行业信息科技"十三五"发展规划监管指导意见（征求意见稿）》以及中国人民银行出台的《金融科技（FinTech）发展规划（2019~2021 年）》（以下简称《规划》）均对金融开放、跨界合作提出了具体要求。特别是《规划》中明确鼓励"借助应用程序编程接口（API）、软件开发工具包（SDK）等手段深化跨界合作，在依法合规前提下将金融业务整合解构和模块封装，支持合作方在不同应用场景中自行组合与应用，借助各行业优质渠道资源打造新型商业范式，实现资源最大化利用，构建开放、合作、共赢的金融服务生态体系"。虽然没有直接提及开放银行，但支持利用开放银行的技术手段和业务逻辑来提升经营效率。

(三) 开放银行建设重点和场景化应用

1. 开放银行建设重点

开放银行建设是一项复杂的系统工程,需要在对银行业务与产品深入理解并重新组合的基础上,从技术、业务、数据资源和场景生态等方面协同构建应对市场需求的复杂管理和敏捷开发体系,以便形成灵活多样的商业模式。因此,开放银行建设工作重点需要涵盖以下几个方面。

(1) 在技术层面打造银行开放平台的技术体系

一是打造一个"银行即服务"(BaaS)的平台。客户在场景生态享受具体服务时,银行更多的是"退居后方"提供无感化的金融服务。技术平台应按照不同的参与方及其所需的业务功能和关键业务流程,构建开发者中心(知识库及技术文档、测试环境、开发者论坛等)、开放银行网关(接口管理平台、各类开放接口资源)和管理中心(应用注册、资源申请、业务审批、SDK 管理等),为各类场景、不同客户、多渠道应用提供嵌入场景的功能化产品,并进行全生命周期管理。场景建设者能够快速连接银行,获取数据和服务,开发创新应用。

二是挖掘金融科技对业务创新的价值。大数据、人工智能、云计算、区块链等技术手段不仅能够强化开放银行前、中、后台的技术服务能力和安全管理能力,而且能够优化金融服务的生产力和生产关系,为商业模式创新奠定扎实的基础。

(2) 在业务层面建立与第三方合作的全流程解决方案

一是开放银行的业务体系要为合作方提供完整的服务功能。建立一整套包括注册、接入、运营、维护的全流程解决方案,通过接入审核、技术开发、测试投产等流程,"一站式"地为接入用户提供标准化、无差异的金融服务或在金融服务中加入第三方系统的功能。业务体系以审批工作流程、接入管理、开放接口和 SDK 开发、后期运营为主线,同时具备多级授权、运营监测、流量控制、管理员操作流水查询等辅助功能。

二是提升对合作业务与产品的可管理能力。增强面向合作方系统的风险监控与管理能力，拥有包括第三方系统的接入流程可追溯、开发平台可学习、流量接入可控制、开发经验可共享、运营过程可监控、业务数据可统计等在内的典型性能。

(3) 在数据层面建立合作标准实现安全的资源共享

开放银行需要解决数据开放的技术问题，通过建立并开放公共 API 端口，允许场景建设方、第三方金融机构等在获取金融消费者授权的情况下通过 API 端口对银行的消费者金融数据进行访问。银行与场景建设方或第三方金融机构通过开放 API 端口实现彼此的数据共享，并且能够利用银行的数据资产，结合第三方数据，充分挖掘银行金融数据所蕴藏的巨大经济价值。

(4) 在场景层面打造丰富的生态实现开放银行输出

商业银行要以用户价值为导向，通过纵向产业链整合、横向场景圈扩展的商业模式，打造共生共赢的新型链圈式金融生态。同时，银行要以场景生态为依托，落实银行与合作伙伴间的资源共享和优势互补，并且为场景价值链上的各类客户提供综合化金融服务和产品，满足个人客户的"衣食住行医"，以及企业客户的生产经营需求。在营销方式上要充分发挥 C 端客户与 B 端、G 端客户互相带动的联动效应和双边效应。

2. 开放银行的场景化推广

(1) 面向 B 端的场景化推广

银行依托开放银行建设形成标准化的接口以及统一对接流程与模式，针对 B 端客户逐步搭建起统一服务平台，并以此提升场景外拓所必备的项目快速实施、产品快速组装与业务持续创新的能力。一方面，围绕产业场景需求，构建差异化的场景子平台与细分领域的金融解决方案，满足 B 端企业的个性化需求，增强客户黏性；另一方面，逐步构建互联互通的行业生态，共享渠道、客群、数据，实现共同获客，形成交易规模倍增效应。

一是满足共性基础金融需求场景。针对具有共性需求的业务场景，如支付结算、账户服务、现金及财富管理、供应链金融等进行数字化改造，形成标准的系统级接口，打造业务层的快速组装能力，形成契合场景需求的金融服务解决方案，并支持以直联、开放 API、SDK、H5 等方式深度对接企业及开发者的信息化系统，使企业快速获取流畅、融合的金融服务体验。例如，以支付结算及账户管理能力为依托，整合 B 端、C 端支付能力，实现便捷的教育缴费、医疗缴费、园区缴费、智慧食堂就餐等缴费方案，并以此为核心扩展账户管理服务与对账服务，切实解决企业痛点，形成银行在场景金融下的核心竞争力。

二是从传统的单一产品输出模式、割裂的服务团队，向统一的服务方案和服务体验转变。通过提供体验一致的对接窗口和服务流程，支持 B 端企业和行业合作伙伴自主了解银行的产品及服务方案、在线获得试用体验、获取开发文档、使用测试资源，统一的服务平台能够支持分支机构以小团队形式形成快速行动能力，大幅提升场景营销与项目实施效率。

三是拓展场景子平台建设，打造垂直行业的专业化队伍和服务能力。场景子平台的建设一方面能够加强与企业的深度合作，实现共同运营；另一方面可以持续积累银行在该领域的行业经验，挖掘细分领域的业务机会，提升专业化服务能力。包括党建平台、住房租赁平台、教育平台、停车平台、电商平台、智慧医疗平台、园区平台等在内，金融机构在场景子平台的自建与生态合作方面已有诸多探索，传统金融机构的总分行分支机构与行业合作伙伴可形成协同推广模式，综合双方的客群优势和获客能力，共同推广行业解决方案。

（2）面向 C 端的场景化推广

目前在 C 端应用场景方面，主要有服务外嵌和自建平台两种推广模式。

服务外嵌是指银行在第三方场景中提供服务，在这一模式下，银行主要对外开放支付接口和账户接口。支付接口的开放主要运用于公交出行、物流、电商平台等。账户接口则以钱包类合作为主，通过输出银行

线上 Ⅱ、Ⅲ 类银行账户部分功能，为合作方平台提供账户支持和金融服务。例如，招商银行与华为钱包合作，依托成熟的 Ⅱ、Ⅲ 类银行账户功能，聚焦用户在线上线下全场景的使用体验，通过华为钱包实现了零钱账户的开通和使用。华为钱包的支付场景不仅覆盖了 100 多家线上商户，而且覆盖了线下 1000 多万户商户和 1600 多万台闪付 POS 终端，并支持 10 多个城市的地铁使用手机闪付过闸以及 600 多个地区的公交使用银联二维码乘车。又如，富国银行在美国开放了数据信息和支付两大类 API 服务，在欧洲开放了账户交易信息和支付两大类 API 服务，从而使得客户不仅可以从其他金融服务商那里无缝访问自己的富国银行账户，而且可以根据不同的服务要求开立新账户。再如，浦发银行 API 无界开放银行与中国银联、京东数科、携程、万科等 80 多家合作方展开对接，在 20 多个场景服务 C 端客户。

自建平台是指银行将不同的商业生态嫁接至自建平台上，间接为客户提供各类金融服务的经营模式。目前主要包含出行、金融、商超等生态场景，用于提供身份认证、支付等金融功能。如招商银行自建的 App 8.0 版本中通过开放生态平台主动连接外部合作伙伴，引入内容、生活等非金融服务场景，支持非招商银行卡用户注册手机号、绑定多家银行卡，打通连接第三方账户体系，支持微信和 Apple ID 登录，形成开放的用户体系。同时，构建 App 微信小程序引入更多场景，为用户提供更丰富的服务。招商银行 App 小程序先后引入了包括顺丰速递、高德打车、沃尔玛在内的 130 余家合作机构，涵盖出行、政务、民生、商超等生活服务场景，用户可以体验涵盖衣食住行等多元生活领域的产品与服务。

（四）银行实施开放银行的主要模式

1. 自建模式

对于风险承受能力强、业务基础牢靠、技术积淀丰厚、人才资源充沛、志在成为业界领先者或扩大行业影响力的大型银行来说，普遍会选择自建模式。

选择自建模式的银行不仅能够凭借自己的能力将开放银行平台打造成为 API 提供方,而且有能力构建一系列商业生态,形成开放式网络平台。服务对象除了掌握流量平台的互联网公司外,还包括中小企业、研究机构、政府机关以及广泛的个人开发者。这一模式构成了一个利用银行 API 共享创新价值并能够自我循环发展的生态系统,从而形成技术、人才、客户及数据资源的持续性、多维度积累,构筑强大的竞争力。

例如,BBVA、Barclays、Capital One、HSBC 等自身 IT 实力强大、希望在开放银行领域形成先发优势的银行都自建开放银行平台和应用生态。在场景化的推广阶段,精选了少数适用性广、性能成熟的银行功能制作 API 接口,采用科学的营销策略积极对接主流应用场景,覆盖关键的银行服务场景。在平台化的整合阶段,将重心回归到自身 API 平台的建设上,打造优势产品。通过构建稳定、易用、安全的交互平台,形成自主可控的输出输入环境,同时也为进一步扩展服务群体做好准备。

2. 投资模式

对于亟待进行数字化转型、希望快速建设开放银行、资金充足且不愿承担过多开发风险的银行而言,投资模式是较好的选择。Gartner 在 2017 年对全球 77 位银行业、保险业高管进行的一次调研结果显示,设立风险投资基金被认为是最成功的数字化业务战略。

投资并购的目标一般选择已经具有开放银行平台或者在不久的将来即可搭建开放银行平台的金融科技公司,将兼并、收购、设立风险投资基金、成立合资企业等方式作为体外战略拓展的途径,作为投资方的银行不再需要费时费力地承担自建失败的风险。被投资公司的"先行者"经验可以帮助投资方降低失败的风险,也可以为投资方注入在开放银行领域具备丰富开发经验的新型人才。

例如,Silicon Valley Bank 在 2015 年收购了 Standard Treasury,这是一家专注于做银行 API 的初创公司,双方共同搭建了一个基于 API 的银行平台,实现了技术与市场资源的对接,快速将开放银行产品推向市场，抢占市场份额。

3. 合作模式

对于风险容忍度低、试错成本高、侧重于短期内增加营收或者只是在开放银行领域试水的银行，可以选择合作模式。

相较于自建模式和投资模式的高度开放，合作模式是在较小的风险范围内进行一定程度的"开放"，而且不必像自建模式和投资模式那样去搭建完整的平台，也不需要打造商业生态，只需要将针对性较强的业务，如支付功能、某领域的贷款功能进行输出。合作模式成功的关键在于招募到合适的商业伙伴，将合作伙伴的场景需求与业务功能相匹配。一些高流量互联网平台，用户的支付需求巨大、支付行为高频，在这类网站中嵌入支付API较为合适。

例如，荷兰合作银行（Rabobank）牵头组建了以Rabobank总行、106家地方银行以及世界各地的合作银行、研究机构和非政府组织组成的联盟，在建立用户数据与业务规范的基础上，通过联盟成员构建一个服务于农业的生态圈，为客户提供技术领先的"全球农场"在线服务平台，在推动不同机构和组织间交流的同时，构建互惠互利的金融业务生态，挖掘商业模式，提升自身价值。

4. 参与模式

风险承受能力低、相关人才和技术匮乏、资金较为紧张的银行不具备IT基础去构建一个开放银行，而且商业生态的合作伙伴也缺乏与此类银行直接合作的意愿。对于偏远地区的城商行、村镇银行而言，通过参与模式实现间接合作是较为正确的策略。

在这种模式下，银行并不需要建立属于自己的"银行即平台"和商业生态系统，而是以自身的特色化服务和代表性客户资源主动参与到其他更有实力的大型银行或者科技先锋构建的商业生态系统中。在采取参与模式之前，银行应考虑内外两个方面的因素。从内部来看，需要梳理目前已有的金融产品和服务，厘清哪些产品和服务适合通过API接口对接外部商业生态系统。从外部来看，需要分析并筛选适合自己的商业生态，寻求与自身产品及服务相匹配的场景，从而达到获客引流和盈利的目的。

（五）银行业实施开放银行的展望

虽然最早布局实施开放银行的英国的进展不尽如人意，爱尔兰银行等5家银行未能如期完成移动端API的开放目标，一些银行在实践中未能达到既定的服务水平，但展望中国开放银行的发展前景，总体仍是比较乐观的。首先，在监管态度层面，目前国家正在北京开展金融科技创新监管试点，与开放银行相关的一些技术试点范围或将进一步扩大。其次，在政策法规层面，随着国家对数据资源的重视，后期一系列信息安全和隐私保护法律法规等监管制度将陆续出台，在规范开放银行发展的同时将为开放银行未来的发展指明方向，开放银行业务模式或将朝着数据共享开放的方向演进。最后，在组织架构层面，客户多元化需求和金融科技赋能将加快打破传统条块化管理的限制，向更加扁平化的管理模式发展，形成敏捷、开放的互联网式的组织架构。

与此同时，开放银行因连接更多外部主体而面临潜在风险增大的情况，需要认真关注。一是数据风险。开放银行涉及数据的提供、共享、再利用，在任何传输节点若存在数据保护缺陷或被恶意篡改、泄露，将使得客户隐私、银行经营安全完全暴露。二是网络安全风险。开放银行的敞口变多、管控链条延长，易出现网络安全漏洞，若安全漏洞被恶意利用，将导致服务器被入侵等不良后果。三是业务风险。外部合作机构获得API接口或SDK使用权后，若出现超授权使用、非法外用等情况，易导致商业银行业务系统服务不可用、业务连续性中断等风险。四是盈利风险。目前开放银行在前期的开发、上线、营销过程中已形成了大量的沉没成本，但盈利模式还处于探索过程中，用户转换为客户的速度比较慢，如何有效覆盖成本还需市场验证。

三 开放证券创新与展望

（一）国内证券业开放式创新现状

我国证券业的开放式创新可以追溯到被称为中国互联网金融元年的2013年，在之后的实践过程中，证券业金融机构和互联网企业等第三方进行过不同类型的跨界创新尝试，经历了曲折，也积累了经验。

2013年3月，中国证券业协会颁布了《证券公司开立客户账户规范》。同月，中国证券登记结算有限责任公司颁布了《证券账户非现场开户实施暂行办法》。这些法规的颁布，明确了证券公司不仅可以在经营场所内为客户现场开户，而且可以通过见证、网上及证监会认可的其他方式为客户开立账户。当时中国的互联网行业正经历快速发展，形成了拥有庞大用户群体的电商平台和社交媒体平台，并通过开展第三方支付业务迅速进入金融服务业。相比之下，证券公司和基金公司等证券业金融机构的获客渠道有限且效率较低，需要开发线上客户流量，这就使证券业机构和以互联网企业为代表的第三方进行开放式合作成为必然。2013年6月，支付宝开创互联网加货币基金的模式，推出活期资金管理服务产品余额宝，随后引发基金公司竞相与互联网平台企业合作，争夺互联网客户流量入口。证券公司在开发自有的移动端应用程序之外，也纷纷与互联网平台、第三方行情交易软件提供商、证券投资资讯平台和网络社区合作，通过H5、SDK等方式在第三方平台应用嵌入证券开户和交易功能，进行零售端客户的引流。对于第三方平台来说，则能够获取佣金分成，同时引入证券服务，与自身服务互补形成无缝连接，从而扩大业务生态。

此时，证券公司和第三方平台的开放式合作已经具备一些与之后的开放银行模式相似的特征。以证券交易功能的开放为例，证券公司对外开放接口API，使得第三方系统能够接入证券公司交易系统，发送指令进行交易，同时也使得第三方获得了掌握客户账户数据和交易数据的可能。具体来说，接入证券公司交易系统的外部系统可分为以下几类。第一类是金融软件公司开发的个人客户端软件或第三方互联网平台，如同花顺、大智慧等，由个人用户使用在证券公司开立的实名账户登录进行交易。第二类是采用量化策略的投资者自行开发的交易系统。此类投资者以量化私募证券投资基金为代表，其交易指令由量化策略程序自动生成，通常涉及多种资产和金融工具，需要较低的交易延迟，因此常常需要自己开发交易系统，接入证券公司系统进行交易，以满足自身个性化需求。第三类是金融信息技术公司为资产管理机构开发的资产管理系统。此类系统通常可以将一个证券账户下的资金分配成若干独立的单元，进行单独的交易和核算，实现虚拟账户功能，并具有风控、运营管理、用户数据查询、报表查询等机构业务所需的功能。2014年，银行资金开始通过伞形信托、结构化产品的途径为股票场外配资提供资金，随后网贷资金也加入了场外配资，而上述资管系统恰好为场外配资提供了所需的工具。通过信托公司的资管系统，或配资公司使用资管系统直连券商，可以在单一的证券账户下开立一系列虚拟账户，供场外配资客户使用，并且可以通过自动强行平仓控制风险。这样，利用证券公司开放的交易通道，再加上具有虚拟账户功能的资管系统，配资公司等第三方突破了原有证券投资账户体系的局限，实质上拥有了开展证券经纪业务的能力。由于券商和监管部门对这些非实名的虚拟账户难以进行穿透，这些业务处于监管体系控制之外并迅速发展。

2015年，随着资金大幅流入推升股市，场外配资积聚的风险引起监管部门重视并开始进行清理整顿，随后杠杆资金的强行平仓，与股市流动性枯竭和大幅下跌形成了正反馈效应。在清理场外配资的同时，监管部门出台了一系列政策规范，限制证券公司对外部系统开放交易接口。2015年6月12日，中国证券业协会根据证监会要求发布了《证券公司外部接入信息系统评估认证规范》，要求"证券公司使用外部接入信息系统，证券交易指令必须在证券公司自主控制的系统内全程处理，即从客户端发出的交易指令处理应仅在发起交易的投资者与证券公司之间进行，其间任何其他主体不得对交易指令进行发起、接收、转发、修改、落地保存或截留"，"证券公司不得直接或间接支持信息技术服务机构等相关方利用外部接入信息系统开展证券经纪业务"。随后证监会发布《关于加强证券公司信息系统外部接入管理的通知》和《关于清理整顿违法从事证券业务活动的意见》，督促证券公司规范信息系统外部接入行为，取消不合规外部系统的接入权限。2018年5月，监管层在《关于规范证券公司借助第三方平台开展网上开户交易及相关活动的指导意见》中对证券公司和第三方平台开展网上开户交易及相关活动，特别是对证券经纪业务的外接合作进行了严厉的约束和要求。该指导意见还特别提出"证券公司不得向第三方机构提供证券业务相关客户信息及经营数据，不得为第三方机构接收、转发、截取、存储客户交易指令等证券公司向客户提供服务过程中产生的客户信息及经营数据提供便利"，"第三方机构不得接触、接收、转发、截取、储备身份资料、交易指令等证券公司向客户提供服务过程中产生的客户信息及经营数据"，明确提出禁止证券公司对外开放业务数据。①

我国开放证券实践伴随着互联网金融的一度繁荣，在监管宽松时期曾经历过短暂发展，随着风险的迅速暴露，又进入监管收紧阶段。截至2019年底，仍然存在的开放证券模式主要包括：证券公司通过页面跳转等方式与第三方合作导流开户，其中又包括证券公司通过银证合作导流开户、在合作银行进行资金账户第三方存管的模式；证券公司以开放行情接口的形式，对包括量化投资策略研究平台在内的第三方开放市场行情和各类基本面数据；由于监管层未出台相应规定，期货公司仍然可以在进行审核测试的基础上，对投资者自行开发的交易系统开放交易接口。在监管层收紧证券公司信息系统外部接入后，具有较宽客户渠道和较强系统开发能力的大中型券商纷纷终止对第三方个人客户端软件的开放，引导客户使用自有的客户端，摆脱对第三方系统和渠道的依赖。从事量化投资的私募基金则受到证券公司停止信息系统外部接入的影响，

---

① 《证监会规范券商第三方开户交易的征求意见来了！　明确券商五大禁止行为，对第三方提出五大约束》，新浪财经，2018年5月2日。

无法使用自有系统进行交易。对此，一些证券公司通过采购相应系统，并部署在公司机房供客户使用的合规方式，继续满足此类客户的需求。

2019年2月1日，证监会就《证券公司交易信息系统外部接入管理暂行规定（征求意见稿）》（以下简称《征求意见稿》）向社会公开征求意见。《征求意见稿》首先明确交易信息系统外部接入，是指证券公司通过提供信息系统接口或其他信息技术手段，接入投资者交易系统并接收投资者交易和查询指令的行为。同时还明确证券公司是本机构交易信息系统外部接入管理的责任主体，对证券公司应当遵循的合规审慎、风险可控、全程管理的原则做出了具体规定。《征求意见稿》规定证券公司可以为符合《证券期货投资者适当性管理办法》第八条第一项或第三项规定，且自身存在合理交易需求的专业投资者提供交易信息系统外部接入服务。从这些内容可以清晰地看出，监管层下一步放开证券公司开放信息系统外部接入，目的并非将证券公司经纪业务等核心业务让渡给第三方，衍生出新的金融业态，而是为了更好地满足专业投资者的需求，以卖方赋能买方的形式增强专业投资机构的能力。

（二）国内证券业开放式创新路径与展望

相较于近年来开放银行理念引发的关注度，以及国内外银行纷纷开展开放式创新实践的现状，我国证券业开放式创新的步伐则较为缓慢。证券业未来是否需要开放式创新，这已经不是一个问题，而证券业开放式创新需要采取怎样的路径？回答这个问题需要回归本源，从理论层面以及证券业的基本功能和特点出发，厘清证券业开放式创新所要实现的目标，然后再回答开放什么、怎么开放的问题。

如果说金融的基本功能是把储蓄转化为投资，那么证券业的基本功能就是把储蓄转化为证券投资，尤其是通过投资于资本市场，为实体经济提供长期资本，并通过交易标准化的证券资产汇聚信息，为资产和风险定价，实现资产和风险的配置与转移，匹配资产与资金双方的供需。为了实现这个基本功能，证券业形成了从资产端到资金端的专业化分工链条，以及多层次、多种类的金融中介机构。实际上，证券业代表的直接融资体系，就其本质而言，是一种开放式金融体系。同样是为了实现将储蓄转化为投资的基本功能，银行业代表的间接融资体系则更多的是在单一金融中介机构内部完成各个业务环节、为资源定价以及平滑吸收风险，业务所依据和产生的信息主要被机构内部所占有，因此相对而言具有更大的封闭性。而直接融资体系基于一系列法律法规的制度性约束，基于强制的信息披露，通过对标准化的金融资产和金融工具进行交易，实现对资源、风险的市场化定价和配置，通过证券公司、资产管理机构、交易所等不同类型机构的分工协作，共同完成将储蓄转化为投资的基本功能。直接融资和间接融资的不同，或许可以在一定程度上解释为什么会出现监管驱动的开放银行创新，而开放证券创新则基本上是市场自发产生的行为。可以说，开放式创新是证券业的题中应有之义，上述证券业和直接融资的特点，可以为开放证券创新的路径和监管提供指引。以下将从证券业涉及的资金端、资产端、以及证券业各类机构围绕资本市场形成的生态圈三个方面，分析探讨证券业开放式创新的路径。

首先，在资金端，证券业涉及直接或间接进行证券投资的个人、机构和企业等，为满足实体经济的投资需求服务。在当前我国大力发展资本市场和直接融资、支持创新和经济转型升级的背景下，居民资产配置于股票、债券等证券的比例将显著提升。证券化率的大幅提升，将会使居民资产面临更大的波动性，需要投资者具备更高的专业性，通过资产配置以及增加长期资金入市等方法获取相对稳定的长期收益，因此必然要求证券投资者的机构化。从发达国家证券市场的发展历程看，尽管证券投资基金已有上百年历史，但证券市场真正的机构化开始于20世纪80年代。以美国为例，其证券市场的机构化是一系列因素共同作用的结果，这些因素包括以1974年IRA账户的设立为代表的养老金体系改革，20世纪80年代以来美国经济走出长期滞胀，股票、债券先后步入长期牛市，以及金融自由化背景下的金融创新潮流。在养老基金、共同基金、保险资金等机构投资者发展壮大的同时，投资顾问行业的成熟和普及，使得投资者能够获得端到端的投资咨询服务。对于日本、韩国、中国台湾等国家和地区，证券市场的机构化则同时伴随着金融对外开放和外资占比的大幅提升。当前我国证券市场发展的阶段和方向与上述例子具有一定的相似之处，这一背景是探讨证券业在资金端如何进行开放式创新的出发点。

在证券市场机构化大趋势下，证券公司和基金公司等证券业机构纷纷开始由传统通道业务和资产管理业务向财富管理业务转型，以满足投资者的个性化需求，尤其是获取长期稳健收益、改善投资体验的需求，同时自身获得更为稳定的资金来源。财富管理业务而非证券经纪业务的开放式创新，应是证券业在资金端进行开放式创新的重要方向。2019年10月24日，证监会发布《关于做好公开募集证券投资基金投资顾问业务试点工作的通知》；之后，首批5家基金公司和基金销售子公司基金投顾业务试点资格获批；同年12月14日，腾安基金、蚂蚁基金和盈米基金3家第三方基金销售机构成为第二批取得基金投顾业务试点资格的机构。互联网平台企业拥有庞大的用户群体、丰富的数据和场景、强大的分析能力，在与资产管理机构跨界合作销售资管产品的成功实践之后，再次表现出与资管机构跨界合作、开展投资顾问业务的意向。2019年6月，全球最大的共同基金管理公司Vanguard与蚂蚁金服合资成立了先锋领航投顾（上海）投资咨询有限公司。据悉，蚂蚁基金拿到基金投顾试点资格之后，将通过先锋领航投顾（上海）投资咨询有限公司，依托蚂蚁金服的平台和技术实力，以及Vanguard集团的投顾经验与产品，在国内开展基金投顾业务。[①]

与现有开放银行的实施路径相比，财富管理业务的开放式创新与之既存在共性，也具有不同的特点。从场景来看，开放银行中，银行业务可以融入的第三方场景种类繁多且呈现碎片化，涉及生产、生活的各个方面，业务发生频率较高。而财富管理业务中涉及证券投资的场景则较为集中，主要体现为养老、教育、医疗等大数额、长周期的资金跨期配置需求以及资产的长期保值增值需求，业务发生频率较低。此外，财富

---

① 詹晨：《公募投顾又有新玩家，两大互联网巨头正式来袭，阿里、腾讯手里都有什么牌？》，券商中国，2019年12月15日。

管理业务涉及银行业、证券业、保险业，需要从客户的个性化需求出发，将其资金和资产统筹规划并进行配置安排，因此应当从更广泛的开放金融的视角看待财富管理的开放式创新。基于这些特点，在财富管理的开放式创新中，机构应当选择与具备适当场景的第三方合作，或者自主布局相应场景业务。基于真实需求，开放银行可以提供无处不在的服务，证券投资的需求却并非无处不在，因此不宜为场景而场景、为流量而流量。即便如此，各类生产、生活场景所产生的高频数据却可以为评估投资者的投资需求提供有力依据。因此，互联网平台等第三方和金融机构之间的合作与数据双向开放，能够融合金融和非金融数据，结合人工智能等技术，不仅可以对客户的风险偏好做出更全面的评估，而且能够对客户自身风险以及未来的资产负债状况、收入支出和现金流做出评估，以更好地匹配客户需求。此外，推动银行业、证券业和保险业开放数据和服务，实现资金和资管产品账户的聚合功能，则有利于财富管理业务为客户资金和资产进行统筹规划、优化配置。

其次，在资产端，证券业涉及通过发行证券进行融资的企业、机构、政府等，为满足实体经济的融资需求服务。证券业机构和证券市场具有汇聚信息、为资产和风险定价的重要功能，是集合实体经济数据的中心。如前文所述，在间接融资体系中，银行开展业务依据和产生的信息主要为机构内部所占有；而在直接融资体系中，由于证券市场的博弈性质和市场参与者之间潜在的巨大利益冲突，本着公开、公平、公正的原则，法律法规对证券市场参与者获取和使用信息做出了严格限制，并建立了信息披露、信息隔离等一系列基础制度。在这些基础制度下，传统上证券投资者做出投资决策所依据的信息较为单一。开放证券的一个重要方面，即在合法合规的前提下，促进实体经济对证券市场参与者开放数据，提高市场配置资源的有效性。事实上，运用融资主体所披露的传统基本面信息之外的各类数据，即"另类数据"支持投资决策，已经为发达国家证券投资机构所普遍采用，而国内的证券投资机构也已开始尝试使用"另类数据"进行投资。当前我国在数字经济的历史趋势中，正在进行传统产业的数字化转型，在这样的大背景下，促进实体经济对证券市场参与者开放数据，应鼓励探索证券业与产业互联网结合，应用5G、物联网等技术，获取来自实体经济的更加广泛、准确和及时的信息，增强资本市场为实体经济有效配置资源的能力，补齐我国证券业机构难以为中小企业进行直接融资的短板。另外，应针对数字经济的新特点，从法规和监管层面进一步明确证券投资者获取、使用另类数据的边界，保护实体经济的数据隐私和数据安全。

最后，证券业各类机构之间进行开放式创新的前提是机构自身的数字化转型，其目的在于提升机构分工协作的效率，更好地建立证券业行业标准，增强头部机构的实力并赋能中小机构。当前，我国证券业机构与国外头部同业机构相比，其规模和实力差距较为显著，科技投入比例整体偏低，多数机构处于数字化转型初期阶段，面临信息化时代系统架构的重构和组织架构的相应改变。此外，我国证券业起步较晚，而且在发展之初正逢信息技术产业革命兴起之时，在短时间内达到行业信息化的要求，使得大多数证券业机构将信息系统的开发工作外包给第三方金融软件公司。这些特点使得我国证券业机构在进行开放式创新过程中，第三方科技公司仍将起到重要作用。与此同时，在监管层推动打造航母级证券公司，鼓励和引导证券公司充实资本、丰富服务功能、优化激励约束机制、加大技术和创新投入、完善国际化布局、加强合规风险管控的政策导向下[1]，证券业头部机构应加大数字化系统自主研发力度，进一步改造组织架构以适应数字化转型需要，在构建数字化平台的基础上，对同业机构以数字化、平台化方式输出自身能力，实现机构之间的优势互补，并为中小机构赋能，参与建立行业标准，扩大自身在行业内的生态圈。

四　开放保险创新与展望

作为同属金融行业的保险行业，无论是提升客户体验，还是打造新

---

[1] 证监会对政协十三届全国委员会第二次会议《关于做强做优做大打造航母级头部券商，构建资本市场四梁八柱确保金融安全的提案》的答复，2019年11月29日。

业务场景，都面临"开放"的历史命题。保险行业数字化转型不断推进，保险数字化生态蓝图渐显，"开放保险"已然在路上。

（一）开放保险的概念与内涵

参照开放银行的定义，结合保险业自身的特点，可以将"开放保险"定义为：开放保险是一种创新的平台化商业模式，通过利用API等技术，与商业生态合作伙伴共享数据、算法、交易、流程和其他业务功能，为客户、科技公司、第三方开发者、供应商和其他合作伙伴提供服务，实现保险产品与服务的"即插即用"，共同构建开放的泛保险生态系统。因此，开放保险应具备以下六个特征。

1. 以服务客户为基本理念

无论是开放银行还是开放保险，之所以成为未来发展的重要方向，都是源于并基于"以客户为中心"的经营理念，随着社会的发展与进步，这一理念已逐渐成为服务行业共识。开放保险实现了保险机构与第三方之间的互联互通，将保险业务融入更广泛的社会和服务场景中，为客户提供更加便捷、高效、无缝的保险服务，这是开放保险的初衷、逻辑和路径，更是现代保险的基本理念。

2. 以服务场景为基本背景

相较于传统保险机构以我为主的"主场"思维，开放保险本质上是全面导入"客场"思维，积极对接保险中介机构、合作伙伴等相关机构，并通过网络化和数字化手段，有效延伸保险场景触达，将"营业网点"进行前置，强化商户与用户的互动关系和业务联系，与服务场景实现深度融合，将保险服务融入B端、C端和G端，为保险消费者或机构客户提供场景化、端到端、全面无缝的综合服务解决方案。

3. 以API为技术基础

从服务客户和场景应用的视角看，易构是基本要求和前提。API是一种应用程序编程接口,可以看成不同的计算机应用之间的通用网络语言,类似于"电源插座",其他应用软件可以像电器用电那样"即插即用"。根据特点和适用范围不同,可以将 API 分为三类,即内部 API、伙伴 API 以及开放 API。开放 API 的特性更加符合开放保险的要求,适宜充当保险机构与第三方机构深度融合的桥梁。一是 API 支持实时、自动地进行大批量的数据交换;二是 API 具有傻瓜式的易用性,操作简单易上手;三是 API 驱动的数据共享无须获取用户名、密码等涉及用户隐私的信息,数据共享更加安全、方便。

4. 以数据共享为主要核心

数据既是保险经营的基础,也是价值创造的源泉。构建开放保险的关键点,在于数据的访问、处理、存储和共享,数据共享是实现价值共享的前提和基础。在经过客户同意、保障隐私的前提下,只有允许第三方机构安全、便利地访问保险机构的数据,才能在流动和共享中盘活数据,结合场景需求,积极开展创新,推出更多利于客户、便于客户的保险产品和服务,通过价值增值,实现多方利益共享、多方共赢。因此,数据安全将成为开放保险的基础能力。

5. 以数字平台为商业模式

借助开放 API,开放保险可以实现"保险即平台"(IaaP)的运作模式,保险机构或科技公司可以基于某个软件平台共享核心功能,并向外部开发者提供可以交互操作的模块,打造数字化的平台模式。相较于传统保险的渠道式商业模式,平台商业模式具有两大核心优势:一是最大限度地减少了保险消费者与供应商之间的信息不对称,通过降低搜寻、匹配、协商与签约成本,有效降低交易成本,也可以说,平台商业模式的核心不是出售保险产品,而是出售能够降低交易成本的保险服务;二是平台商业模式带来的强大网络效应,使得平台用户获得的边际收益随着平台用户数量的增加而递增,正向网络效应推动整个保险生态系统实现良性循环。

6. 以生态系统为终极目标

在开放保险体系下，更加强调互联互通与合作共享，保险机构与科技公司由之前的对立关系转化为互利共赢的生态合作伙伴关系，开放保险逐步成为一个包容共享的生态系统。在这个生态系统中，主要参与者包括保险机构、科技公司、第三方开发者、供应商、保险消费者，以及保险监管机构和行业服务机构，各类参与者各司其职、各尽其责、共享协作，最终构建出一个"数字+场景+服务"的互动生态系统。

从开放保险的定义和主要特征不难看出，开放保险的核心是"开放、数字、链接、共享"。开放保险将价值创造与利益共享作为目标和出发点，突出"以客户为中心"，重视数据驱动和互联互通，强调开放共享与价值创造，最终推动保险商业模式重构与升级。

（二）开放保险的发展背景

回顾保险行业的发展历程，大致经历了三个阶段。第一阶段，以实体保险营业网点为业务拓展的重心，依托固定的营业网点进行保险业务推广和规模扩张。随着互联网发展不断成熟，保险信息化建设日益深化，保险行业迎来发展的第二阶段，保险机构开始自建渠道，或依托电商等第三方渠道，挖掘场景，开展保险网络分销和互联网信息发布，网络销售代替了部分保险营业网点业务。随着社交媒体的全面爆发和移动革命的到来，用户需求快速变化，金融创新产品和服务不断涌现，传统的网络销售模式和单一的 App 销售推广模式难以满足客户对保险产品和服务的多元化需求，于是，保险开始向数字化驱动的商业模式转型，逐步进入第三个发展阶段，即以"开放、融合、共享"为特点的开放保险阶段。开放保险的出现，是保险行业内外多种因素共同驱动的结果，是数字化商业时代背景下保险行业发展的必然趋势。

1. 场景经济保障需求急剧增长

随着移动互联时代的到来，智能手机的广泛应用使得时间、地点和支付碎片化趋势突出，基于场景的即时链接和跨界链接成为重要特征，日常消费行为变得移动分散和碎片化，场景成为消费导向的基本元素。与此同时，在场景经济中，新业态和新模式不断涌现，风险异化现象严重，风险形势更加严峻，对风险管理和保险保障的需求更加突出。作为市场化的风险管理和保障手段，保险成为场景经济中越来越不可缺少的重要组成部分。

2. 内外部竞争不断加剧

一方面，在信息科技的有力助推下，国内外保险机构数字化建设进程不断加快，技术快速迭代，推动商业模式转型升级，创新的保险产品和服务不断涌现，推动我国保险行业进入高阶竞争模式；另一方面，在金融科技的助推下，保险科技公司、保险服务平台、新型保险中介机构等"新金融"模式快速崛起，同时BATJ（百度、阿里巴巴、腾讯、京东）等头部平台将布局不断向金融保险领域延伸，实现生活、保险、服务与场景的无缝衔接，为客户提供"一站式""一揽子"的综合服务，对保险业务形成巨大冲击，保险行业深化转型势在必行。

3. 客户需求快速变化

随着社交媒体和移动化浪潮的到来，移动互联产生大量随需而变的生活服务场景，同时消费者结构发生巨大变化，作为互联网的"原住民"，90后和00后将逐步成为消费的主力群体，消费者需求快速变化，年青一代更加青睐快速便捷、个性化、趣味性、安全化和高性价比的产品和服务，这对保险行业数字化转型提出了更高的要求。

4. 信息科技迅猛发展

人工智能、云计算、大数据、区块链等基础技术的迅速发展和广泛应用，推动了开放API的快速崛起。保险企业可以将保险产品和服务嵌入各个合作伙伴的平台和场景中，从而突破传统物理网点和手机App的局限，实现业务能力的互联互通，为保险企业获得互联网业务能力、捕捉互联网用户需求、融入互联网生态提供更为快速和灵活的途径。

(三) 开放保险的价值与作用

科技金融时代，技术成为决定业务模式和行业发展的关键要素。开放保险就是典型的以技术思维构建的全新保险经营模式，实现"以产品为中心"和"以经营为主"向"以客户为中心"和"以服务为主"转变，逐步改变传统保险"孤岛"式的独立服务模式。开放保险应时而起、顺势而为，是保险行业数字化转型的重要组成部分，是保险行业实现高质量发展的重要推动力量，必将对保险行业发展历程带来积极而深刻的影响。

1. 引流效能持续提升，完善保险生态分销体系

开放保险通过连接产业链各方优质资源，将保险的服务触角延伸到产业生态中，利用生态延伸和场景融合，建立起更加丰富多维的产业生态关系，业务开拓形式由被动变主动，通过网络渠道进行客户引流的效能得到极大提升，帮助保险企业有效开拓新的销售渠道。同时，保险机构通过核心业务能力输出，对生态合作伙伴进行科技赋能，对生态系统带来有利于保险产品和服务扩散的积极影响，积极构建有利于保险业务发展的生态分销体系，稳住存量客户，吸引更多增量客户，实现保险企业、生态合作伙伴与保险消费者的多方共赢。

2. 场景效能持续提升，加快保险产品深度创新

基于开放保险，保险与金融同业、科技公司、合作伙伴等组织机构深度融合，以场景服务为载体，搭建技术互通、数据共享平台，整合生态。通过与具有强大场景能力的机构合作，保险可以融入各种垂直场景，从而打破行业壁垒，实现跨界融合，有效拓展保险的服务边界，扩大保险的覆盖面，真正将保险融入广大用户生活和经营的各类场景中，有效对接更多场景中的保险需求。同时，通过数据开放、技术开放和平台开放，开放保险使得保险拥有更多数据入口，获得更加实时、丰富的

多维度数据,能够有效降低保险的信息不对称,更好地分析客户需求,形成客户洞察,进而对保险产品实行精准化、个性化设计和定价,推动保险业推出更多符合场景需求、高性价比的创新保险产品。

3. 服务效能持续提升,实现客户体验不断优化

"以客户为中心"是开放保险的基本理念。开放保险注重从客户维度出发,重视客户体验,不仅关注客户需求的洞察和挖掘,而且关注通过相关措施和对策有效满足客户的深层次需求。利用开放API,开放保险能够有效打破传统单一官网和App的服务模式,实现跨App、跨领域、全平台、"一站式"的客户触达和服务供应,可以提供全天候、全地域以及无连接的保险服务,真正实现有保险需求的地方就有保险服务,提升保险服务的有效性和便利性,极大地改善客户体验。

4. 链接效能持续提升,引领保险行业商业模式变革

开放保险借助API、SDK、H5等互联网技术与经济模式实现深度融合,即将保险服务能力作为API服务与合作伙伴进行商业交换和共享,企业可以将自身拥有的数据、产品、服务、技术等通过API共享给生态圈中的所有参与者,实现数据互联、技术互通、服务共享,深化保险机构、金融科技公司、互联网公司、供应商、合作伙伴等组织机构的合作关系。同时,大生态系统的不断完善,进一步明晰了保险企业的职责定位,并推动保险企业不断迭代技术、创新业务模式,实现保险与生态合作伙伴的共享、融合、互补,在生态系统中互相成就、共赢发展。

5. 平台效能持续提升,推动保险行业数字化转型升级

构建开放保险的重要载体在于开放平台的建设。从技术实现上看,开放平台发挥的作用如同"插座"一样,解决了不同渠道和身份接入的统一性管理问题,即通过API网关的非功能管理,对外部接入进行统一管理,实现接入渠道的统一管控和接入身份的统一认证,实现外部接入的"即插即用"。同时,开放平台如同一个战时的"缓冲区",为内部和外部融合提供一个很好的交流和缓冲空间,能够很好地解耦内部业务和外部的关系,既可以实现双方的友好对接,又能保持各自的相对独立性和安全性。基于开放平台的独特作用,开放保险能够推动保险在保持相对独立性和安全性的基础上,实现技术的有效创新迭代,助力保险行业数字化转型的有效推进。

(四) 我国开放保险的主要模式、路径与实践

开放保险积极倡导开放共享的经营理念。在具体实施层面,逐步形成了以产品和服务为基础、以 API 技术为手段、以商业生态为目标的三层架构。最底层是保险企业按照生态场景需求提供的保险产品和服务,具有按需供应、高度数字化、可灵活配置等特点,是开放保险的基础。中间的 API 层作为开放保险的超级连接器和能力供应平台,可以实现保险与生态合作伙伴以及客户的快速链接,并为生态中各种场景、创新产品和服务需求的实现提供支持,按需输出保险产品和服务,甚至对外输出数据、算法、业务流程等,实现保险服务触点的有效延伸。处于最上层的生态层是开放保险的商业生态场景平台,依托自身或第三方的业务和技术实力,保险联合其他商业生态伙伴,积极构建商业生态圈,深化场景融合,基于泛生态中客户的生活、经营场景和需求,按需提供新型的跨界保险组合产品和服务,有效拓展业务成长空间,有效满足不同类型客户的深层次保险需求。

开放保险对企业的开放观念、技术实力、资源保障和整合能力有较高要求。在开放保险的构建过程中,不同的企业机构依据自身的特点和优势,从实际出发,量力而行,探索实践适合自身实际的发展模式,因此逐渐在保险行业中形成了三种主要的运营模式。

1. 自建开放保险平台模式

自建开放保险平台模式的核心是构建一个"保险即平台"模式。该平台应该包括具备 API 管理能力的网关,以及信息系统、客户体验、数据分析、物联网、商业生态系统等主要元素。因此，自建开放保险平台模式对保险机构自身的技术能力、资金能力、人才储备能力都提出了较高的要求，同时对保险企业既有的信息化基础也有较高要求。在自建开放保险平台模式实践中，人保、国寿、平安等传统大型保险机构很早就建立了官网直销平台，是我国开放保险的先行者，之后又分别及时建立了移动互联平台，以适应智能手机时代的保险销售需求。随着互联网保险的快速发展，也涌现出一些创新型开放保险平台，其中一个比较典型的案例就是众安保险。

作为国内首家互联网保险公司，众安保险立足"保险+科技"的双引擎发展战略，专注于应用新技术重塑保险价值链，围绕健康、消费金融、汽车、生活消费、航旅五大生态，以科技服务新生代，为其提供个性化、定制化、智能化的新保险。众安保险旗下成立了专注于科技创新的众安科技，积极打造众安开放平台，基于众安保险的核心系统，把内部服务 API 开放给第三方公司及用户的平台，除了支持轻量开发条件下的 API 接入模式外，还支持无须开发、一键接入的二维码、H5、PC 等形式，提供的场景化保险产品超过 50 种，覆盖车险、金融、航旅、电商、医疗、运动、O2O、智能健康等 16 个场景领域，对接合作商户超过 1000 家。当前，众安保险已开启"科技 3.0"时代，对外提供包括数据、技术、模型等形式在内的科技输出，签约合作客户超过 300 家，同时已迈出海外科技输出第一步，合作对象涉及日本、新加坡、东南亚等国家或地区的相关保险机构，成为国内开放保险探索实践的急先锋。

2. App 聚合生态模式

在 App 聚合生态模式下，保险企业主要依托自建 App 平台，有效聚合合作伙伴的生态场景，主动将合作伙伴的各类场景服务集成到保险企业自身的 App 平台上，进而直接面向终端客户提供服务。App 聚合生态模式有助于将终端保险客户的优势转化到线上，有效带动商户资源，形成平台的跨边网络效应，打造多方互惠共赢的生态圈闭环。同时，

App 聚合生态模式可以有效延展场景，直接触达保险终端客户，保险企业具有充分的经营主动性以及业务把控权，有利于保险企业积累一手数据资源，提升品牌认知。与此同时，由于在移动互联时代，App 模式的技术门槛相对不高，行业内存在一哄而上的情况，在数据安全、隐私保护、技术规范、开放边界等方面还存在一定的完善空间。在具体实践方面，人保、国寿、平安、太平洋、泰康等很多大型保险机构均高度重视这种模式并投入大量资源做大生态圈。

以平安保险为例，围绕旗下的不同保险板块和重要的生态领域，平安保险均推出了单独的 App，有效整合周边生态资源，作为服务终端客户的载体。例如，"平安好车主"是平安财险旗下的"一站式"车服务平台，是平安车险客户服务的核心载体。"平安好车主"致力于打造开放的综合型车主服务平台，成为车主的用车助手和安全管家，提供涵盖车保险、车服务、车生活的"一站式"服务，具体包括车险保单查询、极速理赔、违章处理、道路救援、保养维修、年检代办、增值服务、会员日福利等 70 多项热门车服务，至今 App 注册用户已超过 8000 万人，依托汽车保险，有效整合上下游资源，初步打造形成了车主生态圈闭环。

3. 合作融入生态模式

对于一些中小型保险公司而言，其技术实力和资源保障有限，创新能力相对较弱，无法实现自建开放保险平台。同时，由于服务客户群体相对较少，上下游资源整合能力和吸引力相对有限，利用自有 App 融合生态的模式只能是事倍功半，高投入、低产出。因此，不少中小型保险公司放弃自建平台的重资产运营模式，主动寻求与外部平台的合作对接，利用合作方提供的 API、SDK 等技术手段，将保险产品和服务对接嵌入合作方平台，达到对接外部场景和生态的目的，进而为终端客户提供保险产品和服务。其中，中小型保险公司的合作对象主要是保险科技平台或创新型保险中介机构。这些创新平台和机构以技术创新为基础，搭建起保险销售和服务平台，一方面通过 API 等技术对接保险机构；另一方面则对接特定领域的企业或个人客户，有效延伸中小型保险公司的场景，为中小型保险企业提供引流。

例如，海绵保是国内场景消费保险设计与分发创新平台，通过安全高效的 API 对接，为各类"互联网+"行业提供实时有效的投保、查询、下载电子保单、撤销保单、对账等自动化服务，同时赋能保险机构和分发网络，为保险企业提供有效引流和场景对接服务，与保险生态链上伙伴共享智能平台、数据接口、产品分发和服务能力。

另外，搜索、电商、社交、社区服务等各类场景的互联网平台和公司也是保险企业的重要合作伙伴。以 BATJ 为代表的大型互联网平台很早就开放了众多 API 服务，保险企业可以调用这些互联网平台的 API，以实现场景共享和保险业务合作。

（五）开放保险发展面临的主要挑战

开放保险是未来保险行业发展的重要趋势。随着保险行业数字化转型的深入推进，开放保险的势能将进一步释放，为助推保险行业实现高质量发展注入强劲动能。与此同时，开放保险的探索之路，并非一马平川，也同样面临不少挑战。

1. 传统保险经营理念与能力问题

从本质上看，开放保险倡导开放融合，强调在融合共生的大生态中发挥保险企业自身的价值，是对传统金融经营模式的挑战。就传统保险经营而言，特别是从"安全"的视角看，均是以自身为"主场"的思维，实施"以我为主"的经营理念，采用严格规定前台与后台的概念和边界，导致经营僵化和效率低下。同时，传统保险机构在信息化和数字化建设方面进行了大量积极有益的探索实践，但是与开放保险对保险机构在数字化和创新能力方面的极高要求相比仍有一定差距。要适应开放保险时代的快速变化形势，传统保险机构在经营理念转变和能力提升方面还有很长的路要走。

2. 客户隐私与数据安全问题

传统的保险行业是相对封闭的系统，客户信息仅在保险系统内部流动和使用。开放保险模式将保险企业与外部机构进行连接，在保险企业内外部共享客户数据和资源，在一定程度上弱化了保险机构作为客户信息"看门人"的角色，客户数据的存储点和传输频度都会增加，进而增大了客户信息泄露的可能性。与此同时，随着数据维度和数据体量的增大，以及计算和处理技术的快速发展，以往被认为安全可靠的数据处理及传输模式或将变得不可靠，脱敏数据可能被逆向还原。另外，由于掌握客户信息的生态主体数量增多，可能存在一些企业实施跨监管管辖权、滥用保险客户信息和数据的行为，给客户隐私和数据安全带来威胁。

3. 网络安全与技术风险

开放保险通过 API、SDK、H5 等技术手段将保险端与场景端有效连接在一起，打通双方系统，形成统一的生态，进而实现数据、算法和业务流程等方面的共享，在提升客户获取场景服务和金融服务便捷性的同时，也扩大了黑客对该生态的攻击范围和袭击面，增大了产生系统漏洞的风险。在开放保险模式下，接口具有公开、共享的属性，如果保险企业安全防护措施不到位，广泛的客户交换数据、交易协议以及第三方基础设施都将面临漏洞攻击、拒绝式服务攻击等风险，甚至可能导致保险企业信息系统服务终端瘫痪。尤其是对于移动网络设备来说，其风险相较于传统网络而言更具有隐蔽性和危害性，网络安全风险形势异常严峻。

4. 组织架构变革挑战

保险企业传统的组织架构以集中管理的总分公司模式为主，总公司大多采用垂直管理体系，分设业务、财务、风控、精算等彼此之间相互独立的不同部门。但是，这种集中式架构并不适合开放保险的特征，开放保险要求组织架构设置更加开放、扁平、敏捷和互通，以便能够及时响应外部场景的需求，按需开发，及时对外提供对应的保险产品和服务。因此，为更好地适应开放保险的发展特点，保险企业需要推动传统组织架构变革，建立更加开放、灵活的组织管理架构。

5. 监管与合规挑战

开放保险强调开放共享、融合共赢，相较于传统保险经营模式，更加突出打破产业边界，实现场景延伸与产业融合发展，这将给持牌经营的保险行业监管带来巨大的挑战。传统保险监管对保险机构的经营地域、业务类型等都有明确要求。在开放保险模式下，保险业务开展形式的监管、业务开展范围的监管、数据开放和使用的合规性、商业伙伴合作方式的合规性等都将面临新的形势，保险监管面临全新的挑战。

（六）发展开放保险的几点建议

无论是在理念方面还是在实践方面，开放保险都处于发展的起步阶段，还需要在未来的探索和实践中不断完善。同时，保险监管、保险企业以及生态伙伴等诸多利益相关者需要共同努力，协作前行，推动开放保险发展实现新的突破。

1. 完善开放保险经营体系

在移动互联和社交媒体盛行的时代，跨界融合成为不可逆转的发展大势。开放保险将推动保险经营向"以客户为中心"和"以服务为主"的模式转变，更加强调互动融合与共赢发展。保险机构要积极转变经营理念与发展思路，调整业务经营模式，主动应对开放保险的挑战。一是以更加开放、发展的理念，实施"以客户为中心"的发展战略，主动贴近客户，深挖客户需求，积极响应客户需求，为客户提供适合的保险产品和服务；二是重视创新科技力量的积累与应用，加强人工智能、云计算、区块链、大数据等基础技术在保险领域的创新应用，加强专业技术队伍的储备，提升创新能力，为开放保险的发展提供有力的技术支撑；三是优化企业组织架构，积极构建"小前台、大中台、共享资源"的开放共生型组织，为开放保险业务提供组织保障；四是积极研究内外部形势，有效依托公司既有资源和优势，整合外部商业生态资源，找准自身定位，制定适合公司实际的开放保险发展模式，在推动大商业生态完善的过程中不断提升企业自身价值。

2. 强化开放保险风险管控

在开放保险模式下，保险机构面临各种潜在的复杂风险，保险机构需要增强风险管理穿透力，以确保业务经营风控合规。一方面，保险机构要加快建立开放保险信息与数据安全管理体系，充分应用数据加密、访问控制、安全审计等风险管理措施，加强对开放保险信息采集、传输、存储和使用等全流程的有效保护，构建全面的客户数据控制框架，采取强有力的客户身份验证和数据安全策略，严格防范非法存储、窃取、泄露保险客户个人信息等行为，提升开放保险信息安全防护水平。另一方面，保险机构要建立业务场景、系统应用、认证机制协同的多层安全防护体系，有效识别并阻止恶意攻击，及时发现外部请求中的异常行为和可疑交易，确保不发生系统性风险。

3. 优化生态治理环境

推动单纯的保险服务平台向保险生态体系转变是开放保险的重要内涵。开放保险将帮助保险服务脱离传统物理网点的束缚，打破保险服务的壁垒，扩大生态边界，逐步构建起"平台+生态"的经营模式，重塑保险服务价值链，使得保险产品和服务逐步渗透到更多生态场景中，无缝嵌入实体经济的各个领域中。为确保开放保险惠及更多生态伙伴，给更多保险消费者带来裨益，需要各个生态主体协同努力，不断完善合作治理机制，优化治理环境。一方面，要基于法定机制加强合作治理，依靠法律、合同、规则和程序等手段，清晰界定各个生态主体之间的关系和边界，约定各方的利益分配和违约惩罚规则等，明确各方权利和义务，建立合理的规则约束，实现各方的合作共赢；另一方面，要有效利用监管层、行业组织等公共力量强化治理，保险企业要保持与银保监会、保险学会、保险协会以及中国银保信、保险资管业协会等行业部门和组织的密切沟通与互动，推动建立良好的保险市场监督机制和自律机制，加强行业信息数据和技术共享，共同开展保险反欺诈，优化开放保险发展环境，共同推动保险行业向高质量发展转型。

4. 建立与开放保险相适应的制度体系

开放保险的一个典型特征就是开放融合，这给保险监管带来了很大挑战。为确保开放保险的健康发展，监管机构需要平衡好安全与发展的关系，积极、稳妥地推进开放保险监管。一是要建立并完善开放保险监管框架，统筹加强对保险业开放 API 的管理，结合我国保险市场实际，对开放 API 接口类型、服务范围等进行规范；二是及时制定开放保险技术管理规则，有效对接中国人民银行发布的《移动金融客户端应用软件安全管理规范》等相关规范制度，加强对开放保险服务接口和安全规范的管控，明确开放保险服务部署、接口设计、安全集成与监测、风险控制、信息保护等方面的技术标准和相关要求；三是加强对数据安全和隐私的立法保护，建立对开放保险用户信息、隐私保护、不正当竞争、非法利用数据等行为的监管立法，不断完善保险消费者保护体系；四是科学研判开放 API 对保险机构的相关影响，根据保险市场实际，实施分类监管和差异化监管，积极规范和引导开放保险健康持续发展。

五　开放信托创新与展望

（一）开放信托的定义与内涵

以开放银行为切入点，可以深度理解其背后的逻辑与原理。开放 API 技术与对应的 API 经济、平台商业模式与对应的平台经济不仅适用于银行业，对于信托业而言同样具有重要的启发及借鉴意义。

1. 为什么要讨论开放信托

（1）应对变局，寻找发展新动能

服务实体经济、坚持市场化导向，不断推进改革创新、深化认识信托发展规律，是信托业发展至今逐步壮大、实现可持续发展的宝贵经验。站在百年未有之大变局的数字化变革新时代的起点上，通过新科技革命和产业变革，形成推进经济社会发展的新动能、新业态、新模式是关键。

（2）面对困局，探寻行业新曲线

中国信托业协会数据显示，截至 2019 年第三季度末，全国 68 家信托公司受托资产余额为 22.00 万亿元，较第二季度末减少 5376.90 亿元，环比下降 2.39%，与第二季度降幅 0.02% 相比，下降幅度较大。第三季度同比增速为 -4.94%，与 2018 年第三季度末 -5.19% 的增幅趋同，信托资产规模继续保持稳步下降趋势。行业单纯追求规模增长的发展模式难以为继，如何通过能力迁移、飞跃式创新、颠覆式创新等方式寻找信托业的"第二曲线"，探索转型发展之路成为整个行业面临的新课题。

2. 什么是开放信托

参照开放银行所体现的理念，我们认为开放信托是基于开放的信托制度，依托开放 API 技术等信托科技的赋能，与其他金融机构、金融科技公司、垂直行业公司等服务生态圈参与者共同打造以客户为中心的"数字化+场景化+平台化"的开放生态。

（1）信托制度的开放

信托制度与开放信托的理念具有天然的契合性。信托业作为我国现代金融体系建设进程中重要的组成部分，与银行、资本市场共同构成了三元金融系统，发挥着重要的金融功能。然而区别于资金供求双方直接进行融资的直接金融模式以及引入金融中介进行融资与服务的间接金融模式，信托的出现在二者之间又加上了一条新的通道，通过信托制度的安排、交易结构的设计以及资产运用的方式,将委托人、受托人(信托机构)、受益人和交易对手等多方连接在一起,形成了多方开放的体系。

受托人与委托人。委托人的意愿是设立信托的基本依据,也是确立受托人行为的规范依据。对于已经设立的信托来说,委托人与受托人的关系主要通过信托合同或信托法来确定。委托人与受托人之间的法律关系最为重要的是受托人能够依照委托人的意图和委托人设立信托的目的进行信托财产的管理、运用和处分。

受托人与受益人。受托人与受益人之间的关系集中体现在受益人受益权上。受益人受益权既包括要求受托人给付信托利益的权利,也包括依据信托法和信托文件等要求,受托人履行受托管理义务的权利。

受托人与交易对手。受托人在信义义务的约束下,将委托人的资产按照其意愿进行价值交换,即将资金富余方的资金与资产富余方的资产进行交换,实现了资产富余方的资产流动安排。

委托人与受益人。委托人与受益人之间的法律关系通常表现为信托法律关系之外的原因关系。在自益信托情况下,委托人与受益人为同一人。而在他益信托情况下,则可能基于家族传承、私益赠予或公益捐赠等其他原因关系。

在开放信托的视角下,委托人、受托人、受益人和交易对手等多方通过法律关系与信托制度彼此相连,共同介入融资的过程中,并彼此约束。

(2)服务对象的开放

在以融资类信托为主要业务模式的传统信托中,尤其是集合资金信托计划的信托关系人之间,委托人作为信托计划的认购人,往往表现为同质化的投资者,信托产品的收益与风险是投资者最为关心的核心指标,委托人意愿实际上已经让位于信托资产端交易对手的融资目的和信托财产的实际运用。随着对开放信托探索的进一步推进,除了交易对手(优质的资产方)外,通过平台模式和信托科技手段将多方服务提供者引入同一生态内,委托人除了投资需求外的其他主观意愿也会得到很好的实质体现。

（3）服务场景的开放

通俗地讲，场景就是什么人在什么时间、什么地点做了什么事情并发生了什么交互事件。而场景金融就是在各行各业的不同场景中嵌入金融服务，达到金融服务场景化目标，从而直接触碰客户需求痛点，为客户带来便捷、友好的使用体验。

在开放信托视野下，首先，信托公司需要从以产品为中心的经营理念向以客户为中心的经营理念转变。其次，要改变原有的服务客户方式，打破与客户之间的封闭关系，并围绕行业全产业链和用户全生命周期两个维度满足客户在不同场景下的定制化金融需求。以客户为中心，开放场景并提供综合式金融服务成为开放信托的重要内涵。

行业全产业链。产业链金融化场景必须具备足够的复杂度与高频度。所谓复杂度，就是需要构建的场景不是由单一场景组成，而是需要以开放的思想，将多个场景组合叠加，成为一个较为多元的系统。在场景金融化过程中，会将复杂的流程和产品进行再造，让产业的金融需求与各种场景进行融合，实现信息流的场景化、动态化，让风险定价变得更加精确，使现金流处于可视或可控状态。与此同时，丰富的产业链场景带来了数据的大量沉淀，并积累形成大数据，使业务经营和用户画像的刻画越来越完善，从而更有效地向平台或产业链上的各类公司或企业提供金融支持，并基于大数据和资金交易分析有效控制风险。

用户全生命周期。从用户的全生命周期需求出发，基于场景向用户提供多元化、"一站式"的服务。与提供单一信托理财产品的传统方式不同，基于用户全生命周期的场景金融服务具有以下特点。

第一，"嵌入式"。把金融服务嵌入用户不同生命周期阶段中，在初始积累阶段，作为子女、求学、找工作、遇到另一半、结婚建立小家庭；在承上启下阶段，挣钱养家、生儿育女、赡养老人；在家庭传承阶段，孩子长大成人，可以独立生活，自己也该谋划退休后生活、照顾子孙，直至生命终结。以家族信托为代表的服务信托产品可以根据客户特定场景下的需求进行平台资源整合，形成整体解决方案，当在不同年龄段有不同需求时，服务就在那里，用户可以无感地获得所需的金融服务。

第二，"场景跨界融合"。信托机构可以与公益慈善、医疗健康、文体娱乐、交通运输等行业的第三方合作伙伴融合，横向拓展多个消费领域，涉及衣食住行等多个场景，构建"金融+N"的跨界场景，共同为用户提供除财产保值增值外的多样化的消费需求。场景的开放同时也能有效增强用户黏性，将产品进行大规模推广。

（4）战略理念的开放

信托公司探索开放信托可持续发展之路的根本目的在于受托人能力的自我革新与信托公司的稳健可持续经营。这是一体两面的辩证统一。一方面，信托公司借助信托科技手段以增强受托人的服务能力和水平是立身之本；另一方面，信托公司作为经营风险的金融机构，只有不断适应外部环境变化，与时俱进，才能谋求稳健长久发展。因此，开放信托不仅是简单的模式革新，而且是信托行业战略理念开放的重要方向，需要从思想上达成共识，从观念上转变认知，从发展上谋求共生、共建、共享生态。

（二）开放信托的探索与实践

1. 开放信托的技术基础设施——信托公司在信托科技领域的实践探索

《中国信托业发展报告（2018~2019）》数据显示，目前各家信托公司都以建立规范化、规模化、健全完善的信息系统为保障目标，持续加大信托科技投入力度，效果初显。

（1）信托科技的人力资源配置与资金投入

在人力资源配置方面，过去信息技术部门人力资源配置不足的信托公司已经意识到信息技术的重要性，开始着力补齐这方面的短板，纷纷增加科技人才的配置名额；在资金投入方面，各信托公司在信息技术系统方面的资金投入从2017年的95875万元增加至2018年的110354万元，增长 15.1%。

（2）信息系统升级支撑业务创新

2018 年绝大多数公司已实现现有业务类型的信息系统支持，并且做到了业务管理流程化、财务做账自动化、监管报送自动化。多数公司可利用业务系统生成项目管理报告并推送至网站及移动设备。在互联网金融发展大潮下，信托公司开始探索如何开发系统储备、客户关系管理、网上信托等功能，为财富管理、消费金融、证券投资等业务创新铺路。

信息系统在财富管理业务中的应用。齐备的信息系统可成为财富管理业务的重要辅助工具，在账户管理系统一体化、"一站式"家族信托系统、资产配置智能化和线上化、中后台运营系统化、客户行为分析数据化、信托底层资产分析科学化等方面助力打造全新财富管理模式。中航信托在业内率先建设客户关系管理系统、家族信托管理系统，帮助财富顾问培养以客户为中心的经营行为，实施以客户为中心的业务流程，通过客户关系管理系统实现客户服务的售前、售后业务整合，通过对客户生命周期的全程跟踪实现个性化服务，从而提升客户满意度。中信信托拥有国内首个全流程财富管理系统，实现了信托公司内部家族信托业务设立管理、投资管理、存续管理的电子化流程。同时，中信信托还建立了信惠财富管理系统，该系统采用先进的计算机数据库技术和数据挖掘技术，通过对客户的管理，了解客户的财富现状，分析现有客户和潜在客户的需求，从而找到有价值的客户，提高服务水平。

信息系统在消费金融业务中的应用。消费金融信息系统贯穿消费金融全流程，以贷款业务处理子系统为核心，以决策引擎、外部征信系统、反欺诈系统、信托业务系统、总账财务系统、支付系统、影像系统、电子签章系统等子系统为支撑。云南信托在 2015 年末即布局消费金融，投入资金进行金融科技体系建设与开发，目前已配备自主研发的小微星辰系统，并设置专职的 IT 人员，负责系统的自主研发和日常运营工作，未来云南信托将持续加大技术自主研发力度，参照银行标准逐步建立"两地三中心"，保证业务持续和灾备需要。华润信托在过去两年中开发建立了业务运营系统、风险控制系统、大数据系统、资产监控报表,对接了包括中国人民银行征信在内的数据源,完成了初步的组织架构建设。

信息系统在证券投资业务中的应用。证券投资业务是信托公司重要的受托服务业务,估值、对账、风险管理、信息披露等事务管理工作均高度依赖于信息系统,现已实现了自动化运行。中信信托从 2018 年开始在证券托管服务业务中为投资管理人(如阳光私募)开发绩效分析评价系统,该系统通过对接估值系统,获取项目交易和清算数据,执行数据清洗、项目投资绩效分析及报告生成、按投资类型或策略进行总体性分析及报告生成等工作。

信息系统在风险控制、日常运营方面的应用。信息系统对信托公司的风险控制、日常运营均提供了有力的支持。华润信托的信息技术人员通过"自行研发 + 外部技术公司招标"的方式,开发建立了自动化大数据风控体系。平安信托将大数据与人工智能技术引入风控,构建了"1 + 7"职能风控平台,在原有全流程风控系统的基础上,聚焦打造智能行研、风险画像、财报再造、智能评审、智能法审、智能投中、智能投后七大模块,应用于投融资业务全流程中。中建投信托于 2014 年开始布局信托大数据智能化分析与运用,搭建起行业内第一家真正覆盖前、中、后信息管理与分析的数据中心。2017 年 12 月,中建投信托的人工智能机器人"小智"正式上线运行,"小智"运用了全球领先的机器人流程自动化(Robotic Process Automation,RPA)技术,通过模拟人工操作,替代员工完成高重复、标准化、规则明确、大批量的各类日常工作。

2. 信托公司探索开放信托发展的创新实践

(1)小微金融业务

在金融场景创新方面,中航信托在小微金融领域积极实施金融科技战略,通过对金融科技能力的持续投入,布局了拥有自主知识产权的消费金融平台,并尝试将信托科技能力向产业上下游赋能。中航信托充分运用信托科技优化金融服务体验、提升金融服务效率、节约金融服务成本，开创了小微金融业务数字化、智能化的新理念，通过科技及数据能力建设，努力提升和改善精细化管理能力、运营能力、决策能力，持续深化信托业务中消费金融的转型和创新，以实现消费金融业务数据智能化、消费金融多元资产证券化以及消费金融客群数据价值化。中航信托小微金融业务产品包括有担保（抵押贷款）和无担保（信用贷款）两种，覆盖五大类十小类的场景，其中有担保的贷款额度较大，以经营性抵押贷为主；无担保的贷款额度较小，与各种消费场景紧密结合。

根据小微业务客户数量大、客户分散、笔均小、场景繁多等特点，中航信托搭建了灵活可配置的"小微金融风控决策集成平台"，实现了对信托贷款贷前、贷中、贷后全流程的风险监控。

在贷前授信阶段，系统结合评分卡、中国人民银行征信数据、第三方信用数据、与合作商联合建模数据、自有黑名单库等数据给出综合评分和风控建议。系统与百度、新分享等合作商在多场景实现联合建模辅助风险决策。在贷中用信阶段，针对不同客群、不同贷款用途设置四大风控策略（身份信息校验策略、反欺诈策略、信用风险策略、环境风险策略），并结合 30~60 条属性标签做到精准的风险识别。在贷后监控阶段，监控债权资产还款表现，追踪现价（如与链家旗下贝壳合作，获取全国房屋估值数据），实时监控并分析资产包整体表现，根据交易文件约定进行风险预警，形成全流程的风险监控体系，严控金融风险。

（2）财富管理业务

中航信托在财富管理业务方面推出"投行思维财富管理一体两翼三升级四保障"系统化财富管理业务新模式。作为信托行业中较早布局财富管理业务的先行者，中航信托凭借强大的股东背景和资产端投行资源优势，深挖并不断满足客户多样化的金融需求。依托私募投行、资产管理、财富管理"三驾马车"齐头并进的业务战略，充分发挥其在产品供应、物理网点、特色业务上的强大优势，通过将投行思维和财富管理相结合，打破原有的资产配置理念，提供涵盖客户资产负债表的全方位、体系化的金融解决方案，通过有效的风险管理和市场组织实现供需双方的有效对接。这种全新的模式将为高净值个人客户、金融机构及工商企业提供专业化、定制化、多元化的综合财富管理服务。同时，坚持以客户为中心，为客户提供覆盖财富管理、健康管理、子女教育、品质生活、社交圈层、公益慈善六大方面的服务内容。

（3）区块链赋能下的慈善信托业务

"中航信托·中慈联科技扶贫慈善信托"于2018年8月成立，由中国慈善联合会、中航信托及7位自然人共同设立，由中航信托作为受托人，遂川县慈善会担任慈善信托服务机构，深圳前海益链网络科技有限公司担任技术支持。该慈善信托项目利用区块链技术将慈善项目背景、主要当事人、项目执行情况、受益人等信息在区块链上共享，便于委托人、项目执行机构、监管机构实时知悉慈善项目的真实进展情况。

（三）开放信托面临的挑战及展望

1. 业务模式创新面临现实困境

（1）技术困境

开放信托是在互联网相关技术创新推动下的商业模式创新。无论是API、SDK还是H5，都只是基础的技术概念，是开放与连接的手段，而不是开放信托的关键。但在对开放信托模式的本质缺乏足够认识的情况下，容易简单地将开放信托等同于开放API。实际上，API的开放只是整个开放信托模式中的一部分特征，开放信托更多地应该体现在战略、组织架构和思维方式的调整上。

（2）制度困境

面对开放银行，以英国和美国为代表走出了两条不同的发展和监管道路。英国开放银行业务主要受包括PSD2在内的法规和规章所驱动，通过建立行业标准、行为模式等强制性手段来实现对开放银行的监管。而美国开放银行业务主要由市场驱动，美国政府采取的是被动监管的态度，不实施强制性监管，而是通过颁布指导性的政策意见，赋予开放银行市场更多自我调节的权力。而我国的开放信托乃至开放银行仍处于在边缘地带探索与实践的初级阶段，并没有涉及监管核心问题，要真正进行系统性变革，则亟须监管规则、标准及行业自律指引的落地。

2. 开放是趋势，但金融生态更需要差异化协同

开放给信托公司带来了重新触达客户、服务客户的机会，即借助互联网平台的场景优势，将信托产品与服务包装后个性化地触达对此有需求的客户。因此，开放信托是行业发展的大趋势之一，但是开放有边界，更要体现差异化。

一方面，开放信托的发展是分阶段和分程度的。目前信托公司在探索开放信托实践中大多处于构建一对多业务拓展阶段和多对多开放网络阶段，与真正的开放生态还存在一定差距。此外，目前的开发更多地涉及与场景相关的服务连接和技术连接，核心数据还处于不能随便开放的阶段。信托和金融本质不能改变，风控永远是核心。

另一方面，探索开放信托，对信托公司而言也是一个有舍才有得的过程。未来开放信托的业务模式转型可能会要求信托公司业务体系相应做出调整，以和而不同的差异化优势为发展定位，定位要符合自身战略业务发展的开放信托模式，包括内部流程、组织架构、企业文化等都会相应做出调整，不断探索，包容创新。

六 开放式的金融科技企业创新与展望

开放金融是一种平台化的金融发展模式，金融机构通过与金融科技企业、数字科技企业以及商业生态系统的市场主体等共享数据、算法、交易、流程和业务功能，创造新的金融服务价值，打造新的金融服务能力。在开放金融的发展过程中，金融科技企业和数字科技企业的角色与作用越来越重要。未来，金融科技企业和数字科技企业的创新发展情况在很大程度上决定着开放金融的发展速度和质量。

（一）开放金融中金融科技企业的功能定位

金融科技企业（以下称为 BigTech 公司）是已在数字服务市场中建立业务并开展金融服务的科技企业，又称大科技公司或数字科技巨头，如国内的阿里巴巴、腾讯、百度、京东、苏宁等。BigTech 公司基于自身庞大的客户群和数据优势，通过自主开展金融业务或与传统金融机构合作的方式，实现金融与相关产业或商业及生活场景的深度融合，在金融体系中扮演着越来越重要的角色。

一方面，BigTech 公司基于自身的数据和技术优势，可以向金融机构提供数据、技术和解决方案输出。

在数据输出方面，BigTech 公司拥有海量、多元、高频、动态的网络数据，具体涉及客户的身份信息、注册信息、社交数据、浏览记录、搜索记录、消费记录、配送信息、退货记录、购物评价、订阅信息等多个维度，能帮助金融机构有效补充征信数据、预测客户需求，可天然输出并应用于获客、信用评级等金融服务领域，提升金融服务效率。

在技术输出方面，BigTech 公司拥有较强的底层技术研发能力和专利水平，可以借助人工智能、大数据、云计算、供应链、区块链、机器学习、神经网络等先进技术，以及超强的运算和建模能力，为金融机构提供包括营销获客、贷前信审、贷中管控、资产管理等在内的全生命周期的产品和服务。例如，人工智能技术广泛应用于客服、智能投顾等领域；大数据技术为精确评估、预测以及产品和模式创新提供了新的方式；云计算技术能有效整合金融机构的多个信息系统，消除信息"孤岛"；区块链技术则能提升交易处理效率，以去中心化的姿态保证数据存储的安全性。

在解决方案输出方面，具体包含四类。一是技术中台解决方案。BigTech 公司为金融机构提供分布式中间件和分布式数据库等组件，搭建高并发、高可用、高弹性的"一站式"技术平台。二是数据中台解决方案。BigTech 公司帮助金融机构提升数据治理能力，实现数字化技术在智能营销和智能风控等领域的应用。三是移动开发平台解决方案。BigTech公司为金融机构提供App、小程序、H5等多端融合的开发、测试、运维、数字化运营等"一站式"支持，提升移动端开发效率。四是开放平台解决方案。BigTech公司为金融机构提供API网关、安全中心、开放业务管控等功能模块，帮助金融机构快速形成场景融入能力，提升场景接入效率。

另一方面，很多BigTech公司基于自身的数据和技术优势，也在独立开展一些金融业务。一是支付服务。支付服务最初作为在线零售平台的一部分出现，旨在解决客户与商人之间的不信任问题，随着移动电话拥有率的提高以及电子商务的高度渗透，BigTech公司在小额支付市场的表现变得尤为活跃。二是信贷服务。BigTech公司利用自身的客户、数据和技术优势，持续以较低的成本向银行无法触及的长尾客户提供信贷服务。三是资产管理活动。BigTech公司通过分析客户的投资和提款行为，紧密管理客户的现金余额，在投资货币市场基金的同时，允许客户在短时间内提款。四是保险活动。BigTech公司通过其平台向客户提供包括医疗保健、航空事故保险、汽车保险等在内的第三方保险产品和服务，并与平台提供的其他服务产生协同作用。

（二）开放金融中金融科技企业的业务创新

以下将结合京东数字科技集团（JDD）在开放金融发展中的实践案例，具体分析金融科技企业在开放金融发展中如何开展业务创新。

1. 引入JDD T1金融机构数字化方案

2019年11月19日，JDD正式推出"一站式"金融数字化解决方案——JDD T1，旨在向金融机构提供涵盖IaaS、PaaS、DaaS、FaaS在内的整体数字化解决方案，实现技术自主可控、成本明显下降、业务创新加速、业务规模显著扩大，提升金融服务实体经济的实效。

JDD T1的全景解决方案涵盖数百个产品和组件，这些产品和组件可根据每家金融机构的实际需求灵活定制，围绕"科技+开放"的能力建设，形成四大解决方案：针对科技能力建设的技术中台解决方案和数据中台解决方案，以及针对开放能力建设的移动开发平台解决方案和开放平台解决方案。除此之外，JDD T1 针对每家机构不同的业务基础和战略重点，基于 JDD 过往服务金融机构的经验，形成包括咨询（Consulting）、构建（Construct）、可控（Control）、连接（Connect）、客户（Customer）和创新（Create）在内的六大能力，从而更好地与金融机构的实际情况相结合。

总体来看，JDD T1 表现出"三大特性"。一是全组件化、无缝集成。与颠覆式重建相比，全组件化大大降低了技术风险，并能降低 50% 以上的投入；而与传统架构相比，分布式架构则大幅提高了系统弹性能力，将单笔交易成本降低 80%。二是自主可控、开放融合。在信息安全防护方面，JDD T1 支持金融机构的安全风险防控能力提升至毫秒级，降低资损 20%；在扩展维护方面，智能运维方案可以秒级发现故障、分钟级定位故障，实现高效的安全运维；在需求响应方面，开放式架构可以及时响应业务需求，支持金融机构迭代效率提升 5 倍以上，项目上线周期从过去的 1~3 个月缩短至 1 周。三是业务共生、全栈服务。JDD T1 主张"陪伴式服务"，强调与合作机构实现业务共生，仅 2019 年，JDD 就帮助部分合作的银行实现用户规模环比增长 430%、交易规模环比增长 751%、保有量规模环比增长 780%。

2. 引入区块链的资产证券化解决方案

京东区块链技术的资产证券化（Asset-backed Securities，ABS）解决方案是市场上首个基于区块链技术的资产证券化标准化解决方案，由京东云与 JDD 合作，为中信证券和其他 4 家合作伙伴提供基于区块链的资产证券化服务。该方案建立了一个区块链网络 BaaS（Blockchain as a Service），使用超分类账结构连接每个参与者，转换 ABS 的生命周期管理，以加速资产管理和保护投资者利益。

与传统 ABS 项目相比，"区块链 ABS 标准化解决方案"优势明显。首先，区块链 BaaS 平台的混合架构使业务在合规的情况下更具灵活性；

其次，BaaS 的加密性和 IPFS 的区块链服务提高了多方协作的效率和信任度，能够为参与机构节省数百小时的信息传递和审核时间，降低 30% 的人力成本；最后，BaaS 在公有云平台的交付也大幅提升了区块链方案的部署效率，使联调部署上链时间从 2 个月缩短至 2 天。

企业通过采用区块链技术，能够与生态伙伴进行更紧密的合作，在供应链的可视性、业务流程效率、共享资产真实性的全生命周期保护等领域共建生态体系。例如，京东云通过采用区块链技术，增强了在供应链和物流网络中的产品溯源能力。各节点核心业务人员能够通过可视化界面实时查看链上数据并使操作信息入链，降低使用成本，通过区块链多节点背书策略，能够实现所有数据及文件从发行准备阶段到存续管理阶段的全部上链，防篡改标准资产集市支持消费金融、现金贷、供应链金融等多种资产类型，从而满足不同场景的需求。

3. 引入 eKYC 技术的电子钱包 Dolfin

2019 年 9 月，由 JDD 与泰国尚泰集团（Central Group）合资的泰国金融科技子公司（Central JD FinTech Co., Ltd.）上线了电子钱包 Dolfin，这是泰国第一个支持全流程 eKYC（electronic Know-Your-Customer）的电子钱包。eKYC 技术的引入，将原本耗时、烦琐的线下身份验证环节，通过线上人脸识别、证件 OCR（Optical Character Recognition）和验真技术完成认证，提升了认证效率。

Dolfin 的成功是 JDD 与尚泰集团充分合作、优势互补的结果。在 Dolfin 的研发过程中，JDD 基于自身积累的支付技术、反欺诈和反洗钱能力以及行业洞察力，将人脸识别、AI、大数据分析等先进科技赋能泰国本地团队，并根据泰国市场特点提供定制化的技术服务，提高技术的本地化程度。与此同时，尚泰集团为 Dolfin 提供了大量可应用的零售场景，集团旗下的百货商场、超市、便利店等近 3000 家线下零售店均开通 Dolfin 支付，并与尚泰集团的会员积分系统 T1 深度绑定。除线下支付外，Dolfin 也支持由 JDD 和尚泰集团联合打造的泰国线上零售平台 JD Central 的支付功能。

一方面，Dolfin 不仅支持现金充值、绑定银行借记卡和信用卡，而且支持泰国个人转账服务"PromptPay"和二维码支付，大大便利了泰国消费者；另一方面，Dolfin 还能为入驻商户提供基于 AI 和大数据分析的精准营销服务，使得商户更懂消费者行为和偏好，降低了管理成本，提高了运营效率。未来 Dolfin 还将基于现有的钱包功能，持续开通线上信贷、理财、保险、数字营销等更多功能，通过与线上、线下零售商以及银行的合作，不断提升产品体验。

（三）开放金融中金融科技企业创新发展的驱动因素

将 BigTech 公司的运作模式、功能属性与我国当前的金融发展环境结合分析可以发现，开放金融中 BigTech 公司的创新发展是三个因素共同驱动的结果，即技术上庞大的数据基础和新兴信息科技的支持、需求上现有需求未得到充分满足和客户需求的持续升级、供给上金融科技企业业务拓展的需要。

1. 技术上的创新应用是基础保障

BigTech 公司依靠社交、电商等产业获得广泛的客户数据，通过数据的整合、处理，可用于评估借款人和保单持有人的信誉，从而实现更准确的信用和保险评估，或降低中介程序的成本，积累了金融科技发展的数据优势。互联网通信、数据聚合器、大数据、云计算、区块链、人工智能、客户识别与认证等技术迅速发展，并在金融领域得到积极推广应用，为金融科技发展提供了技术基础。一是金融信息的数字化以及集成分析，缓解了金融交易的信息制约，以及信息不对称对投资、融资、保险、理财等金融交易的束缚，形成了金融服务的"长尾效应"。二是金融交易的去中介化，使移动网络平台可以帮助资金供给双方自行完成客户甄别、交易匹配、价格制定、支付结算等，既可以降低金融服务成本，也可以提高金融服务效率，有助于实现金融服务的"规模效应"。三是互联网、移动通信等带来的金融服务网络化，解除了传统金融服务的地理约束与时间束缚，扩大了金融服务的覆盖面，提升了金融服务的可得性，使金融服务更加多样化，更好地满足了客户的金融需求，强化了金融服务的"网络效应"。

2. 需求方的金融需求是驱动引擎

一方面，客户需求持续升级。在金融科技时代，数字原生代客户逐渐成为金融新客群，金融需求从以往单独割裂的阶段演变成高度联通的状态。客户期望获得便捷、高效、个性化、安全化、低成本的产品和服务，且对"场景+金融"的需求越来越强烈，从而激发 BigTech 公司主动提供以客户为中心、场景化、个性化的金融服务。另一方面，现有客户需求未得到充分满足。我国传统金融体系存在"大而不强""多而不精"的结构性问题，融资体系过于依赖银行贷款，金融服务专业化能力不强，金融投资产品较为单一，家庭部门、小微企业、创新创业等的金融需求仍未得到有效满足。一是金融市场"低风险-低收益""高风险-高收益"的产品较多，但"风险适中-收益较高"的中间类产品缺乏，限制了居民的投资选择，居民的理财需求推动了互联网投资理财的快速发展。二是小微企业、"三农"客户、贫困群体等难以有效获得银行贷款，三类客户的信贷需求推动了 P2P 网络借贷的快速发展。三是股权融资市场发展相对滞后，不能满足广大创新企业的股权融资需求，股权众筹通过互联网不仅打通了大量创新企业的股权融资渠道，而且大大降低了创业企业的股权融资门槛。

3. 供给方的业务拓展是内生动力

近年来，我国金融体系市场化改革快速推进，但地方政府的隐性担保、金融市场的"刚性兑付"、金融机构受到行政干预等现象，均表明金融抑制还大范围存在。金融抑制导致供需缺口，为 BigTech 公司开展金融业务提供了潜在空间。动力一是供需缺口。居民投资理财和小微企业金融服务存在较大的供需缺口，为 BigTech 公司借助网络平台、大数据、人工智能等开展投资理财、企业借贷等业务提供了积极动力。动力二是资本回报。近年来实体企业的盈利水平一直在低位徘徊，而金融机构的资本回报率仍然相对较高，较高的投资回报率以及通过网络效应和规模效应不断降低的经营成本，为 BigTech 公司开展金融业务、拓展收入来源提供了持续激励。动力三是业态之间的竞合。国内的 BigTech 公司纷纷凭借自有生态圈的打造，以及与商业银行等金融机构的战略合作，将金融服务融入客户生活场景，占领零售金融市场，提升竞争优势。

（四）开放金融中金融科技企业创新的发展前景

当前我国经济金融体系正在推进数字化转型，且 BigTech 公司相较于传统金融机构而言拥有独特的数据、技术和场景优势，未来 BigTech 公司在开放金融中的创新发展拥有巨大的市场空间，但在发展过程中要注意个人信息保护、监管政策变化等带来的影响。

1. 宏观环境：经济金融数字化发展是大势所趋

（1）BigTech 公司与开放金融的融合发展适应了经济高质量发展的金融需求

BigTech 公司与金融机构融合发展有利于促进金融体系更好地服务经济高质量发展。党的十九大报告指出，"我国经济已由高速增长阶段转向高质量发展阶段，正处在转变发展方式、优化经济结构、转换增长动力的攻关期"，这是对我国经济发展阶段变化和现在所处关口做出的一个重大判断，推动经济高质量发展是当前和今后一个时期确定发展思路、制定经济政策、实施宏观调控的根本要求。2018年5月28日，习近平总书记在出席两院院士大会时指出，"世界正在进入以信息产业为主导的经济发展时期。我们要把握数字化、网络化、智能化融合发展的契机，以信息化、智能化为杠杆培育新动能"，"要推进互联网、大数据、人工智能同实体经济深度融合，做大做强数字经济"。

促进 BigTech 公司创新和开放金融发展，有助于利用 BigTech 公司的技术优势、场景优势、数据优势和大数据风控优势，帮助银行提高贷款定价、风险定价的能力，有助于实现金融服务供给与需求的精准测算和职能匹配，补齐金融体系服务实体经济能力的短板，缓释金融体系服务实体经济面临的约束条件，提升金融体系服务实体经济转型升级的质量、效率和内在动力。

（2）BigTech公司与开放金融的融合发展有助于推动金融供给侧结构性改革

BigTech公司参与开放金融发展，有助于破解普惠金融发展的"使命漂移"难题。BigTech公司与金融机构的融合发展，可以更加贴近"小微贫弱"，能够更好地了解贷款客户的需求，收集贷款客户的信息，从而帮助银行金融机构拓展金融服务范围，将金融服务辐射到传统金融体系覆盖不到的区域。BigTech公司与金融机构的融合发展，可以缩短和简化传统金融服务的流程，提升金融服务的可得性、性价比、便利性和安全性，拓展金融体系的深度，有效推动金融服务触达"最后一公里"，有助于缓解普惠金融面临的商业可持续性与风险收益平衡的问题，解决普惠金融发展的"使命漂移"问题。

习近平总书记在2019年中央政治局第十三次集体学习时强调，要深化金融供给侧结构性改革，其中的一个重点是：构建多层次、广覆盖、有差异的银行体系，端正发展理念，坚持以市场需求为导向，积极开发个性化、差异化、定制化金融产品，增加中小金融机构数量和业务比重，改进小微企业和"三农"金融服务。BigTech公司参与开放金融发展，可以促进银行业金融机构发展转型，改变同质化竞争的状态。传统商业银行等放贷机构的发展目标普遍聚焦于做大做强，目标客户以大型国有企业和实力雄厚的大企业为主，业务模式较为粗放，在战略、经营模式和服务上同质化现象严重。BigTech公司与金融机构的融合发展，注重通过主动营销获客，注重为"小微贫弱"尾部客户服务，并应用场景嵌套、客户跟踪、征信审查、大数据智能风控、催收处置等一系列差异化服务，有助于改变银行机构的同质化经营现状，解决我国银行业金融机构转型的"老大难"问题。

2. 发展路径：基于 BigTech 公司与金融机构的 SWOT 分析

在开放金融中，BigTech 公司的创新发展有两个基本路径可以选择：一是 BigTech 公司基于自己的数据、技术和网络效应优势，通过较低的边际成本和较高的边际收益，与现有金融机构进行直接的金融服务业务竞争；二是 BigTech 公司与金融机构合作互补，向金融机构提供数据、技术服务和基础架构、解决方案等，或在金融机构与其客户之间提供平台和界面（如允许用户使用银行信用卡、借记卡付款，允许现有金融机构在平台上开展金融服务等），而金融机构则向 BigTech 公司提供基础设施和资金，帮助其更好地提供金融服务。在未来开放金融的发展过程中，BigTech 公司的创新发展路径选择既要考虑其与金融机构的优势与劣势，也要考虑各自面临的机会与威胁，因此可以基于 SWOT 框架进行分析。

（1）BigTech 公司的 SWOT 分析

BigTech 公司发展开放金融的优势是掌握前沿信息科技，边际成本低，普惠属性明显，具备风控所需的数据、场景、技术与模型优势；劣势是缺乏客户基础，对金融风险的理解与管控能力较弱，缺乏全面的风险管理架构；机会是国家积极推动"互联网+"和创新发展，大力倡导普惠金融和金融扶贫；威胁是金融科技监管力度不断加大，监管体系日益完善，传统金融机构正在利用信息科技改革业务模式和推进产品创新，BigTech 公司之间存在恶性竞争和"劣币驱逐良币"（见表 7-1）。

表 7-1 BigTech 公司发展开放金融的 SWOT 分析及战略选择

	优势	劣势
BigTech 公司的 SWOT 特征	●掌握前沿信息科技 ●边际成本低 ●普惠属性明显 ●具备风控所需的数据、场景与模型优势	●缺乏客户基础 ●对金融风险的理解与管控能力较弱 ●缺乏全面的风险管理架构

续表

机会	机会-优势与战略选择	机会-劣势与战略选择
● 国家积极推动"互联网+"和创新发展 ● 大力倡导普惠金融和金融扶贫	● 根据自身的信息科技优势，聚焦尚未被传统金融体系覆盖的服务群体和领域，开展金融服务	● 不断培养客户和完善风险管理体系；加强与传统金融机构的合作，实现优势互补，减少客户流失，缓解风险管理压力
威胁	威胁-优势与战略选择	威胁-劣势与战略选择
● 金融科技监管力度不断加大 ● 监管体系日益完善 ● 传统金融机构正在利用信息科技改革业务模式和推进产品创新 ● BingTech 公司之间存在恶性竞争和"劣币驱逐良币"现象	● 自主经营金融业务，不断提升经营管理能力，同时应对同业或金融机构的竞争压力；利用自身的信息优势，与传统金融机构进行业务合作	● 自主经营金融业务，不断积累客户和提升风险管理水平；与传统金融机构合作，利用自身的信息科技优势与金融机构的客户基础和风险管理体系，共同应对竞争压力

（2）金融机构的 SWOT 分析

传统金融机构发展开放金融的优势是沉淀客户基础好，金融业务经验多，风险管理体系比较完善，以及拥有大量的强实名客户数据资源；劣势是思维、理念转化慢，改革转型的内部阻力大、成本高，组织管理架构、考核激励机制与开放金融发展不匹配；机会是金融服务存在较大的结构性问题，监管部门持续要求金融提升服务实体经济能力；威胁是金融体系的市场准入更加顺畅，传统金融机构在向金融科技转型过程中存在恶性竞争，客户行为偏好发生变化和对服务体验的要求提高，以及新兴金融科技企业发展导致客户和资金分流（见表7-2）。

表 7-2　传统金融机构发展开放金融的 SWOT 分析及战略选择

	优势	劣势
传统金融机构的 SWOT 特征	● 沉淀客户基础好 ● 金融业务经验多 ● 风险管理体系比较完善 ● 拥有大量的强实名客户数据资源	● 思维、理念转化慢 ● 改革转型的内部阻力大、成本高 ● 组织管理架构、考核激励机制与开放金融发展不匹配

续表

机会	机会-优势与战略选择	机会-劣势与战略选择
• 金融服务存在较大的结构性问题 • 监管部门持续要求金融提升服务实体经济能力	• 积极引入信息科技改造经营模式,创新服务产品,扩大服务范围,提升服务质效;与优秀信息科技企业合作,实现优势互补	• 与BigTech公司合作,减少改革阻力和成本,同时扩大服务范围,提升服务质效
威胁	威胁-优势与战略选择	威胁-劣势与战略选择
• 金融体系的市场准入更加顺畅 • 传统金融机构在向金融科技转型过程中存在恶性竞争 • 客户行为偏好发生变化和对服务体验的要求提高 • 新兴金融科技企业发展导致客户和资金分流	• 加强与BigTech公司的合作创新,或自主开发引入信息科技,形成差异化的市场定位、业务模式和独特优势,缓解同业竞争压力,增强客户黏性	• 根据优势互补原则,主动联系优质BigTech公司,打造稳定的合作关系,这样既不存在改革阻力,又可缓解竞争压力

从以上对BigTech公司和金融机构的SWOT分析可知,金融机构在金融市场筹集资金的成本低,金融核心风险控制能力强,但技术基因不及BigTech公司;而BigTech公司则在技术上具有核心优势,在跨界联动、快速占据市场需求空白点方面具有明显的竞争优势。两者结合有助于拓展各种应用场景,构建更为完善的金融科技生态圈,未来开放金融中BigTech公司的主流创新路径应该是与金融机构的合作融合。具体到微观个体,信息科技企业与传统金融机构的合作成效如何,取决于信息科技企业与传统金融机构融合之后发生的是物理变化、化学变化还是核裂变。

3. 制约因素:信息保护和监管政策的不确定性

开放金融中BigTech公司面临的主要制约因素包括个人信息的使用和保护,以及监管政策的调整和出台。

(1) 个人信息的使用和保护

BigTech公司发展金融业务尚未形成系统性的行业标准、行为规则和处理机制,存在创新有余而规范不足的问题,出现了许多打着金融创新、科技创新旗号的金融乱象,对行业发展产生了严重的负面影响,数据隐私、网络安全等成为制约 BigTech 公司创新的重要因素。目前，在客户数据使用和保护中主要存在以下三个方面的风险。一是数据泄露风险。在开放金融模式下，客户信息数据被众多参与主体持有，数据存储点和传输频度增加，为大规模黑客攻击提供了访问缺口，增大了信息泄露的风险，进而对公司品牌和行业发展造成严重的负面影响。二是网络安全风险。开放金融依托互联网渠道为客户提供服务，其接口具有公开的共享属性，一旦被恶意调用并发起拒绝式服务攻击，可能导致金融机构系统服务不可用，造成业务中断。三是外部风险。如果安全性校验、安全加固等保护措施不到位，则存在被应用方恶意篡改、逆向调试、二次打包等风险，可能导致服务器被入侵等不良后果。当前我国正在研究制定个人金融信息保护条例，未来其对个人金融信息征集、使用和流转权责的界定，以及对信息征集、使用和流转模式的选择，将对 BigTech 公司在开放金融中的创新发展产生重要影响。

（2）监管政策的调整和出台

2017 年第五次全国金融工作会议要求"所有的金融业务都要持牌经营"，金融监管部门正在将这一原则应用于金融科技业务创新监管领域。如 2019 年 12 月 12 日，中国人民银行科技司司长李伟在"2019 中国金融科技上海高峰论坛"上表示，具有中国特色的金融科技创新监管制度要"坚持持牌经营，只有持牌机构才能通过金融科技提供创新的金融服务产品，科技公司可以和持牌金融机构进行合作"。除此之外，在新兴的数字金融热点领域，人工智能、区块链、大数据、云计算等 17 项金融行业标准已经立项，目前正在加紧研究制定，这意味着未来对 BigTech 公司的监管将日趋严格。BigTech 公司在推动开放金融创新发展的过程中，需要高度关注监管政策的调整和出台对业务模式和展业范围带来的约束和冲击。

参考文献

保险区块链项目组：《保险区块链研究》，中国金融出版社，2017。

曹汉平：《数字化观察之三十五：探寻开放银行的本质与未来（上）》，《银行家》2019年第9期。

陈翀：《第三方开放银行平台模式》，《中国金融》2017年第20期。

《陈立吾：制定开放银行的技术规范 应用监管科技提升管理水平》，零壹财经，2018年12月8日。

《服务信托分析框架研究——范式创新与行业转型》，中国信托业协会专题研究课题，2019。

顾雷：《普惠金融呼唤5G时代到来》，财新·博客，2019年9月4日。

《国内外开放银行最新发展状况及商业银行金融科技战略研究》，《民银智库研究》2019年第21期。

黄剑辉：《商业银行供应链金融业务发展态势及提升路径》，《银行家》2019年第11期。

《京东数科ABS区块链方案被权威咨询机构收录》，京品资管，2019年9月。

《京东数科eKYC技术得到泰国市场认可 首款电子钱包Dolfin正式上线》，北京区块链技术应用协会网站，2019年9月12日。

《京东数科发布JDD T1 助力金融机构建立"科技+开放"能力》，《中国物流与采购》2019年第11期。

《开放银行全球创新发展与监管实践研究报告（2019）》，同盾科技金融科技研究院，2019年7月。

李凌：《"平台经济"视野下的业态创新与企业发展》，《国际市场》2013年第4期。

刘勇、李达：《开放银行：服务无界与未来银行》，中信出版社，2017。

马向东：《从"开放银行"看"开放保险"》，《中国保险报》2018年12月4日。

麦肯锡：《全球数字化银行战略分析》，《新金融》2019年第3期。

民生银行研究院金融研究团队：《国内外开放银行最新发展状况及商业银行金融科技战略研究》，《民银智库研究》2019年第21期。

《如何在金融科技行业的竞争中保持优势》，同花顺财经，2018年8月30日。

邵宇、罗荣亚：《金融监管科技：风险挑战与策略应对》，《中证金融与法律研究》2019年第3期。

史健勇：《优化产业结构的新经济形态——平台经济的微观运营机制研究》，《上海经济研究》2013年第8期。

孙中东：《普惠金融服务模式——打造互联网银行在线综合金融服务SDK》，《中国金融电脑》2017 年第 1 期。

谭明红：《发展开放银行面临的问题及建议》，《金融科技时代》2019 年第 6 期。

田忠方、戚奇明：《汽车金融重塑健康路》，《上海金融报》2019 年 9 月 27 日。

汪存富：《开放创新和平台经济：IT 及互联网产业商业模式创新之道》，电子工业出版社，2017。

王和：《金融科技在财险行业的探索与实践》，《清华金融评论》2017 年第 12 期。

王和、周运涛：《区块链技术与互联网保险》，《中国金融》2016 年第 10 期。

王丽娟：《开放银行的本质是数据共享》，《中国银行保险报》2019 年 9 月 10 日。

王蕊、颜大为：《开放银行生态圈的理论基础、经验探索与发展路径》，《西南金融》2019 年第 11 期。

徐晋、张祥建：《平台经济初探》，《中国工业经济》2006 年第 5 期。

杨兵兵：《开放银行如何开放》，《当代金融家》2019 年第 2 期。

杨东、顾雷：《开放银行的理念创新及监管价值取向》，《清华金融评论》2019 年第 11 期。

杨东、龙航天：《开放银行的国际监管启示》，《中国金融》2019 年第 10 期。

杨涛：《理解开放银行变革的八个视角》，《当代金融家》2019 年第 Z1 期。

杨望、王姝妤：《开放银行国际范式与中国实践》，《中国金融》2019 年第 11 期。

《央行科技司司长李伟：做金融科技创新服务必须要持牌》，第一财经网站，2019 年 12 月 12 日。

姚江涛：《信托业如何"承信受托"谋转型》，《当代金融家》2019 年第 9 期。

姚江涛、袁田：《智能时代信托公司的数字化转型》，《中国银行业》2019 年第 1 期。

易宪容、陈颖颖、周俊杰：《开放银行：理论实质及其颠覆性影响》，《江海学刊》2019 年第 2 期。

《银行业协会李健：从五个角度探究开放银行的概念与作用》，金融科技研究微信公众号，2019 年 5 月 31 日，https://mp.weixin.qq.com/s/hsmE2ChdlIFBPmIu1eLpwQ。

袁田：《基于账户的信托数字化管理》，《金融时报》2019 年 8 月 5 日。

张继胜、王苏星、吴兰：《信托金融纲要》，中国金融出版社，2014。

郑岩：《API 经济驱动共享金融服务升级》，《金融电子化》2018 年第 2 期。

周科：《开放银行理念的缘由、实施和挑战》，《清华金融评论》2018 年第 6 期。

朱太辉：《我国 FinTech 发展演进的综合分析框架》，《金融监管研究》2018 年第 1 期。

"FinTech and Market Structure in Financial Services: Market Developments and Potential Financial Stability Implications", FSB, Feb. 14, 2019.

Frost, J., Gambacorta, L., Huang, Y., et al. "BigTech and the Changing Structure of Financial Intermediation", *Financial Market Research*, 2019(9).

第八章 我国发展开放金融的外部保障

刘 勇 孙 鲁*

摘 要：2017年后，中国进入金融科技4.0时代，金融与科技高度融合发展，金融开放性持续增强。在这一阶段，一切以用户需求为核心，突破了金融服务在空间和时间上的限制，开放金融迅速发展。在开放金融发展的背后，离不开各种因素的保障。从制度层面看，无论是战略目标还是政策需求，都要求开放金融又好又快发展；从经济层面看，又好又稳的经济形势为开放金融发展保驾护航；从技术层面看，"ABCD"（人工智能、区块链、云计算、大数据）助推开放式技术体系形成；从文化层面看，开放共享理念推动开放金融有序变革；从人才层面看，人才需求缺口大，但供给能力不断增强。

关键词：金融科技 开放金融 金融服务 数字普惠 外部保障

2017年后，中国进入金融科技4.0时代，金融与科技高度融合发展，金融开放性持续增强。这一阶段以大数据、云计算、人工智能和区块链等颠覆性技术进行革新，将传统银行、证券、保险业务进行分解，提供高效率、高附加值、便利性的商品与服务，极大地降低了交易成

---

* 刘勇，中关村互联网金融研究院院长，中关村金融科技产业发展联盟秘书长，中国互联网金融三十人论坛（CIF30）秘书长。孙鲁，中国人民大学经济学硕士，中关村互联网金融研究院研究三部主任，主要研究领域为金融科技、小微金融、文化创意等。

本，提升了金融行业的运转效率。科技的爆发式发展和用户的深度拥抱让中国的金融科技跳出了原有的金融工具、金融渠道和金融服务框架，在全维度实现了开放、共享、普惠、共赢。在这一阶段，一切以用户需求为核心，金融服务在空间和时间上的限制瓦解，开放金融迅速发展。在开放金融发展的背后，离不开各种因素的保障。只有在综合保障的前提下，金融机构才会加快建立开放的账户体系、数据接口和运营渠道，为用户提供更加丰富、优质的服务。本章认为，开放金融的发展，制度保障是前提，经济保障是基础，技术保障是核心，文化保障是重点，人才保障是关键。从制度层面看，无论是战略目标还是政策需求，都要求开放金融又好又快发展；从经济层面看，又好又稳的经济形势为开放金融发展保驾护航；从技术层面看，"ABCD"（人工智能、区块链、云计算、大数据）助推开放式技术体系形成；从文化层面看，开放共享理念推动开放金融有序变革；从人才层面看，人才需求缺口大，但供给能力也在不断增强。

一 制度保障：制度要求开放金融又好又快发展

我国目前尚未出台开放金融专项政策，但是无论是我国发展整体战略，还是金融发展相关要求，都需要开放金融又好又快发展。中共十八届五中全会提出创新、协调、绿色、开放、共享五大发展理念，其中开放是国家繁荣发展的必由之路，共享是中国特色社会主义的本质要求。开放金融的理念，在本质上与我国五大发展理念相契合，是创新、协调、绿色、开放、共享理念的具象化和应用。

（一）增强金融服务实体经济能力战略要求开放金融持续快速发展

党的十九大报告指出，要"增强金融服务实体经济能力"。现代金融体系的根本目的是服务实体经济，在我国经济发展的新时代，现代金融体系只有在为实体经济服务中才能实现自身的持续健康发展。习近平总书记也多次强调，要深化金融供给侧结构性改革，增强金融服务实体经济能力。金融服务实体经济，首先应该做到两个层面的开放。一是金融机构之间的开放，即各类金融机构应当不断开放自身数据、渠道和相关业务，加强联动沟通，提升服务动能。加强业务融合，创新服务能力，开放更多的服务接口，为服务实体经济创造更多有利条件。二是金融与实体经济之间的开放，即金融机构与实体经济之间在数据、业务、服务、业态等层面不断加深合作，强化科技赋能、金融赋能，拓展渠道，让庞大的资金涌入优质高效的实体经济，让实体经济的发展回馈金融系统，形成金融、实体双层面良性循环。要实现上述两个层面的开放，就必须推动开放金融发展。以开放金融为开放实体经济发展提供资金动能，以开放实体经济为开放金融发展提供业务势能，形成开放型生态系统。

（二）金融国际化政策要求开放金融为国际竞争贡献力量

中国的金融开放，经历了由金融市场到金融展业、由流入开放逐渐带动流出开放的过程，金融开放的广度和深度正在经历最关键的变动。[①] 以 2018 年博鳌论坛召开为标志，我国金融展业领域对外开放呈"指数级"加速，外资进入中国从事金融业务的政策阻力实质性减弱。2019 年 7 月，国务院金融稳定发展委员会办公室公布了金融业对外开放"新 11 条"。随后，银保监会发布 7 项对外开放新政策措施，持续推进银行业、保险业对外开放，优化金融领域外资营商环境。证监会更是宣布将提前在 2020 年逐步取消证券公司、基金管理公司、期货公司外商持股比例限制，国际竞争近在眼前。为应对国际金融竞争，除了优化自身业务结构、提升技术能力外，还需要加强合作、增强凝聚力。传统的业务合作模式作用有限，必须采取新型的、更深层次的合作模式，即开放合作模式。金融机构之间数据、业务、渠道的开放共享程度将能够对金融国际竞争起到重要作用。

---

① 《中国金融市场开放专题：外资将如何配置中国资产》，新浪财经，2019 年 11 月 24 日。

(三) 数据保护相关政策的制定将推进金融业务的有序开放

开放金融首先要求数据共享,而数据共享必然会导致数据安全问题。目前,国际上部分国家已经针对数据安全问题制定了法规政策。2018年5月25日,欧盟《一般数据保护条例》(GDPR)正式生效。在GDPR实施的第一年,约有9万家企业主动上报了数据违规行为,而相关消费者投诉案件也达到14.5万件。2019年10月10日,加利福尼亚州检察长贝维尔(Xavier Becerra)宣布实施规则和条例以促进《加利福尼亚消费者隐私法》(CCPA)的实施。拟议的实施规则将建立一个可行的程序来保护CCPA下的消费者新权利,并为公司如何遵守CCPA提供指导。目前我国还没有专门的法律法规来约束数据的使用,仅有《银行业金融机构数据治理指引》等个别政策,但是立法呼声很高,近几年我国必然会出台相关的文件。随着数据保护的不断升级和隐私保护机制的不断健全,隐私泄露的后顾之忧会越来越少,如何充分利用数据信息做好开放金融将成为不言而喻的主题。不仅API、SDK等接口的开放会持续推进,开放的账户体系、产品平台和运营渠道也会诞生。

(四) 开放金融类社会组织逐渐增多,业务开放、模式共赢成为金融发展共识

2019年3月,在华为中国生态伙伴大会上,华为携手中标软件(中国软件)、东方通、东华软件、中科软、神州信息、宇信科技、先进数通、常山北明、金蝶天燕等17家生态伙伴共同成立金融开放创新联盟,重点围绕核心交易系统、经营分析管理系统、智慧金融新业务、办公支撑系统四大业务场景,构建完整解决方案,共建金融开放生态。未来,将会有更多开放金融类组织成立,催生出更多的创新模式。

二 经济保障:又好又稳的经济形势为开放金融发展保驾护航

从宏观经济发展形势来看,我国GDP已经进入平稳增长阶段,

GDP 实际增长率也已经回落到合理增长区间（见图 8-1）。据 IMF《世界经济展望》预测，中国 2020 年 GDP 增速预计达到 6.9%，依然位居世界第一（见图 8-2）。在未来一段时间内，我国 GDP 增速会维持在 6% 左右。稳定的经济增长规模能够为产业扩张保驾护航，帮助产业经济体掌握内生发展节奏。开放金融的发展离不开宏观环境提供的增长条件，新常态形势下的经济增长规律符合开放金融发展的内在逻辑。

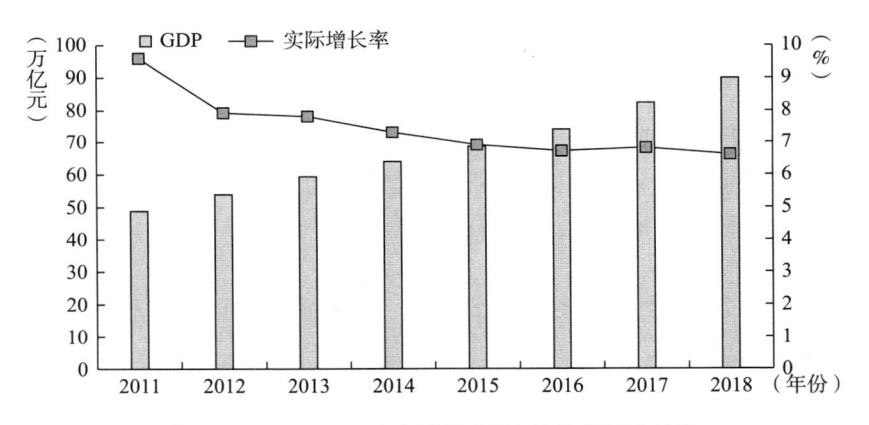

图 8-1 2011~2018 年我国 GDP 及其实际增长率

资料来源：根据国家统计局官方数据绘制。

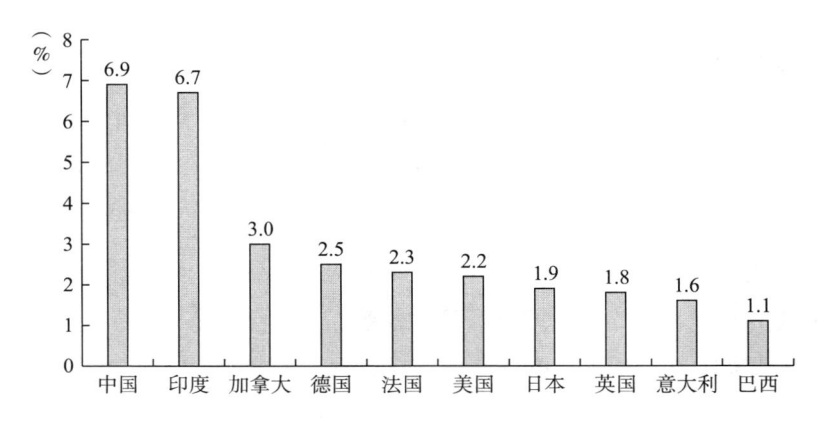

图 8-2 2020 年 GDP 增速预测

资料来源：IMF《世界经济展望》。

（一）稳定的金融环境是开放金融发展的重要保障，守住不发生系统性金融风险底线是开放金融良性、有序运行的稳定器

2019年11月，中国人民银行发布《中国金融稳定报告（2019）》，认为虽然中国经济金融发展面临的外部挑战明显增多，但是金融服务实体经济的力度逐渐加大，金融秩序不断好转，金融改革开放取得进展，实现了打好防范化解重大金融风险攻坚战的良好开局，为经济持续健康发展和社会大局稳定做出了贡献。由于我国经济的韧性较强，居民储蓄率高，微观基础充满活力，重要金融机构运行稳健，宏观政策工具充足，监管体制机制健全，防范化解风险经验丰富，因此当面对更加复杂的形势和环境时，我国依然能够积极应对，稳妥处置和化解各类风险隐患，守住不发生系统性金融风险底线。

（二）传统金融机构发展趋稳，调结构、转型升级要求开放金融发展

2019年，银行业规模增速有望筑底企稳，净利息收入总体相对稳定，净手续费收入修复改善，但在潜在风险因素以及"以丰补歉"的思路下，全年利润释放预计将受到制约，银行业经营业绩或稳中趋缓。① 截至2018年底，中国保险市场共有228家保险机构，较上年同期增加9家。2018年全国保费收入约为3.8万亿元，同比增长3.92%。保险业总资产约为18.3万亿元，同比增长9.45%，总体增速放缓。② 截至2018年底，131家证券公司全年合计实现营业收入2662.87亿元，较上年同期下降14.47%；实现净利润666.20亿元，较上年同期下降41.04%。相较于2018年，2019年随着政策红利适当，市场业绩逐渐回暖，上半年我国131家证券公司实现营业收入1789.41亿元，实现净利润

---

① 《中国银行业发展报告（2019）》，中国银行业协会，2019年7月10日。
② 《中国保险业发展报告（2019）》，北京大学经济学院，2019年10月18日。

666.62 亿元。①

综上所述，银行、保险、证券三大传统金融行业都呈现发展趋稳的态势，面临调结构、转型升级的任务。开放金融能够在一定程度上满足传统金融行业转型需求，促进发展。开放银行模式已经逐渐被银行所接受。虽然目前在开放服务的过程中不涉及核心数据的共享，但是通过开放 API、SDK 对外输出金融服务能力加强了自身与客户之间的联系。预计在不久的将来，开放银行模式会得到更加广泛的应用，保险、证券等行业也会加入开放金融大潮中，出现诸如开放保险、开放证券等新模式。中国银行业金融机构开放银行实践见表 8-1。

表 8-1 中国银行业金融机构开放银行实践

时间	机构	开放银行实践
2012 年	中国银行	发布中银开放平台，开放 1600 多个接口
2018 年 7 月	上海浦东发展银行	2018 年 7 月，推出业内首个 API Bank 无界开放银行。全面开放银行服务，无缝融入社会生活、生产、管理的各个环节，将场景金融融入互联网生态，围绕客户需求和体验，即可通过企业门户网站、企业资源计划管理系统、微信小程序、合作伙伴 App 等各种渠道调用银行 API，形成即想即用的跨界服务 截至 2019 年 7 月，上海浦东发展银行 API Bank 已开放 279 个 API 接口，涉及银行开户、网贷、出国金融、跨境电商、缴费支付等业务功能
2018 年 8 月	中国工商银行	将全面实施 e-ICBC 3.0 互联网金融发展战略，向"智慧银行"转型
2018 年 9 月	中国建设银行	计划 2019 年 2 月所有的银行服务功能对外开放
2018 年 9 月	招商银行	宣布迭代上线两款 App 产品 7.0 版本——招商银行 App7.0、掌上生活 App7.0，将手机应用打造为一个开放式平台，在这个平台上通过 API、H5 和 App 跳转等连接方式，实现金融与生活场景的连接
2018 年	亿联银行	提出"S.M.A.R.T"架构设计思路，打造"金融连接器"
2018 年 10 月	众邦银行	发布众邦银行开放平台

资料来源：根据网络公开资料整理。

---

① 《中国证券业发展报告（2019）》，中国证券业协会，2019 年 8 月 28 日。

（三）金融科技发展进入新阶段，为开放金融发展提供良好环境

2019年，我国金融科技进入更加重视高质量发展、更加关注优化结构运行的新阶段。金融科技企业营收规模稳步增长，预计到2020年将达到19704.9亿元；单位企业融资规模趋于稳定，预计到2020年将达到2013.6万美元（见图8-3）。营收规模和单位企业融资规模的"双稳"结构基本成形，发展稳定、后劲充足的特征已经显现。① 在"双稳"结构下，企业的对外接口更多，业务覆盖范围更大，为开放金融发展提供了良好环境。

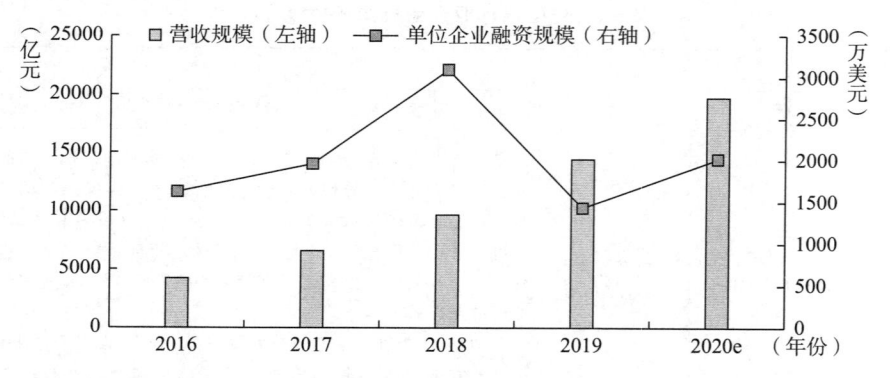

图8-3 2016~2020年我国金融科技企业营收规模和单位企业融资规模发展情况

注：2020年为预测值。
资料来源：《中国金融科技和数字普惠金融发展报告（2019~2020）》，中关村互联网金融研究院，2019年12月19日。

（四）数字普惠金融发展要求金融开放性不断提升

我国的数字普惠金融已经形成以银行类金融机构、非银行金融机构、互联网巨头、金融科技企业等为服务主体，以"三农"服务、精

---

① 《中国金融科技和数字普惠金融发展报告（2019~2020）》，中关村互联网金融研究院，2019年12月19日。

准脱贫、小微企业融资和智慧城市建设等为服务对象，以支付体系、信用体系、产权交易市场、资本市场等为基础设施，以政策体系、法律体系等为制度保障的生态系统（见图 8-4）。

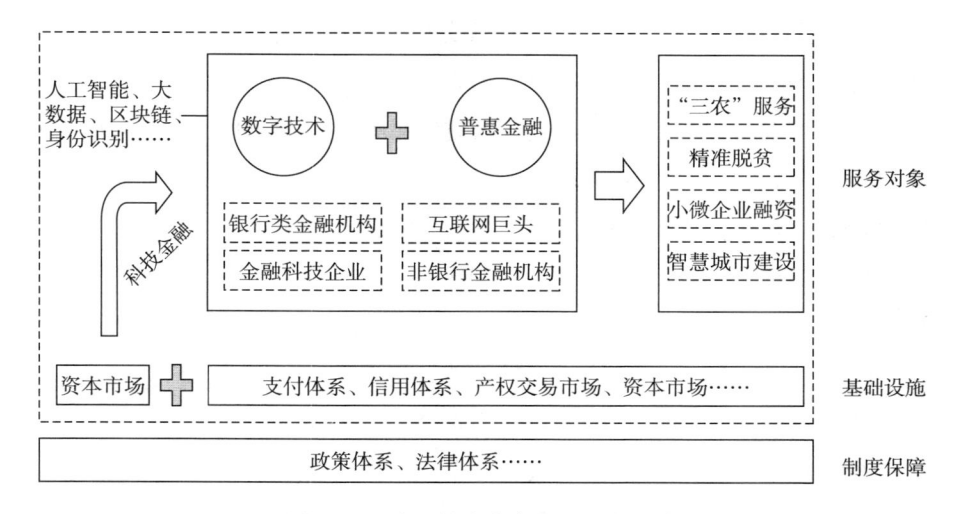

图 8-4　我国数字普惠金融生态系统

资料来源：中关村互联网金融研究院。

目前，各服务主体都在不断扩展自身的开放性，推动普惠发展。银行类金融机构借力开放银行，推行场景化的数字普惠金融发展模式，及时、高效地满足了民众在日常生活中小额、分散的金融需求，服务不断下沉。非银行金融机构深入农村普惠，扩展数字普惠金融服务覆盖面。很多小贷公司通过与技术公司、数据公司合作共享信息，优化风控模型，助力乡村振兴。互联网巨头基于海量数据，不断完善"技术+场景+金融服务"的业务闭环，形成商业模式，同时不断扩大对外数据接口，不断延伸服务范围。金融科技企业扩大业务合作范围，强化金融风控，降低普惠成本。随着 2020 年我国全面建成小康社会，数字普惠金融的战略重点将从扶贫脱贫逐渐转移到提升生活质量、优化金融环境方面，乡村振兴战略和小微企业对数字普惠金融的要求会更高，对金融机构开放性的要求会更加细化、精准化，开放金融在数字普惠金融中的重要性会进一步提升。

三 技术保障:"ABCD"助推开放式技术体系形成

开放金融需要开放式技术体系做支撑。数字技术的发展使得社会生活的各种物理互动逐步被数字媒介所取代,互联网技术和移动设备的普及加速了数字化的进程。随着人工智能、物联网、生物技术和量子计算等技术的突破,人员、组织和机器之间的互联性日益增强。商业运营开始向数字化转变,数字经济应运而生,不断改变和重塑消费者获得服务、信息和商品的方式。数字化进程带来了三项重要的改变:第一,用户行为和期望发生了极大的改变,用户对产品和服务即时性和便捷性的要求越来越高;第二,有关用户的行为信息以及与用户的触达点都从线下转移到了线上;第三,用户转换服务商的门槛越来越低,用户的忠诚度在很大程度上取决于产品和服务是否满足了其需求。[①] 这三项改变都要求金融服务必须具备相当的开放性。

以"ABCD"为代表的数字技术日渐成熟,开放式技术体系不断形成。这些技术不仅互相之间可以融合共进,而且要求所需信息数据必须具有开放共享属性。以"ABCD"为代表的数字技术的发展程度,代表了开放金融在技术层面的开放程度。综观近年来"ABCD"的发展情况,金融科技底层技术不断发展,适用范围逐渐扩大,创新能力进一步增强,"ABCD+"技术生态正在逐步完善。

人工智能产业市场规模扩展迅速。2019年上半年,我国人工智能核心产业市场规模超过49.6亿美元,同比增长约32.6%。《中国新一代人工智能科技产业发展报告(2019)》指出,我国人工智能企业占世界人工智能企业总数的21.67%,排名世界第二,其中应用层企业占比为75.2%,人工智能正在成为我国经济发展的新引擎。2018年,我国共申请3万项人工智能公开专利,约是5年前的10倍,是美国的2.5

---

① 《科技金融时代下:银行的智能金融之路》,199IT中文互联网数据资讯网,2018年11月14日。

倍，排名世界第一。① 我国在人工智能应用层面的专利占比领先，是全球人工智能专利布局最多的国家。②

区块链产业正在迎来新一轮增长期。2018~2019 年，区块链产业规模和竞争实力持续升级。经营区块链相关业务的企业从 2016 年开始呈爆发式增长，到 2018 年已超过 1.5 万家。③ 截至 2018 年，区块链产业规模约为 10 亿元，区块链相关产品交易、教育等衍生产业规模约为 40 亿元。2016~2018 年，大型 IT 互联网企业纷纷布局区块链，初创企业进入井喷模式，投融资频次及额度剧增，产业规模不断扩大。④ 区块链领域专利申请量稳步增长，占比不断提高。截至 2018 年，我国区块链领域专利申请量达到 2435 件，较上年增长了 1 倍；专利申请量占全球的比重达到 81.6%，较上年的占比大幅提升（见图 8-5）。

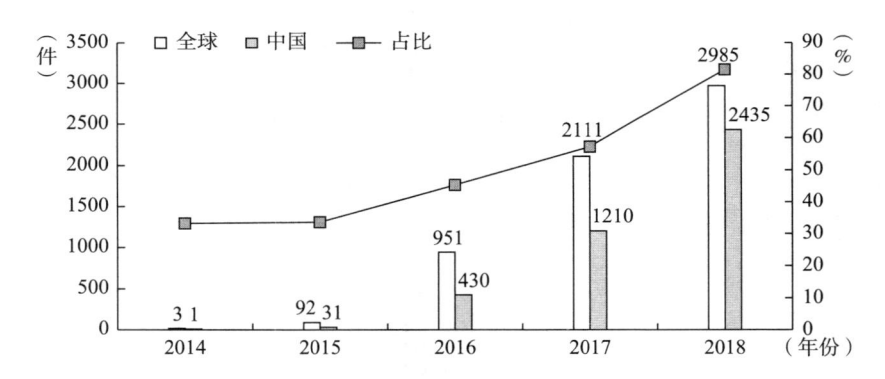

图 8-5 2014~2018 年全球和中国区块链专利申请情况

资料来源：根据工信部赛迪区块链研究院发布数据绘制。

云计算产业规模不断扩大，市场前景广阔。2018 年，我国云计算市场规模达到 962.8 亿元（见图 8-6），但与美国相比，仅相当于美国

---

① 《中国在人工智能专利申请排名中超过美国》，《日经亚洲评论》2019 年第 3 期。
② 《中国新一代人工智能科技产业发展报告（2019）》，中国新一代人工智能发展战略研究院，2019 年 5 月 18 日。
③ 《2019 腾讯区块链白皮书》，腾讯研究院，2019 年 10 月 19 日。
④ 《2018~2019 中国区块链年度发展报告》，工信部赛迪区块链研究院，2019 年 4 月 28 日。

的 8% 左右，云计算市场发展前景仍较为广阔。

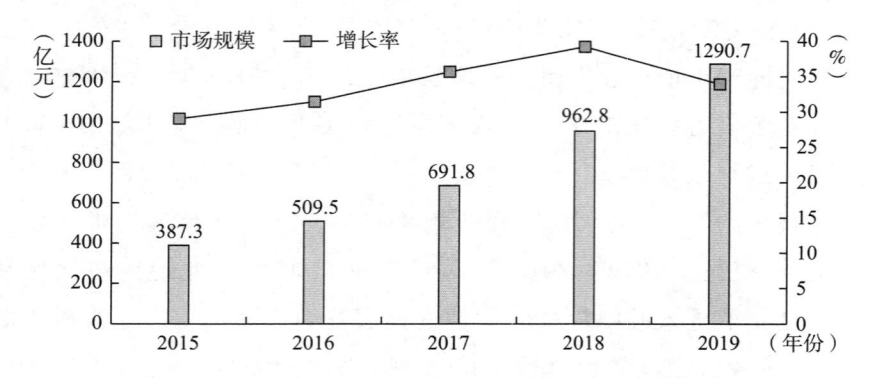

图 8-6　2015~2019 年我国云计算市场规模及其增长率

资料来源：《中国云计算产业发展白皮书》，国务院发展研究中心，2019 年 10 月 12 日。

麦肯锡等研究机构的数据显示，2018 年，美国企业上云率已经达到 85% 以上，欧盟企业上云率也在 70% 左右。而据中国电子学会等组织和机构的不完全统计，2018 年，中国各行业企业上云率只有 40% 左右，在数字经济核心基础设施建设方面还有较长的路要走（见图 8-7）。

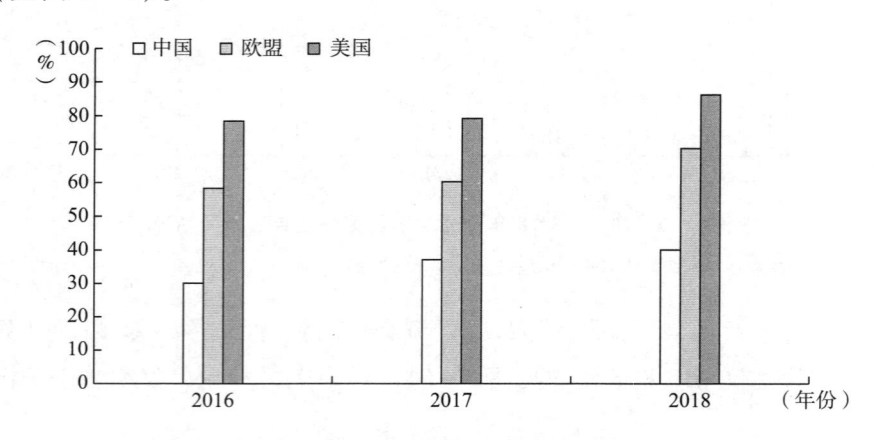

图 8-7　2016~2018 年美国、欧盟和中国企业上云率

资料来源：《中国云计算产业发展白皮书》，国务院发展研究中心，2019 年 10 月 12 日。

云计算在金融领域的应用范围进一步扩展。目前近 90% 的金融机构已经或者正在计划应用云计算技术推动数字化转型，已在使用云计算技术的金融机构比重达到40%以上，计划使用云计算技术的金融机构比重也达到45%以上。其中，大型银行倾向于自建云系统，中小型银行倾向于利用已有的云服务。保险领域云计算部署应用比较灵活，整个架构体现出高弹性、高可用、强部署性和开放性的特点。金融科技企业对云计算的需求主要体现在业务快速部署和运营维护安全两个方面。

大数据产业规模稳步扩大。2019年，我国大数据产业规模超过8000亿元。随着大数据技术的进一步创新应用，预计到2020年，我国大数据产业规模将达到1万亿元（见图8-8）。

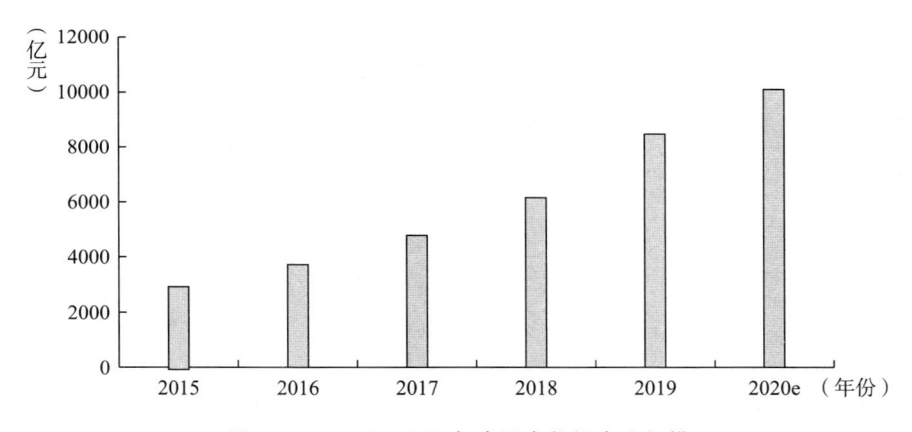

图8-8　2015~2020年我国大数据产业规模

注：2020年为预测数据。
资料来源：中商产业研究院数据库。

大数据技术自主研发能力需增强，创新应用能力持续提升。2018年，我国大数据领域专利公开量约占全球的40%，位居世界第二。但我国大数据技术大部分为基于国外开源产品的二次改造，核心技术能力亟待提升。国内主流大数据平台技术中，自主研发比例不超过10%。在应用规模方面，我国已经完成大数据领域最大集群（万台节点）的公开能力测试。在效率能力方面，我国大数据产品在国际大数据技术能力竞争平台上也取得了优异成绩。

大部分金融企业尚未统一内部数据，而在应用外部数据和创新方面也还处在起步阶段。超过 1/4 的金融企业只是针对各个业务系统内部做简单的报表分析，没有跨系统的数据分析，数据内容都是传统的结构化数据。在数据治理环节，虽然已经通过数据仓库和数据集市形成了初步的数据治理体系，但仅限于关系型数据的金融企业占据主体，非结构化数据治理仍然是金融企业的难点。国内金融机构的数据挖掘能力处于爬升阶段。其中，60% 的金融机构已经能够形成一定规模的分析主题，能够满足企业初步的分析需求，实现企业运营分析，基本可满足描述型分析需求。国内金融企业的数据架构搭建工作大多处于爬升阶段。超过半数的金融企业已完成了初步的数据架构搭建，制定了相关的数据规范和数据模型，能够支撑企业运营分析。国内金融机构对大数据基础设施建设的投入已经达到较高水平，已有近一半的金融企业建设了独立的数据分析平台，主要采用关系型数据库技术以及传统的 BI 工具（见图 8-9）。

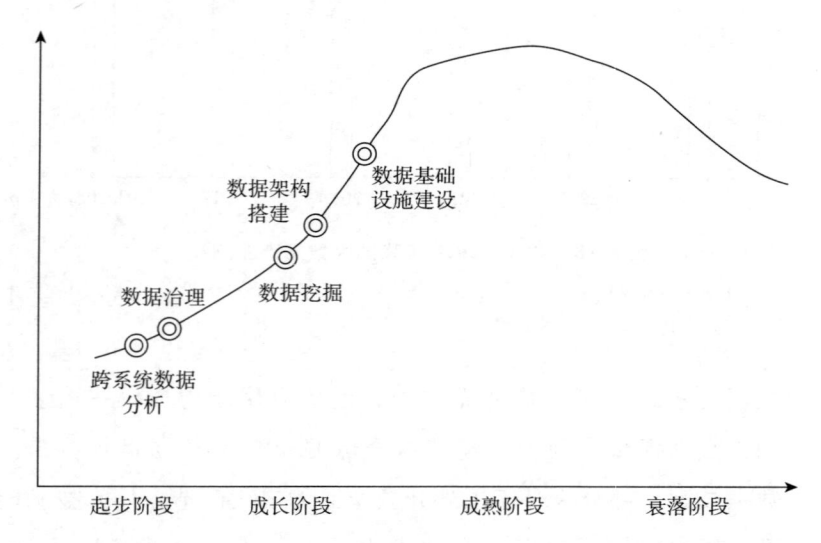

图 8-9　2019 年我国金融企业对大数据技术的应用情况

资料来源：根据中关村互联网金融研究院发布的《中国金融科技和数字普惠金融发展报告（2019~2020）》以及金科创新社发布的《2019 年金融机构大数据应用情况调查报告》相关信息绘制。

四 文化保障：开放共享理念推动开放金融有序变革

（一）开放金融是适应文化多样化发展的必由之路

文明交流互鉴的深化、文化自信的提升和人民日益增长的文化生活需要，推动文化多样化深入发展，赋予文化多样化以新的特点。[1] 开放共享既是文化多样化的内在要求，又是推动多样化发展的内在动力。文化多样化既代表需求端的多样化，又代表供给端的多样化。开放共享是连接需求端和供给端的桥梁，能够促进文化多元繁荣。从某种程度来看，开放银行也具备"桥梁"属性，它以开放共享为内核，是多样化金融服务供给与需求的桥梁。文化多样化发展不是孤立的，而是伴随着经济社会的发展而发展的，是一种共生关系。经济社会的协作形态能够反映文化的多样性，而文化的多样性属性能够作用于经济社会。金融与文化多样化发展的关系也是如此。因此，文化的多样性属性作用于金融领域的结果，就是开放金融的诞生和发展；而开放金融的诞生和发展，反映了当前的多样化文化性质。

（二）开放金融发展理念与互联网精神相契合

中国互联网的发展史，实质上是一段走向开放共享的历史。如果说互联网是 20 世纪以来人类几乎最伟大的发明，那么开放共享则是其精神维度的伟大之处。[2] "开放、平等、协作、快速、分享"的互联网精神已经融入整个社会的文化中，成为集体无意识的一部分。随着互联网思维逐渐成为社会主流的思考方式，开放共享理念的内核也在不断扩大。从根本上讲，开放共享理念是思维层面的基础设施，是文化 API 接口。开放金融中"开放"的文化内涵，实质上是对互联网精神和思维

---

[1] 《人民观察：文化多样化新特点探源》，人民网，2019 年 3 月 22 日。
[2] 《开放共享，是中国互联网的全球使命》，《新京报》2017 年 12 月 3 日。

的提取及延伸,是开放共享理念在金融领域的具体表现。开放金融的发展路径,会经历跨数据、跨业务、跨产业、跨业态、跨生态几个阶段。开放金融的发展进度与开放共享理念的深化程度高度一致,每一个阶段的跨越式发展都代表着开放共享的进一步深化。

(三) 社会价值观变化要求开放金融为新需求服务

不同于以往以生产为主导的社会,消费社会中物质产品已经得到极大的丰富。因此,人们以往对资源"占有"权的重视,会让位给对环境质量、社会关系幸福指数等新价值观念的追求。单纯的金融服务、单一的金融功能已经不能满足客户的需求,综合性金融服务、以幸福为标的的金融产品才是未来客户买单的金融商品。而这类金融商品的生产和研发,必须依赖金融算力共享、数据共享、规则共享和信任共享,开放金融必须承担起服务新需求、生产新商品的责任。另外,随着90后、00后不断参与社会建设,逐渐成长为经济社会发展的中坚力量,其秉承的价值观、文化理念会融入实际工作中。90后、00后作为初代网络"原住民",天然就具有开放、共享、平等、公正等意识。《2019腾讯00后研究报告》显示,00后更加注重开放、自我超越。对于他们来说,开放共享是社会发展的自然属性,不具备开放共享特征的产品或服务无法获得认同。

(四) 新型关键技术推动开放共享理念落地开放金融

以人工智能、大数据、云计算、区块链为代表的金融科技关键底层技术应用范围越来越广,其背后支撑的开放共享网络覆盖范围也越来越大,推动经济金融主体关系深刻变革。2019年10月24日,中共中央政治局就区块链技术发展现状和趋势进行第十八次集体学习。习近平总书记强调,要把区块链作为核心技术自主创新的重要突破口,加快推动区块链技术和产业的创新发展。区块链的核心特征是去中心化,本质是开放共享。把区块链作为核心技术自主创新的重要突破口,意味着要把开放共享的理念落到实处,扎根到整个金融经济的生态中,推动开放金融的全局发展。加快推动区块链技术和产业的创新发展，实质上就是加快推动开放共享理念在技术和产业发展中的创新应用。开放 API、SDK 等数据接口只是开放共享应用中的第一步，在此基础上，关键底层技术会推动金融机构创新应用模式，扩展应用范围，从数据端走向资产端，最后遍历整个金融系统。

五 人才保障：需求缺口大，但供给能力不断增强

近年来，随着大数据、人工智能、云计算、区块链等新兴技术对金融行业赋能，以及文化创意、普惠服务等与金融行业深度融合，金融人才的供给和需求都在经历一轮深刻的变革。金融科技是当前金融竞争的焦点，同时也是开放金融内涵的重要组成部分。对金融科技人才的需求，能够比较充分地反映对开放金融人才的需求。从最近几年的相关研究来看，金融科技人才缺口巨大。全球招聘顾问公司 Michael Page（中国）发布的《2018 年中国金融科技就业报告》显示，92% 的受访金融科技企业正面临严重的金融科技专业人才短缺问题。报告还显示，85% 的受访雇主表示他们遇到招聘困难，45% 的受访雇主表示他们面临的最大招聘困难是难以找到符合特定职位需求的人才。相关统计数据显示，2018 年金融科技人才招聘需求同比增长 290%。根据怡安翰威特的调研结果，2019 年仍有近 40% 的公司将增加金融科技人才编制，因此许多行业企业面临人才竞争带来的业务发展挑战。全球招聘顾问公司 Michael Page（中国）发布的《2018 中国金融科技招聘趋势：调查和对话》报告指出，目前中国国内金融科技人才缺口约有 150 万人。其中，人工智能、大数据、网络安全等跨领域的复合型人才最为缺乏。开放金融同样需要金融科技人才，金融科技人才的发展情况也制约着开放金融的发展。

但是，开放金融对人才的需求不仅仅是技术类、复合型人才，更多的是要满足其全方位、多领域的综合需求。根据对开放金融概念的认知和相关人才需求的理解，以国际化、复合型、管理型和创新型四大特

征，以及高端研发、渠道管控、风险控制和产品运营四大职能为两大维度，建立开放金融人才需求模型（见图 8-10）。研究认为，开放金融对国际化、创新型高端研发人才，管理型渠道管控人才，国际化、管理型、创新型风险控制人才以及复合型产品运营人才的需求最为迫切。

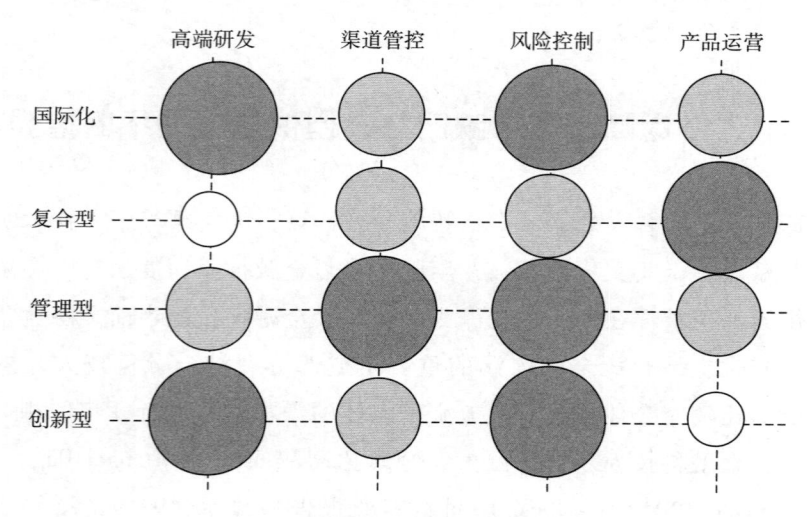

图 8-10 开放金融人才需求模型

资料来源：中关村互联网金融研究院。

虽然开放金融人才需求缺口很大，但是政府、科研机构、企业、社会组织等都在积极应对，通过变革人才管理模式、加强人才培养等方式，努力扩大人才供给、优化供给结构，为开放金融的发展提供强大的人才保障。

众多金融机构已经着手变革人才培养与管理模式。近年来，开放银行模式兴起，各类银行业金融机构在开放银行领域进行了探索和实践。截至 2019 年 5 月，超过 50 家银行已经上线或正在建设开放银行业务。为了适应业务不断创新和拓展的趋势，各类开放银行在实践之初就已经开始进行人才管理模式的改革，突破原有管理窠臼。总的来说，主要采取三种方式：一是突破传统分岗分业体系限制，实行扁平化管理，采用"业务+"模式统筹整体发展；二是建立联动机制，打通"研发—产品—渠道"链条，实行专人专业，畅通内部生产渠道，加快产品迭代，提升服务体验；三是做好外围服务，尤其是投融资、前沿技术研究、政产学研企共促等，发挥复合型人才的作用，解决开放的后顾之忧，打造开放银行服务闭环。同样，证券、保险以及其他金融科技行业都在逐渐改变传统的用人模式，做好专才、通才、"十字型"人才等各类人才的配置，以客户需求为导向，以人才需求为业务调整原则，不断改革人才管理模式。

除金融机构外，社会各界也在为培养符合开放金融发展需要的人才而努力，尤其是在产教融合方面，一批高等院校率先采取措施，为开放金融发展储备各种类型的人才。目前，虽然还没有专门培养开放金融人才的课程机构，但是代表金融发展前沿的金融科技人才的课程培养正如火如荼地开展。2017年，电子科技大学、安徽财经大学、安徽新华学院、铜陵学院、云南财经大学和广东金融学院6所高校首次获批开设互联网金融专业。2019年，又有19所本科院校新增设该专业。互联网金融等金融科技学科开始进入"科班"培养时代。上海高级金融学院在上海和香港等地都设立了创新中心，助推金融科技创新人才培养和进步。深圳证券交易所还在包含北京大学、清华大学、北京航空航天大学等在内的全国14所世界一流大学和一流学科建设高校中设立奖学金，主要面向信息技术专业大学生，借助高校人才培养基地优势，强化金融科技人才发掘培养。随着金融的不断发展，开放金融的发展模式会渗透到金融系统中，成为金融基础设施的一部分。当前金融科技等行业人才的培养正在为未来开放金融的快速发展进行智力储备，因此未来开放金融发展不会出现巨大的人才缺口，人才的结构性问题在未来也能得到一定程度的缓解。

参考文献

《开放共享，是中国互联网的全球使命》，《新京报》2017年12月3日。

《科技金融时代下：银行的智能金融之路》，199IT中文互联网数据资讯网，2018

年11月14日。

《人民观察：文化多样化新特点探源》，人民网，2019年3月22日。

《世界经济展望》，国际货币基金组织，2019年11月4日。

《中国保险业发展报告（2019）》，北京大学经济学院，2019年10月18日。

《中国金融科技和数字普惠金融发展报告（2019~2020）》，中关村互联网金融研究院，2019年12月19日。

《中国金融市场开放专题：外资将如何配置中国资产》，新浪财经，2019年11月24日。

《中国金融稳定报告（2019）》，中国人民银行，2019年11月25日。

《中国新一代人工智能科技产业发展报告（2019）》，中国新一代人工智能发展战略研究院，2019年5月18日。

《中国银行业发展报告（2019）》，中国银行业协会，2019年7月10日。

《中国在人工智能专利申请排名中超过美国》，《日经亚洲评论》2019年第3期。

《中国证券业发展报告（2019）》，中国证券业协会，2019年8月28日。

《2018~2019中国区块链年度发展报告》，工信部赛迪区块链研究院，2019年4月28日。

《2019腾讯区块链白皮书》，腾讯研究院，2019年10月19日。

第九章　国内外典型案例

陈龙强　刘峻榜　李伟东　袁伟斌　姜　波*

摘　要：随着英国、欧盟等国家和地区纷纷推行开放银行模式，相关监管政策也逐渐落地，探索"开放银行"模式逐渐成为全球银行业转型及发展的新趋势，备受业界关注。从技术角度来说，开放API服务是指将网络服务能力用数据接口封装并开放给第三方开发者调用的过程，即Open API。从商业理念来说，API技术的广泛应用正在全球范围内催生出一种新兴的、与之相对应的API经济，它完全改变了企业的商业模式以及市场的竞争方式。金融机构通过与商业生态系统共享数据、算法、交易、流程和其他业务功能，为商业生态系统的客户、员工、第三方开发者、金融科技公司、供应商和其他合作伙伴提供服务，不断创造出新的价值。本章选择国内外在开放金融领域创新方面具有一定代表性的机构，进行简要的案例剖析，从而为本书前面章节的研究提供重要补充与延伸思考。

关键词：金融科技　技术变革　制度变迁　开放赋能　生态建设

---

* 陈龙强，百信银行副首席战略官，国家金融与发展实验室特聘研究员。曾任职于中国人民银行、微众银行和京东金融集团，长期从事金融科技和互联网银行事业。刘峻榜，百信银行研究员，毕业于北京大学金融信息与工程管理系，在互联网银行、数字货币、金融大数据等领域具有丰富的研究经历。李伟东、袁伟斌、姜波，就职于同盾科技。

一 国外案例

（一）花旗银行

花旗银行（以下简称花旗）是花旗集团旗下的零售银行，目前已在全球160多个国家和地区开展业务，拥有超过2亿个客户账户，向消费者、公司、政府和机构提供种类繁多的金融产品及服务，包括消费者银行与信贷、公司与投资银行、证券经纪、交易服务和财富管理等。作为一家领先的百年国际大银行，花旗在开放银行方面也极具远见，走在了行业探索的前沿。

持续推进数字化战略。花旗于2012年提出了"移动优先"（Mobile First）战略，2017年进一步提出"打造数字银行"战略，着重强化自身数字化能力，积极拥抱外部伙伴，关注客户核心需求。花旗的数字化转型成果斐然，截至2017年底的3年内数字渠道交易量增长了15%，移动客户总量增长了40%。

投资与内部孵化并进，获取技术和人才资源。2010年，花旗设立了风投基金Citi Ventures（花旗创投），5年内，在区块链、数据分析、个人财务、财富管理、金融服务软件、贷款、支付结算、监管科技八大领域投资了20多家知名金融科技创新公司，其中包括Betterment、Plaid和Chain等大名鼎鼎的金融科技公司。花旗也因此成为CB Insight评选的美国十大对金融科技分类投资的银行中投资额最高的银行。2014年，花旗发起名为Citi Mobile Challenge的全球编程马拉松（Hackathon），并在美国、拉丁美洲、欧洲、亚太地区等地举行赛事，吸引了来自100多个国家和地区的数千名开发者参与，帮助花旗充分吸收外部金融科技的创意和人才。

积极对外合作进行创新探索。在推出API开发者中心之前，花旗已经与万事达卡（MasterCard）、Virgin Money、Wonder等领先公司率先展开合作，这些公司使用花旗API构建创新客户解决方案。早些时候，花旗的 Pay with Points API 便开始在美国为持有符合条件的花旗信用卡的花旗 ThankYou® Rewards 会员提供便利：用户在 BestBuy.com 或 Wonder App 上使用花旗信用卡购物时，可用积分抵现支付全部或部分款项。

（二）高盛集团

高盛集团（Goldman Sachs）（以下简称高盛）是一家国际领先的投资银行，向全球提供广泛的投资、咨询和金融服务，拥有大量的多行业客户，包括私营公司、金融企业、政府机构以及个人。高盛成立于1869年，是全世界历史最悠久、规模最大的投资银行之一，总部位于纽约，并在东京、伦敦和香港设有分部，在23个国家拥有41个办事处。

在证券业的开放金融领域，高盛可谓投行机构的代表。2017年初，时任高盛 CEO 的贝兰克梵（Lloyd Blankfein）高调宣布："我们是一家科技公司，我们是一个平台。"现任 CFO 查韦斯（Martin Chavez）也曾指出要基于 API 重构高盛，并货币化 API。就具体产品而言，高盛的开放金融主要体现在 SecDB（Securities Database）平台的对外开放。

金融危机后，以高盛为代表的华尔街巨头越来越重视量化投资，目前高盛的 QIS（量化投资策略）部门管理的金额超过900亿美元。高盛 QIS 部门的量化分析师通过挖掘数据，寻找所有具有预测性、可以写成算法的信号：他们用机器算法寻找跨地域的链接，把世界划分成几百个相互牵制的"经济联合体"，Quant 们再通过计算机模型分析数据，找到分布在上百万个不同地理位置的几十万个不同资产价格之间的千丝万缕的关系。

在此背景下，2016年高盛在科技赋能的道路上迈出了更激进的一步：免费向客户提供 SecDB。SecDB 是高盛自主开发的对资产进行风险定价和情景分析的强大数据库。SecDB 每天都要对280万个组合，结合50万个不同的市场场景，执行2300万次定价计算。高盛对 SecDB 视如珍宝，曾经多次拒绝其他投行要求高额付费使用的请求。

从2016年开始，高盛把 SecDB 免费提供给客户使用，这让其在华尔街的竞争对手大跌眼镜。把自己的核心技术提供给客户，意味着高盛在消除交易中间人——高盛本身。客户直接使用 SecDB 之后，很可能用它进行分析，然后找另外一个收费比高盛低的投行下单。这无异于高盛在革自己作为"中间人"的命。这一步虽然走得坚决，但事后来看，高盛传统的交易员优势在技术风潮中已不复存在，电子交易极大地挤占了利润空间，因此为何不用自己的技术从客户那里赢得更多业务？高盛早于同业意识到传统业务及初级人才逐渐被机器和技术所取代，因此快人一步成就了其战略领先的地位。

2019年，高盛宣布SecDB将部分开源。高盛决定将在开发者合作网站GitHub上发布一些代码，允许客户直接与基于SecDB的新Web应用Marquee进行交互，包括数据提取、定价引擎和其他功能。除此之外，高盛每年还为其提供10万美元的资金，资助工程师开发使用其代码构建的应用。

高盛下一步商业模式转型的重要平台——Marquee。Marquee是一个建立在风险和定价引擎SecDB之上的平台，高盛从2013年开始开发Marquee，目前拥有约1.3万名用户。开发Marquee的目的是让客户能够快速、便捷地使用高盛的分析信息、数据和内容等。正如高盛的高管所言，"Marquee是我们的数字店面，我们的机构和企业客户在这里消费高盛的内容、风险分析、定价数据，并最终与我们进行交易"，"高盛致力于把Marquee平台打造成世界级的金融服务与风险管理平台"。Marquee本质上是一个允许高盛的不同业务以安全和一致的方式向客户开放的平台，让客户依赖并增强黏性。需要指出的是，客户通过Marquee API访问SecDB可能会降低基础设施开销，并根据提供的服务缩短投放市场的时间。但其背后有两个明显的限制：一是客户必须基于高盛的基础设施进行数据分析；二是客户只能访问高盛提供的应用程序，而不能访问高盛的实际内部开发平台。

高盛通过以上开放金融策略，让客户能够方便、快捷地获得数据和分析能力，强化了高盛与客户的关系，从而带来了更多业务，提高了附加值。

（三）西班牙对外银行

西班牙对外银行（Banco Bilbao Vizcaya Argentaria，BBVA）成立于

1857年，迄今已经有160多年的历史。① BBVA的定位是一家以客户为中心的全球化金融服务集团。截至2018年底，BBVA已经在超过30个国家和地区开展业务，拥有分支机构7963家、员工125627人，服务客户7450万人。

早在2016年2月，BBVA就宣布上线Open API平台。在随后的平台试运行阶段，BBVA邀请了超过1500家企业和开发者参与测试，以更好地了解平台与合作伙伴的关系，提高开发环境的安全性。经过一年多的试运行，2017年5月BBVA API Market对西班牙客户正式开放。BBVA在开放银行方面的成功实践并不是一蹴而就的，而是以长期的技术、资源和人才的积累与探索为基础的。

1. 在自建开放银行平台之前，BBVA历经10年的数字化探索，积淀了丰富且宝贵的技术资源和业务经验

投资线上客户体验。2008年，BBVA推出了第一个数字项目"Tú Cuentas"（你的账单）——一个支出管理的线上产品。线上银行客户可以通过该平台统一管理多种支付手段的个人消费记录。4个月后"Tú Cuentas"获得了初步的成功，近1/3的线上银行客户成为其用户。

人性化客户交互体验。2009年，与IDEO合作、历时3年的ABIL项目正式部署，这款完全抛弃了实体键盘操作而改用触摸屏的ATM引入许多人性化的设计概念，包括一个名为Hero的虚拟助理。受Hero启发，一个名为Lola的全新虚拟助手在两年后出现在线上银行的右下角，Lola可以通过对话的方式，帮助客户完成超过65%的线上银行服务。

加码移动支付。2012年，BBVA推出其第一个移动现金平台"Efectivo Móvil"。付款人通过Efectivo Móvil生成一个短信代码发送给收款人，收款人再用这个短信代码在西班牙的任意一个ATM上完成取现。2013年，BBVA推出旗下数字钱包"Wallet"，通过Wallet，用户可以在手机应用中管理各种银行卡，并实现线上支付和线下近场支付。

---

① 熊子川：《BBVA，数字十年》，ThoughtWorks洞见，2018年3月28日。

进入大数据领域。2014 年，BBVA 正式成立大数据公司 BBVA Data & Analytics。2016 年 11 月，为中小型企业提供交易分析能力的"Commerce 360"上线，初步探索数据变现模式。

技术基础设施持续投入。2016 年 5 月，BBVA 宣布与 Red Hat 在 IaaS、PaaS 等领域进行深入合作；10 月，BBVA 宣布与 Amazon Web Services 合作，以获得处理每天 5.42 亿笔交易的云计算能力；11 月，BBVA 与 CRM 领域巨头 Salesforce 合作，在西班牙实现全手机开户。

2. BBVA 通过持续的资本运作，快速获得了重要的技术和人才资源

数字银行的收购。2014 年 2 月，BBVA 以 117 亿美元收购美国纯数字银行 Simple；次年，以 4500 万英镑购置英国纯移动银行 Atom Bank 29.5% 的股权。

金融科技领域创业公司的投资。2013 年，BBVA 投资 1 亿美元成立旗下风险投资部门 BBVA Ventures，着重投资金融科技领域的创业公司。2016 年 2 月，BBVA 关闭了原有的风险投资部门 BBVA Ventures，重新投资 2.5 亿美元建立新的投资机构 Propel Venture Partners，脱离母体，更加独立、专业地运作。目前，Propel Venture Partners 管理着 17 家不同类型创业公司的股份，类型覆盖区块链、数字签名、保险、理财、员工福利等细分行业，主要分属在企业解决方案、个人金融以及客户体验相关工具三个方向，为 BBVA 提供技术、客户体验和解决方案（见图 9–1）。

3. 通过开放创新机制助力人才输入和项目孵化

BBVA 于 2009 年开始设立开放创新中心，目前拥有 3 个开放创新中心，分别位于西班牙的马德里、哥伦比亚的波哥大和墨西哥的墨西哥城。BBVA 开放创新中心是一个共享空间，举办的各类活动全部免费，运营成本全部由 BBVA 承担。

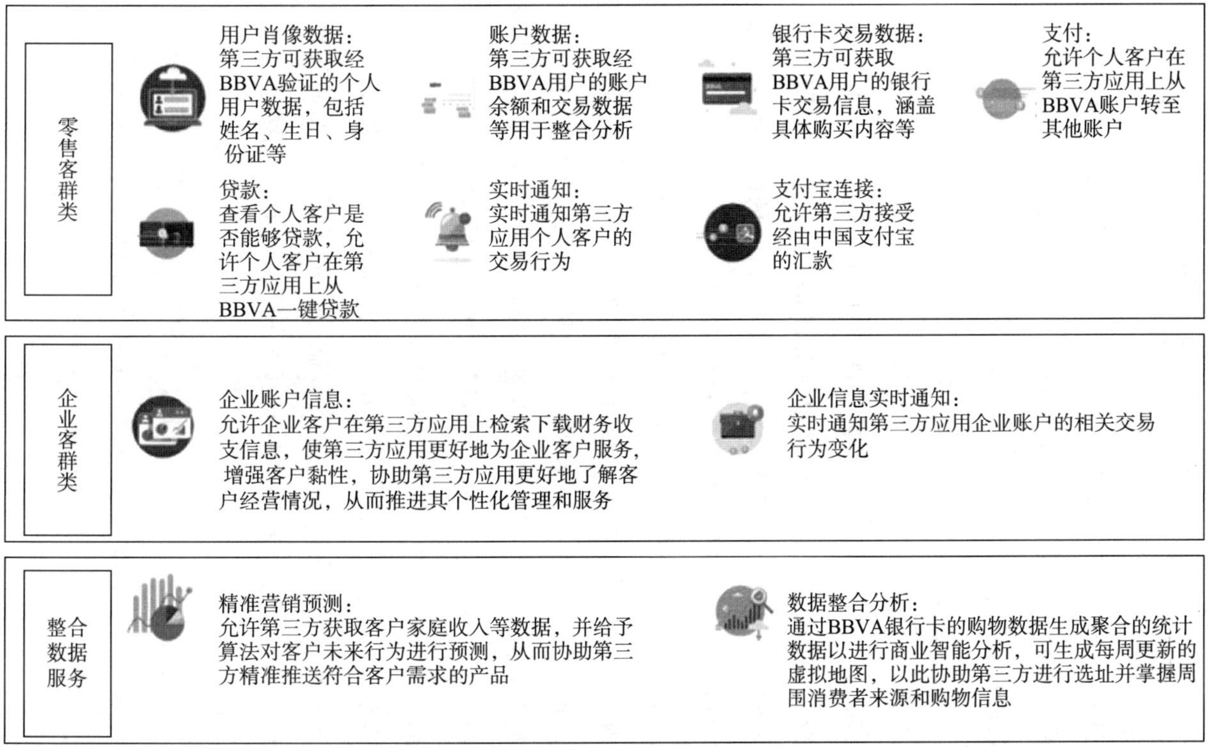

零售客群类

用户肖像数据： 第三方可获取经BBVA验证的个人用户数据，包括姓名、生日、身份证号等

贷款： 查看个人客户是否能够贷款，允许个人客户在第三方应用上BBVA一键贷款

账户数据： 第三方可获取的BBVA用户的账户余额和交易数据等用于整合分析

实时通知： 实时通知个人应用客户的交易行为

银行卡交易数据： 第三方可获取BBVA用户的银行卡交易信息，涵盖具体购买内容等

支付宝连接： 允许第三方接受经由中国支付宝的汇款

支付： 允许个人客户在第三方应用上从BBVA账户转至其他账户

企业客群类

企业账户信息： 允许企业客户在第三方应用上检索下载财务收支信息，使第三方应用更好地为企业客户服务，增强客户黏性，协助第三方应用更好地了解客户经营情况，从而推进个性化管理和服务

精准营销预测： 允许第三方获取客户家庭收入等数据，并给予算法对客户未来行为进行预测，使第三方应用更好地预测，以协助第三方精准推送符合各客户需求的产品

企业信息实时通知： 实时通知第三方应用企业客户的相关交易行为变化

整合数据服务

数据整合分析： 通过BBVA银行卡的购物数据生成数据聚合的统计数据以进行商业智能分析，可生成每周更新的虚拟地图，以此协助第三方进行选址并掌握周围消费者来源和购物信息

图 9-1 BBVA开放银行平台现状

资料来源：BBVA网站。

BBVA 开放创新中心目前有三个重点项目：一是开放峰会（建立行业影响力）；二是开放人才计划（人才与创意输入）；三是开放市场平台（链接第三方创业公司）。

截至目前，BBVA 在西班牙、美国、墨西哥三个国家共计开放了 11 个 API，其中 7 个基于银行零售端用户信息，2 个基于企业信息，还有 2 个是多渠道数据整合服务。

（四）星展银行[①]

星展银行成立于 1968 年，其前身为新加坡发展银行，为亚洲企业及机构银行、中小企业银行及零售银行等提供全方位的金融服务。星展银行生于亚洲、长于亚洲，充分了解本地区各市场的发展特点。通过多年的数字化改造，星展银行以数字科技重塑银行，先后于 2016 年和 2018 年被《欧洲货币》杂志评选为"全球最佳电子银行"，并于 2018 年被评选为"全球最佳中小企业银行"。此外，星展银行于 2009~2018 年连续十年被《环球金融》杂志评选为"亚洲最安全的银行"。

"提供银行服务的科技公司"转型之路。早在 2009 年，星展银行便走出了拥抱数字化的第一步。星展银行审视更新当时的基础设施，制定了一张应用系统的清单，以判断哪些需要保持、哪些需要购买和出售。根据清单逐渐推进，到了 2014 年，星展银行解决了基本的技术问题，准备开始新一阶段的转型。在此基础上，星展银行开始向科技公司转型，计划成为"提供银行服务的科技公司"。为此，星展银行规划了三个目标阶段。

第一，核心业务数字化。一方面，星展银行大大提高了自身的技术自营比例，过去星展银行 85% 的技术工作是外包的，2017 年整个比例反了过来，85% 的技术都是自营的，其余 15% 的非核心技术以外包实

---

① 星展银行案例主要资料来源于星展银行网站，同时参考了以下文献：陈伊莉：《星展银行数字化大迁徙：如何成为一家提供金融服务的科技公司？》，雷锋网，2018 年 4 月 26 日；Wang Sim Loong：《从开放银行的实践看星展银行数字化改造》，《金融电子化》2019 年第 4 期。

现;另一方面,星展银行推行从内到外的云化,从应用层到硬件层,所有应用变成微服务,用开源作为平台软件,同时采用多供应商的硬件。

第二,与客户融为一体,让银行隐形。星展银行的 API 开放平台扮演着基础且重要的角色。经过两年多的发展,该平台已拥有超过 350 个 API,并与 90 多个合作伙伴建立了联系,将星展银行的金融服务嵌入合作伙伴的具体业务场景之中。

第三,将创业精神融入企业文化,转变成一家拥有 2.2 万人的初创企业。星展银行于 2018 年启动了一项旨在将星展银行、中小企业客户的问题及痛点与初创公司相匹配的计划——Startup Xchange。Startup Xchange 计划专注于前沿技术的四个领域:人工智能、数据科学、沉浸式媒体和物联网。与传统的加速器不同,Startup Xchange 面向银行业务实际中遇到的问题,引入初创公司与银行共同创建解决方案。自推出以来,Startup Xchange 已经成功提供了 10 种新兴技术解决方案,成功地将 21 家初创公司与银行内部部门以及银行的中小企业客户进行匹配,以解决其业务上的痛点。Startup Xchange 为初创企业提供了在银行学习与合作的机会,同时也鼓励银行员工向初创企业学习。每年有超过 1.5 万名星展银行员工参与设计研讨会、"黑客松"和推出其他创新相关举措,Startup Xchange 也成为星展银行建立"2.2 万人创业公司"使命的一部分。

在亚洲,星展银行走在了开放银行发展的前列。2017 年底,星展银行推出了 API 平台,目前共开放了五大类 21 个子类的 API,包括开户、储蓄账户信息、票据支付、商机发现等。经过一段时间的发展,目前该平台已拥有超过 350 个 API,并与 90 多个合作伙伴建立了联系,包括 AIG、Chubb、MSIG、新加坡国税局、Singtel、Calista、Grab、So-Cash、GOJEK 等。目前,已有 3500 名注册开发人员将星展银行的 API 整合到他们的解决方案中,为客户提供新的服务和体验,已有 50 多家企业进驻该平台,为客户开发能够带来更多便利和更高价值的解决方案,其中包括美亚保险、麦当劳、MSIG 等家喻户晓的公司。

（五）荷兰合作银行[①]

荷兰合作银行（Rabobank）又称拉博银行，是 1898 年由荷兰农民发起的一个合作制银行，经过 100 多年的发展已经成为全球农业和食品行业的领袖银行。自成立以来，Rabobank 持之以恒地为覆盖整个农业产业链的企业提供资金、知识和专业网络，处于全球农业行业的核心地位。荷兰 40% 的食品与农业产业链从 Rabobank 获得融资，Rabobank 和全球的联盟银行共同为"亚非拉"超过 200 万户农户提供资金。

Rabobank 组建了由 Rabobank 总行、106 家成员地方银行以及世界各地的合作银行、研究机构和非政府组织组成的联盟，服务农业价值链端到端各个细分市场，建立了技术领先的"全球农场"在线生态平台，为客户提供全方位服务。Rabobank 通过联盟构建的全球农业生态圈见图 9-2。

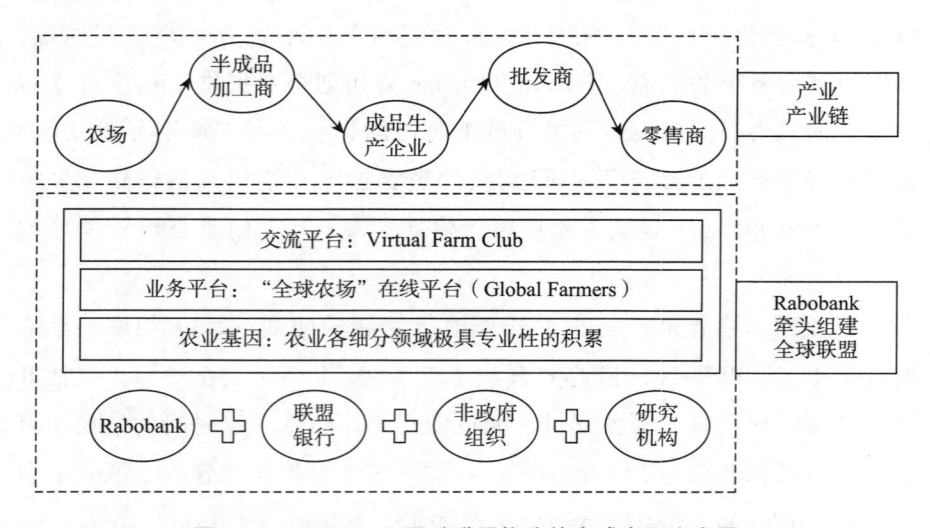

图 9-2　Rabobank 通过联盟构建的全球农业生态圈

资料来源：《时不我待、只争朝夕：中国银行业布局生态圈正当时》，麦肯锡报告，2018 年 8 月。

[①] 荷兰合作银行案例主要资料来源为《时不我待、只争朝夕：中国银行业布局生态圈正当时》，麦肯锡报告，2018 年 8 月。

Rabobank 专注农业领域，撬动多方合作，构建全球农业生态联盟，这种战略联盟的模式，对中小银行开展开放银行建设、融入开放银行生态极具借鉴意义。战略联盟模式允许中小银行撬动联盟伙伴的信息、资金、技术和人才，承接单一银行无法承接的业务，更好地服务于现有客户。同时，联盟形式的合作不会对银行现有业务模式造成重大改变，允许中小银行以低成本的方式快速拓展银行业务地域。联盟成员之间通过交换独特资源（但不涉及交叉持股）建立深入合作（如数据交换、科技交换、客群共同经营等）。

选择优势领域发起联盟。Rabobank 的前身是 1898 年成立的荷兰农民合作银行（Cooperative Farmers' Bank）。Rabobank 总行于 1972 年由荷兰的两家农村信用社合并而来，随后逐步吸纳了 106 家地方银行以及世界各地的合作伙伴组成联盟。Rabobank 在 100 多年的历史中积累了大量全球农业的客户和信息，并从中获得了大量行业洞见，如它在全球 15 个办公室聘用了 80 位研究专家，研究内容覆盖整个农业价值链。同时，Rabobank 以召开圆桌会议形式，强化其在业内的专业权威地位，它参与的多个全球可持续性生产圆桌会议包括 GRSB（牛肉）、4-C 协会（咖啡）、RSPO（棕榈油）、RTRS（大豆）和 Bonsucro（糖）等。在专业基础方面，Rabobank 进行了多种有针对性的创新，如偿还金额与农业季节性挂钩的农业贷款。Rabobank 还创设了农村经理制度，在 40 多个农业产业集聚地安排了 100 多名农村经理，向农户提供金融之外的农业知识和解决方案。

构建技术领先的业务平台。Rabobank 聚集广泛的金融资源和行业资讯，借助大数据、人工智能等新技术，打造"全球农场"（Global Farmers）在线平台，从社群、在线工具和信息三方面服务和赋能会员农场主。其中，在线工具部分聚焦土壤地图、市场分析等最贴近农场主生产决策的内容。目前，"全球农场"在线平台已经吸引了全球超过 6000 家农场入会。

推动不同机构和组织间的交流。如通过"Virtual Farm Club"平台以社交网络方式促进客户之间的交流；定期举办会议，就近期的银行发展、流程、产品等进行讨论，寻求参会成员意见；为大型企业提供农业领域的专业权威资讯；与各大国际非营利性组织进行合作；帮助中小型农场增加收入；等等。

面临的挑战在于合作机制构建和管理的复杂性。2016年之前，Rabobank在各国的分支机构享有较大的战略自治权，而从2016年开始，这些权力被逐步整编回归Rabobank荷兰总行。2016年以前充分自治的独特的治理结构在金融危机后面临新的监管和业务挑战，因此Rabobank做出了相应的调整。这一调整客观上进一步增强了联盟银行之间的业务衔接与互动。

（六）富国银行[①]

富国银行（Wells Fargo）创立于1852年，是美国一家提供全能服务的银行，其业务范围包括社区银行、投资和保险、抵押贷款、专项贷款、企业贷款、个人贷款和住房贷款等。2019年，富国银行在全球最大上市公司榜单中位列第10，在全球排名前1000的银行中位列第7，在全球银行品牌价值榜中位列第5。

重视数据应用的传统。富国银行有160多年的历史，曾一度被称为"美国最佳零售银行"，以创新和客户服务著称于世。富国银行是很早就重视数据应用的银行，早在1983年，富国银行就建立了自己的企业级数据仓库系统。此外，富国银行"交叉销售"的经营秘诀也一直被大家所津津乐道。在原有丰富线下网点的基础上，富国银行建立了全美第一的客户管理系统，利用大数据对客户关系进行挖掘，以发现顾客的多种需求，有效提升交叉销售的成功率，平均可向每个公司客户推销5.3个金融产品。

数据转型持续推进。自2014年设立大数据实验室以来，富国银行就持续从数据分析中获益。从2016年开始，富国银行便启动了数据转

[①] 富国银行案例主要资料来源于富国银行网站，同时参考了以下文献：Chris：《富国银行的数据转型之路》，新浪财经，2013年8月6日。

型项目。富国银行的数据转型尤其专注于客户的重点数据,像大部分银行一样,富国银行过去的数据平台和应用是围绕业务线建立的,每个业务部门、产品线都建立了独立的数据系统,导致富国银行虽然拥有超过7000万个客户数据,但是它们分布在多个银行部门和系统中,很难找到和共享这些数据。①制定全行级别的数据战略。富国银行的数据治理策略由首席数据办公室牵头制定,重点工作包括:梳理和建立企业的数据资产目录;通过对元数据的统一定义和管理,建立一套全企业一致的描述数据的语言,且可追溯至记录系统,将最常用的数据整合成一个单一版本的数据;建立互通的数据沟通语言;等等。富国银行的数据治理不仅包括战略层的标准和流程制定,而且包括数据基础架构技术战略的管理、统一的集成交换技术标准等。同时,在富国银行的数据战略中,数据安全是上升到公司治理级别的高度来管理的。尤其是在数据授权方面,富国银行对不同类别的业务数据制定了分级、分类型的数据授权点及验证审批机制。②打造实力强大的数据人才团队。作为一个以科技和数据为核心竞争力的金融机构,富国银行早在2014年便设置了首席数据官职位。2014年,在首席数据官办公室的领导下,富国银行会聚了5000多名数据方面的技术人员,他们是富国银行数据转型的能力基石。③搭建现代化数据平台。首先,富国银行持续进行了企业数据仓库以及遗留数据系统的现代化迁移,将传统的Teradata、Oracle、SAS等单体数据平台迁移到云上或者基于Hadoop的开放数据架构上,从而将企业的数据进行整合和统一。其次,富国银行建立了以Hadoop为基础的集中管理的分布式数据存储架构,通过多样化的技术、统一的集成标准管理企业级数据湖。最后,富国银行围绕客户,打通了各业务线的数据通道,建立了"横向客户视图",即用户数据平台。通过用户数据平台能够让业务人员掌握用户的全面、一致的信息,从而做出准确、实时的业务决策。

  面向业务价值的数据集市,API开放平台应运而生。在上述数据湖的基础上,富国银行建立了面向业务价值的数据集市,所有的数据服务基于数据集市而产生,从而能够更快地、实时地为业务提供数据支持。

富国银行构建了自己的 API 网关门户,将数据转换成 API 供内外部使用。2016 年,富国银行对外推出 API 开放平台,即"Wells Fargo Gateway",在美国开放了数据信息服务和支付两大类共 14 小类 API。数据信息服务大类包括账户信息整合、账户余额、账户报表、单据图像查询、服务预约信息、税务文档搜索、交易信息搜索、网点位置信息服务;支付大类包括账户验证、自动清算(ACH)状态确认、ACH 支付、外汇服务、实时支付到借记卡、电汇付款及状态。同时,富国银行为欧洲账户开放两类 API 服务,即账户和交易信息、支付启动。富国银行 API 开放平台见图 9-3。

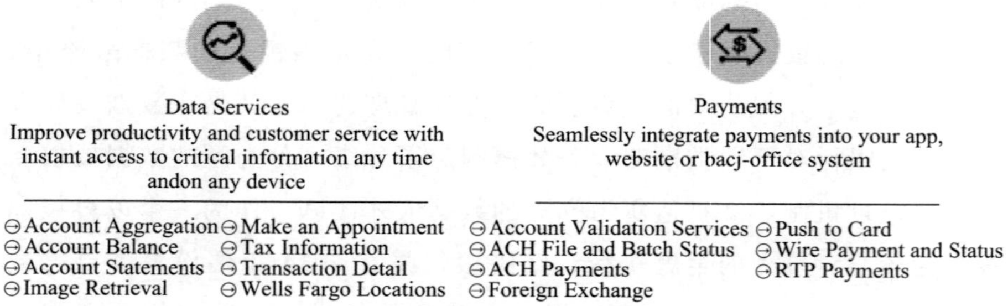

Data Services
Improve productivity and customer service with instant access to critical information any time andon any device

⊖ Account Aggregation
⊖ Account Balance
⊖ Account Statements
⊖ Image Retrieval
⊖ Make an Appointment
⊖ Tax Information
⊖ Transaction Detail
⊖ Wells Fargo Locations

Payments
Seamlessly integrate payments into your app, website or bacj-office system

⊖ Account Validation Services
⊖ ACH File and Batch Status
⊖ ACH Payments
⊖ Foreign Exchange
⊖ Push to Card
⊖ Wire Payment and Status
⊖ RTP Payments

图 9-3 富国银行 API 开放平台

(七)贝莱德集团

贝莱德集团(BlackRock, Inc.)(以下简称贝莱德)又称黑岩集团,是美国规模最大的上市投资管理集团。贝莱德总部位于美国纽约,业务分布涉及全球 50 个国家和地区,管理资产高达 5.7 万亿美元,员工总数超过 12400 人。目前贝莱德旗下拥有超过 300 只共同基金,其中很多为世界著名和高评级基金。

在证券业的开放金融领域,贝莱德是投资管理公司的代表。2000 年,贝莱德的创始人拉里·芬克(Larry Fink)组建了贝莱德解决方案公司(BlackRock Solutions),并开发出一个被称作"阿拉丁"(Aladdin)的风险管理系统。目前该系统已整合为一体化的投资交易风控平台,叫作"阿拉丁平台"(Aladdin Platform)。这个平台将风险分析、投资组合管理、交易以及操作工具结合在一个平台上，可涵盖所有资产类别，且具有完整的投资流程，能够辅助基金经理进行投资决策，有效地管理风险并进行高效交易。贝莱德的开放金融主要基于阿拉丁平台的对外开放，阿拉丁平台为全球170多家银行、退休基金、保险公司、主权投资者以及捐赠基金进行市场风险分析，约3万名交易员据此做决策。阿拉丁风险管理系统服务产生的收入占贝莱德年总收入的5%（5.95亿美元），这个系统也是指导贝莱德投资的重要工具。

阿拉丁风险管理系统的强大之处在于使竞争对手望尘莫及的数据基础。阿拉丁风险管理系统的大型数据管理中心位于美国的华盛顿州，内有6000台计算机（2013年数据），24小时运行，上面跑着数十亿个经济场景的预测数据，根据这些预测数据，检查客户投资组合中的每一项资产，并对投资组合进行诊断。这些机器日复一日地记录和存储历史事件，包括利率和汇率的变动、恶劣的天气、政治丑闻等，再通过蒙特卡洛模拟，建立统计模型，计算它们对其所管理的资产存在的潜在影响。使用该系统的客户可获得由这些机器提供的对上述风险的评估报告。

阿拉丁风险管理系统的优势体现在支持定制化情景分析和压力测试，具有复杂的分析能力和组合构建能力，并拥有非常完善的一体化投资服务流程。具体而言，阿拉丁风险管理系统主要有五大功能：①组合与风险分析，即为客户提供每日风险评估报告、盘前分析以及交易和资金分配模型；②交易执行，即进行订单管理、交易指令执行并为客户提供实时风险和现金分析报告；③风险管理与控制，即对资产实行实时全面监控、每日风险敞口限值监控、VAR分析、跟踪误差、压力测试等；④数据管理与监控，即对数据进行保密管理、交易确认和日志管理；⑤组合管理，即对现金和仓位进行对账、对组合的表现进行业绩归因、对净资产进行估值计算。

二　国内案例

（一）中国工商银行

中国工商银行（以下简称工商银行）成立于1984年1月1日，是中央管理的大型国有银行。在英国《银行家》杂志发布的2019年全球银行1000强榜单中，工商银行排名第一，并且连续七年蝉联榜首。

作为大型国有银行的代表，工商银行在金融服务数字化、开放化、智慧化领域进行持续探索。2018年以来，工商银行启动了智慧银行ECOS建设工程，将"开放"作为智慧银行的核心特征，实施IT架构开放化转型，重塑开放化业务架构。

其中，API开放平台是工商银行智慧银行开放生态的重要组成部分，现已初具雏形。API平台实现了工商银行产品和服务的标准化封装与输出，具有"嵌入场景、输出金融"的特征，是工商银行"走出去"跨界合作的基础。目前，工商银行API开放平台已对外开放700多项API服务，为1000多家合作方提供服务，涵盖账户管理、资金结算、员工薪资、商户收单、网络融资、投资理财、跨境财资、商户运营和安全认证九大类别。同时，工商银行还打造了三大类API行业解决方案，包括高校市场、汽车行业和零售餐饮。

为适应业务开放生态建设，工商银行实施了IT架构的开放化转型，包含三个主要方面。

一是"主机+开放平台"双核心技术架构。主机集中式架构具有数据处理能力强、封闭性高、可靠性高的优点，但是其在弹性扩展和业务创新兼容效率上存在不足。相对而言，基于分布式架构的开放平台具有横向扩展性强、开放程度高、业务创新兼容效率高、硬件成本低等优点，更契合开放银行建设的需要。因此，工商银行着力构建了主机与开放平台并重的"双核心"IT架构，在兼顾核心业务稳定性和安全性的基础上，强化了面向开放服务、场景共建以及价值链对外延伸的技术支撑能力（见图 9 – 4）。

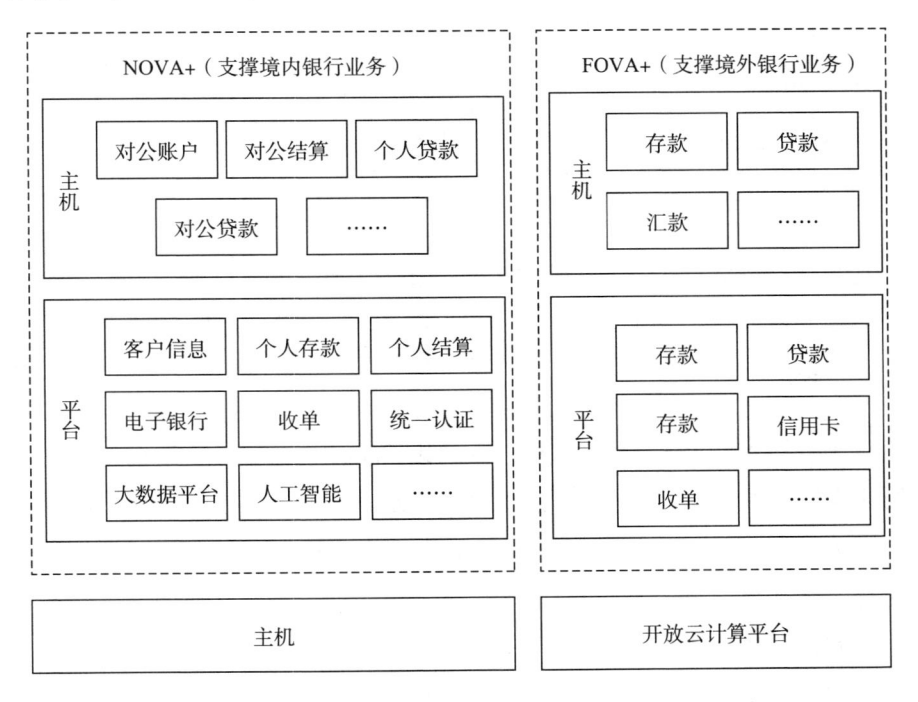

```
┌─────────────────────────────────┐  ┌─────────────────────────────────┐
│  NOVA+（支撑境内银行业务）      │  │  FOVA+（支撑境外银行业务）      │
│  ┌───────┬───────┬───────┐      │  │  ┌───────┬───────┐              │
│主│对公账户│对公结算│个人贷款│    │  │主│ 存款  │ 贷款  │              │
│机│───────┴───────┴───────│      │  │机│───────┴───────│              │
│  │对公贷款│ …… │                │  │  │ 汇款  │ ……  │                │
│  └───────┴───────┘              │  │  └───────┴───────┘              │
│  ┌───────┬───────┬───────┐      │  │  ┌───────┬───────┐              │
│  │客户信息│个人存款│个人结算│    │  │  │ 存款  │ 贷款  │              │
│平│───────┼───────┼───────│      │平│───────┼───────│              │
│台│电子银行│ 收单  │统一认证│     │台│ 存款  │信用卡 │              │
│  │───────┼───────┼───────│      │  │───────┼───────│              │
│  │大数据平台│人工智能│ ……  │    │  │ 收单  │ ……  │                │
│  └───────┴───────┴───────┘      │  │  └───────┴───────┘              │
└─────────────────────────────────┘  └─────────────────────────────────┘
┌─────────────────────────────────┐  ┌─────────────────────────────────┐
│            主机                 │  │       开放云计算平台            │
└─────────────────────────────────┘  └─────────────────────────────────┘
```

图 9 – 4　工商银行"主机 + 开放平台"双核心技术架构

资料来源：2019 年 4 月 24 日在上海举行的"芯里有数　智慧金融"——2019 华为全球金融峰会上时任中国工商银行金融科技部副总经理张艳的"智慧银行　开放生态"演讲 PPT。

目前，工商银行已将增长快速、需求旺盛、个性化和创新迭代要求高的相关应用功能迁移至其基于企业级分布式技术框架的开放平台，境内系统开放平台部署的应用占比已经达到 90%。

二是服务化、组件化的松耦合应用架构。工商银行运用面向服务的架构分层方法，构建分层解耦的应用架构体系，通过 IT 应用的服务化改造，承接业务建模形成的任务组件，提炼了超过 4000 个 IT 服务，大大加快了产品研发的市场响应速度，支持快速对外输出服务，满足开放生态建设需要（见图 9 – 5）。

三是分布式大数据服务云。在数据管理层面，工商银行完成了传统集中式架构向开放分布式架构的转型，打破了原有银行体系内不同业务

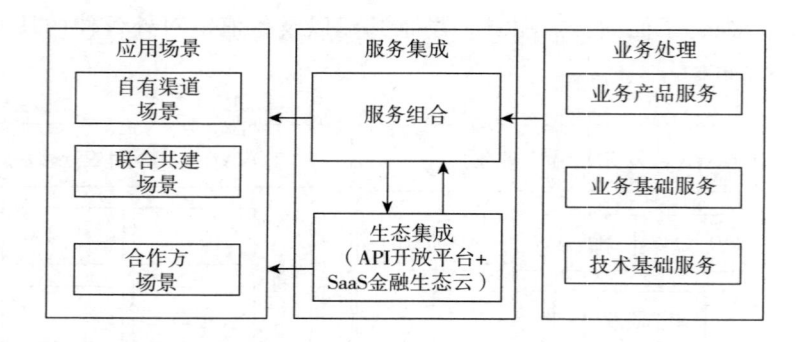

```
┌─────────────┐     ┌─────────────┐     ┌─────────────┐
│  应用场景    │     │  服务集成    │     │  业务处理    │
│ ┌─────────┐ │     │             │     │ ┌─────────┐ │
│ │自有渠道 │ │     │ ┌─────────┐ │     │ │业务产品 │ │
│ │ 场景    │ │ ←── │ │服务组合 │ │ ←── │ │ 服务    │ │
│ └─────────┘ │     │ └─────────┘ │     │ └─────────┘ │
│ ┌─────────┐ │     │             │     │ ┌─────────┐ │
│ │联合共建 │ │     │             │     │ │业务基础 │ │
│ │ 场景    │ │     │ ┌─────────┐ │     │ │ 服务    │ │
│ └─────────┘ │     │ │生态集成 │ │     │ └─────────┘ │
│ ┌─────────┐ │     │ │(API开放 │ │     │ ┌─────────┐ │
│ │合作方   │ │ ←── │ │平台+SaaS│ │     │ │技术基础 │ │
│ │ 场景    │ │     │ │金融生态云)│ │    │ │ 服务    │ │
│ └─────────┘ │     │ └─────────┘ │     │ └─────────┘ │
└─────────────┘     └─────────────┘     └─────────────┘
```

图 9-5　工商银行服务化、组件化的松耦合应用架构

资料来源：2019 年 4 月 24 日在上海举行的"芯里有数　智慧金融"——2019 华为全球金融峰会上时任中国工商银行金融科技部副总经理张艳的"智慧银行　开放生态"演讲 PPT。

部门或条线之间数据割裂的状况，实现了行内、行外以及结构化、非结构化全数据整合管理，容量超过 5PB，提供实时、准实时以及分钟级、小时级多模式数据交换服务，为海量数据快速整合处理、分析挖掘提供支持，也为向开放平台生态输出客服、营销、风控、运营等领域的高级智能数据分析决策服务奠定了基础（见图 9-6）。

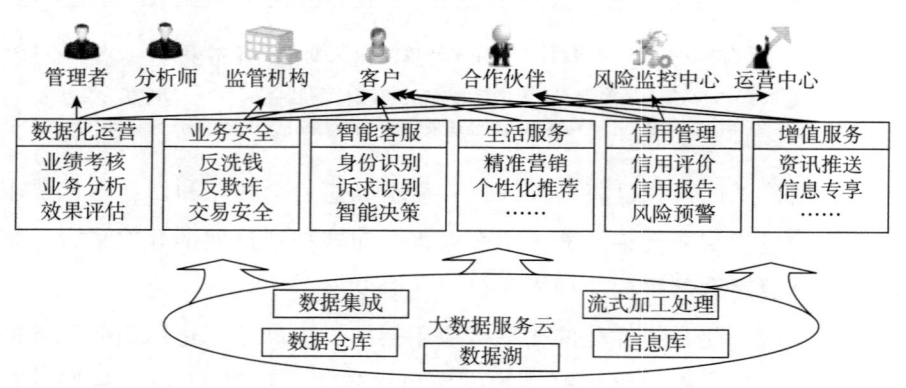

```
  管理者   分析师   监管机构   客户    合作伙伴  风险监控中心  运营中心

┌────────┐┌────────┐┌────────┐┌────────┐┌────────┐┌────────┐
│数据化运营││业务安全 ││智能客服 ││生活服务 ││信用管理 ││增值服务 │
│业绩考核 ││反洗钱  ││身份识别 ││精准营销 ││信用评价 ││资讯推送 │
│业务分析 ││反欺诈  ││诉求识别 ││个性化推荐││信用报告 ││信息专享 │
│效果评估 ││交易安全 ││智能决策 ││……     ││风险预警 ││……     │
└────────┘└────────┘└────────┘└────────┘└────────┘└────────┘
     ↑         ↑         ↑         ↑         ↑         ↑
  ┌──────────────────────────────────────────────────────┐
  │  ┌────────┐              ┌──────────┐                │
  │  │数据集成 │              │流式加工处理│               │
  │  └────────┘  大数据服务云  └──────────┘                │
  │  ┌────────┐  ┌────────┐  ┌────────┐                  │
  │  │数据仓库 │  │ 数据湖 │  │ 信息库 │                  │
  │  └────────┘  └────────┘  └────────┘                  │
  └──────────────────────────────────────────────────────┘
```

图 9-6　工商银行分布式大数据服务云

资料来源：2019 年 4 月 24 日在上海举行的"芯里有数　智慧金融"——2019 华为全球金融峰会上时任中国工商银行金融科技部副总经理张艳的"智慧银行　开放生态"演讲 PPT。

（二）中国建设银行[①]

中国建设银行（以下简称建设银行）成立于1954年，是中国领先的大型国有银行代表，在29个国家和地区设有商业银行类分支机构及子公司，拥有广泛的客户基础，营销网络覆盖全国的主要地区。2018年末建设银行市值约为2071.79亿美元，居全球上市银行第5位，资产规模达23.22万亿元，当年实现净利润2556.26亿元。

实施"TOP+"战略，以金融科技推进持续转型。建设银行在国内较早启动了新一代核心系统建设，并确定了在新一代核心系统上推进金融科技的战略，其名为"TOP+"。

"T"即"Technology"，是科技驱动，以技术和数据为双要素，实现双轮驱动。建设银行将金融科技聚焦于ABCDMIX。其中，A是人工智能，B是区块链，C是云计算，D是大数据，M是移动互联，I是物联网，X是现在还没有商用的一些技术，如5G和量子计算等。这些是建设银行实施金融科技战略主要依赖的技术。

"O"即"Open"，是能力开放，践行开放共享的理念。建设银行将包括传统商业银行业务、租赁、保险、基金等集团业务的功能和数据能力以服务的方式向全社会开放。2018年7月，建设银行推出了公有云平台，该平台将安心养老、党群综合服务等应用功能，头像识别等安全服务，以及基础设施服务全部对外开放。2018年8月，建设银行还推出了开放银行的平台。

"P"即"Platform"，代表平台生态。构建平台、连接平台，站在平台连平台，共同构建用户生态。为了将金融服务需求嵌入具体的场景中来服务用户，建设银行除了构建自己的金融服务平台以外，还要构建合作伙伴的平台。例如，建设银行打造的住房租赁综合服务平台，提供

[①] 中国建设银行案例主要资料来源于中国建设银行网站，同时参考了以下文献：王超：《投入9500多人，干了6年半 建行TOP+到底是个什么战略？》，搜狐网，2018年9月18日；《建设银行分享：开放银行管理平台实践》，搜狐网，2019年8月20日。

给政府机构租赁企业、租客、中介机构、房东等相关主体使用。构建"一站式"的住房租赁和金融生态圈，将金融服务嵌入平台生态的具体场景中，让金融需求随时被满足。

"+"，是培育鼓励创新和支持创新的文化，实现面向未来的可持续发展。2018年4月，建设银行注资16亿元成立了建信科技公司，打造了完全市场化的金融科技创新力量。

总的来看，建设银行开放银行管理平台的推出，是建设银行实施金融科技转型"TOP+"战略以来的成果之一。2018年8月，建设银行推出开放银行管理平台，包含账户管理、支付结算、信用卡、贷款服务、生活服务、直销银行、建行惠懂你（面向小微企业、个体工商户等的"一站式"信贷服务）、其他（包含裕农通普惠金融服务、基金出海等）八大类共30多款产品和服务，并对外开放了超过200个API，陆续拓展了超过200个应用场景，包括与战略合作伙伴中国联通、万科、碧桂园、海尔、小米、菜鸟驿站等的深度合作。

未来，建设银行的开放银行建设将主要围绕"C端突围、B端赋能、G端连接"展开。在技术能力提升方面，一方面，简化接入，打造"纯API模式"；另一方面，持续提升安全体系，打造自适应安全架构，从预测、防御、检测、响应四个维度自适应不断变化的网络环境，并不断优化自身的安全防御机制。

（三）中国农业银行[①]

中国农业银行（以下简称农业银行）成立于1951年，作为中国主要的综合性金融服务提供商之一，农业银行凭借全面的业务组合、庞大的分销网络，向广大客户提供各种公司银行和零售银行产品及服务，同时开展金融市场业务及资产管理业务等。截至2018年末，农业银行总

---

① 中国农业银行案例主要资料来源于以下文献：《构筑开放生态：打造Bank 4.0时代商业银行数字化转型新动能——中国农业银行研发中心总经理蔡钊访谈》，《中国金融电脑》2019年第6期；蔡钊：《金融科技撬动商业银行网点4.0转型奇点》，《中国金融电脑》2018年第12期。

资产达 226094.71 亿元，全年实现净利润 2026.31 亿元。2019 年，在英国《银行家》杂志"全球银行品牌价值 500 强"榜单中，农业银行列第 3 位。在美国《福布斯》杂志 2019 年"全球上市公司 2000 强"排行榜中，农业银行列第 4 位。

探索"开放银行 + 场景金融 + 生态金融"的开放路径。农业银行深入贯彻《国民经济和社会发展第十三个五年规划纲要》提出的"创新、协调、绿色、开放、共享"发展理念，服务区域发展、产业升级、创新创业、公共服务、消费升级的金融新需求，深入推进转型创新。在发展理念上，农业银行坚持以客户为中心，践行"以场景为驱动"的服务理念，努力提升金融场景渗透能力和线上获客能力，助推数字化转型战略逐步落地。在开放银行建设方面，农业银行在严格风险管控、提升整体能力的同时，发展了"开放银行 + 场景金融 + 生态金融"的特色化、一体化、精细化开放路径。

"三道防线"构建安全可持续的开放生态。①事前防控，严把三个准入关。业务准入，确定开放范围和界限，确保合法合规；接口准入，服务接口统一标准、统一编码、统一管理；第三方准入，基于大数据建立模型，对第三方的业务资格、经营状况、运营能力、安全与技术能力进行综合风险评价。②事中监督，稳抓四个管理。一是数据安全管理，保障数据全生命周期安全，加强敏感信息保护；二是网络安全管理，实时监控、风险预警、自动处理；三是访问控制管理，建立权限控制、多因素身份认证等机制；四是服务运行管理，建立一整套运营管理机制。③事后处置，建立四个机制。四个机制即风险应急响应机制、接口退出机制、风险补偿机制和客户利益保护机制。

着力打造"三农"普惠领域数字生态银行。农业银行作为以面向"三农"为基本定位的大型商业银行，着力打造"三农"普惠领域的最佳数字生态银行，努力发挥农村金融、普惠金融的骨干支柱和示范引领作用。一是构建"互联网 + 农村金融"的新型服务体系。建设面向城市和农村两个市场，集金融服务、社交生活服务、电子商务服务于一体的智能互联网金融平台，提供专业的金融服务、便捷的企业服务。

二是探索普惠金融发展的新型智能化模式。构建基于"大数据＋AI"的线上小微企业服务体系，改变以财务报表为核心、以人工操作为手段的传统小微信贷模式，大幅提升普惠金融能力和实体经济服务能力。三是建立以"e贷系列"小额线上融资产品、"云贷系列"供应链融资产品为代表的普惠产品体系。以e贷为例，推出"微捷贷""纳税e贷"等网络融资产品品牌，基于医保、社保、公积金和代发工资等10类场景的个性化产品系列，已为近5万家小微企业提供了170多亿元的信贷支持。

整合新生态，延伸开放赋能的无界金融。2019年8月，农业银行开放银行基础平台成功实施投产，投产内容包括开放银行门户网站、管控中心、接口网关等。投产完成后，农业银行可以通过开放银行向第三方合作方提供无感无缝、安全可控的金融科技服务。以开放聚合和开发分发为特征，开放银行金融供给能力拓展到全生活场景中，实现嵌入式融合，并进一步打破金融、非金融的边界，实现无界化金融服务体验。在开放聚合上，通过开放农业银行产品体系，聚合第三方服务，搭建互惠共赢的金融产业生态；在开发分发上，通过开放农业银行金融SDK和API，提供农业银行服务的接口，发挥品牌优势、资源优势、规模优势，打通跨界融合的通道，从而构建生态闭环。

（四）上海浦东发展银行

上海浦东发展银行（以下简称浦发银行）是1992年8月28日经中国人民银行批准设立的全国性股份制商业银行，总行设在上海。2019年，浦发银行列英国《银行家》杂志"全球银行1000强"榜单第24位。浦发银行是国内为数不多且同时获得三大国际评级机构投资级以上评级的股份制商业银行之一。

2018年7月12日，浦发银行发布了API Bank（无界开放银行）。API Bank以数据、能力、模型等API为黏合剂，把金融服务与各行各业连接起来，围绕用户端到端的场景化需求，结合银行和跨界生态伙伴各方的优势，实现了产品和服务的快速创新。

截至 2018 年底，在不到半年的时间内，浦发银行共发布了 230 个 API 服务，与中国银联、京东数科、携程、万科等 86 家合作方应用对接，服务逾 800 万用户，日交易量峰值超 100 万笔。

API Bank 将 API 作为线上生态圈的通用语言，能够有效缩短各方生态距离，帮助各方快速实现线上对接。与此同时，浦发银行还采取有效的风险防控措施对合作方信用风险、平台管理操作风险、数据泄露风险进行有效监控和管理。为了保证 API Bank 的长期稳健发展，浦发银行秉承审慎经营的原则，通过技术、组织机制等多种手段进行安全风控管理。浦发银行网贷在线额度授信流程 API 交互见图 9-7。

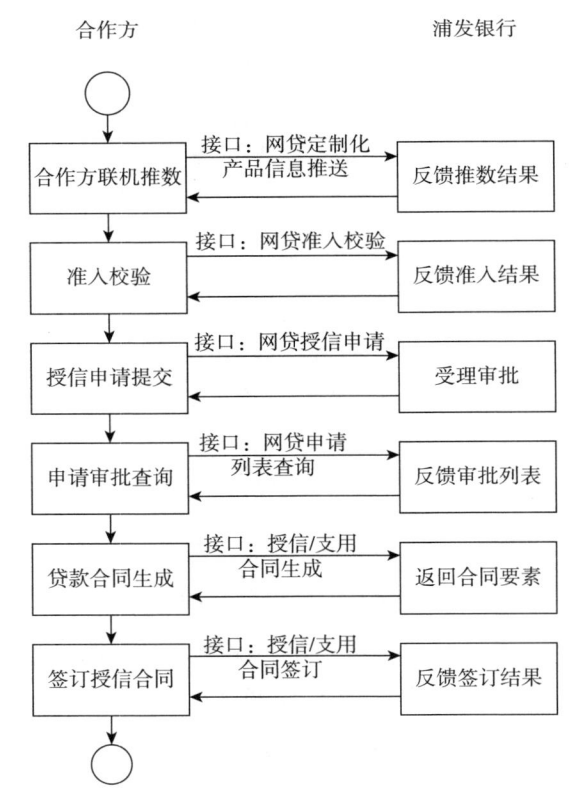

图 9-7　浦发银行网贷在线额度授信流程 API 交互

资料来源：《浦发银行 API 场景描述_网贷产品》，上海浦东发展银行网站，https://open.spdb.com.cn/develop/#/documentType。

API Bank 的平台解决方案中本身包含安全认证管理服务，从技术层面构建了 API Bank 安全的第一道防线。同时，浦发银行建设了 SOC 安全运营中心，提供统一的安全视图，实现了集中的网络设备、安全设备、操作系统和应用系统的日志与内部网络流量的可视化管理，并可关联各种日志、网络流量等安全信息对安全威胁实时告警，从运营层面构建了 API Bank 安全的第二道防线。此外，浦发银行还构建了管理机制层面的 API Bank 安全防护体系，根据交易属性、涉敏信息等因素，针对各类应用场景构建差异化的"可信场景安全评级"，并根据"分级匹配、权责对等"原则，明确各方在系统安全、应用安全、数据安全等多层次的安全要求（见图9-8）。

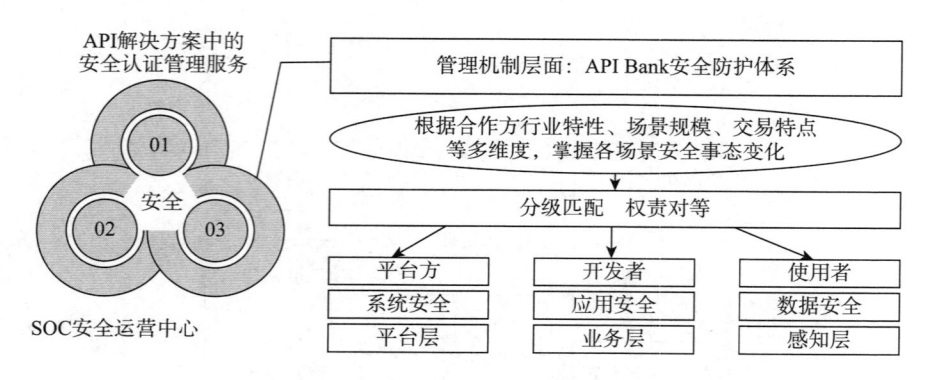

图 9-8　浦发银行多手段塑造开放安全

资料来源：同盾金融科技研究院。

（五）招商银行

招商银行（China Merchants Bank）于1987年成立于深圳蛇口，为招商局集团下属公司，是中国境内第一家完全由企业法人持股的股份制商业银行，也是中国内地市值第五大的银行。截至2018年底，招商银行境内外分支机构逾1800家，员工86000余人。

招商银行的开放银行战略主要包括"走出去"和"引进来"两种模式。

在"走出去"的经营模式方面，招商银行向外主要输出三种能力：一是智能账户，即以"一网通"开放用户体系为基础输出Ⅱ、Ⅲ类银行账户,并探索电子Ⅰ类银行账户;二是通过智能账户构建聚合支付能力;三是输出零钱理财功能,让用户实现"会赚会花"。截至2019年11月,两个项目在招商银行内部试行之中,上述的三种能力都在输出中。第一种输出方式是与芒果TV达成战略合作,招商银行上线了电子钱包,输出Ⅲ类银行账户,在支付、结算以及营销红包方面进行探索和尝试。第二种输出方式是与华为钱包合作,把Ⅲ类银行账户延伸到Ⅱ类银行账户,同时开放Ⅱ类银行账户中的零钱理财相关产品。招商银行与华为钱包合作,依托成熟的Ⅱ、Ⅲ类银行账户功能,聚焦用户在线上线下全场景的使用体验,通过华为钱包实现了零钱账户的开通和使用。据悉,华为钱包支付场景不仅覆盖了100多家线上商户,而且覆盖了线下1000多万户商户和1600多万台闪付POS终端,并支持10多个城市地铁手机闪付过闸以及600多个地区的公交使用银联二维码乘车。招商银行与华为钱包的强强联手和资源共享,为用户提供了智慧便捷的全景支付体验。

在"引进来"的经营模式方面,招商银行不断探索基于App平台的数字化经营能力,通过内建平台的方式展开经营。招商银行提出,银行卡只是一个静态的产品,而App是一个生态,因此要将其打造成一个开放式平台。基于这种经营理念,招商银行App7.0、掌上生活App7.0版本支持非招商银行卡用户注册手机号、绑定多家银行卡,打破了封闭账户体系,转向开放用户体系。在打造开放式的互联网金融平台方面,招商银行通过API、H5和App跳转等连接方式,实现了金融与生活场景的连接。同时,招商银行开始布局App小程序平台。招商银行小程序的实质,在于为App引入更多场景,为用户提供更丰富的服务。上线一年多来,招商银行App小程序先后引入了包括社保、公积金、高德打车、顺丰速递、沃尔玛、饿了么等在内的300余家合作机构,覆盖便民、出行、旅游、快递、购物、外卖、文娱、教育、健康等高频生活场景,MAU(月活跃用户数)超过700万人。据招商银行App相关产品人士透露,对于用户来说,招商银行小程序意味着更加丰富、满足用户需求、涵盖衣食住行等多元生活领域的产品与服务;对于合作伙伴来说，可以和招商银行一起，延展服务边界，合力为9000多万招商银行App用户提供更好的产品和使用体验。2019年11月，招商银行推出了招商银行App8.0，此次8.0版本升级，不同于以往招商银行自有账户登录，还与第三方账户体系打通连接，支持微信登录和Apple ID登录，开放记账则是收支功能的进一步升级。

在吸纳外部优势、引入优质生活场景之后，招商银行App和掌上生活App也逐步搭建起自身的"生态融合"，实现了开放式发展。

（六）平安银行

平安银行是一家总部设在深圳的全国性股份制商业银行。其前身深圳发展银行是中国内地首家公开上市的全国性股份制银行。中国平安及其控股子公司合计持有该行58%的股份，为该行控股股东。该行通过全国84家分行、1053家营业机构为客户提供多种金融服务，2018年实现营业收入1167.16亿元，净利润248.18亿元。

制定"科技引领"相关策略方针。2016年末，平安银行正式启动零售转型，制定了"科技引领、零售突破、对公做精"十二字策略方针，分别构建了基于零售和对公业务的"3+2+1"经营策略，全面推进"AI Bank"体系建设。在科技引领方面，平安银行加大科技投入，2018年整合打造超过3200人的零售专属IT团队，线上升级嵌入多种金融科技和服务的"口袋银行"App，2018年12月App月活跃用户数达2588万人，同比增长74.6%；线下打造136家"轻型化、社区化、智能化、多元化"的零售新门店，整合打造智能化OMO线上线下融合的服务体系。打造领先技术平台，IT技术架构逐步由集中式架构向分布式架构转型，基础架构由传统架构向云架构转型，以支持业务快速增长、互联网转型以及产品服务创新。持续深化科技创新，依托平安集团在人工智能、区块链、云等领域的核心技术和资源，利用新技术赋能业务，持续提升客户体验，丰富金融产品，创新业务模式，完善风控体系，提高运营效率，加强智慧管理。2019年上半年，平安银行科技投入继续大幅增加，IT资本性支出及费用合计同比增长36.9%。在科技赋能方面，聚焦平台能力建设，打造了 AI 中台、银行私有云平台、数据中台、分布式 PaaS 云平台、项目可视化平台等基础平台，实施了信用卡新核心系统、新一代金融市场核心业务系统以及智慧托管、智慧风控、智慧财务等重点业务项目。

2017 年初开始关注开放银行建设。平安银行从 2017 年 3 月开始成立开放银行研究小组，研究开放银行的必要性、可行性并进行同业案例交流。在验证必要性、可行性的基础上，2017 年 5 月开始系统选型，与厂商交流、进行 PoC 验证，陆续启动了平台建设，并于 2018 年 6 月开始进行场景试点，最先试点了支付场景和电商场景。2018 年 11 月至今，该开放银行平台处于不断进行流程优化、用户体验优化和场景丰富的过程中。

通过开放银行平台建设，平安银行得以实现统一开放门户、统一开放标准、统一服务流程、统一运营管理、灵活组合产品等多种开放形式。其中，统一开放门户能带来一致的客户体验，方便营销推广，同时支持快速开发、快速测试和业务快速上线。统一开放标准包括统一准入审核、统一接口标准、统一报文规范、统一证书管理、统一认证管理，将降低使用门槛，降低管理成本，同时降低业务风险，最终实现金融产品的微服务化、标准化和快速灵活的组合，以嵌入不同服务场景。平安银行开放银行平台架构见图 9-9。

具体来看，平安银行发展开放银行的核心思路是：在满足安全可控的前提下，充分利用先进技术，将金融服务无缝嵌入各类场景中，与合作伙伴有效协同，为客户提供触手可及的服务，提供更好的体验。具体到开放银行的探索工作上，主要包含以下几个方面。

第一，建设开放平台，为开放银行打下基础。

平安银行于 2017 年初成立了 Open API 开放平台研究小组，经过对政策和发展趋势的充分研究、对国内外实施案例的深入学习以及对开放平台建设的可行性验证，平安银行自建了 Open API 开放平台，并通过一系列产品和服务的试运行，逐渐探索出开放银行的管理模式，为开放银行的建设打下了良好的基础。

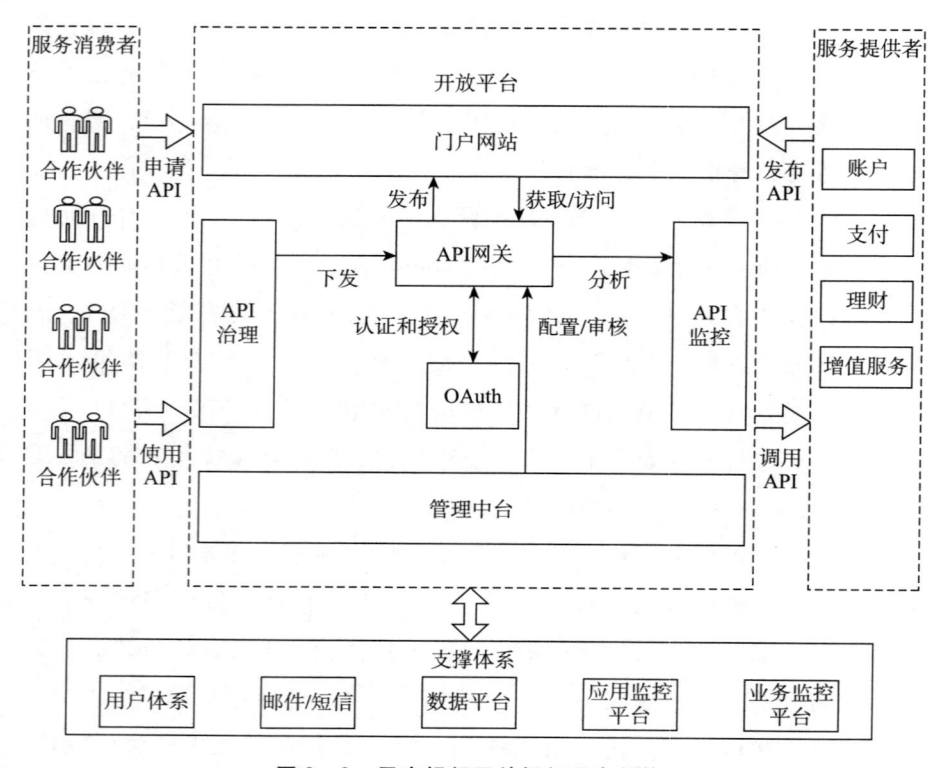

图 9-9 平安银行开放银行平台架构

平安银行在建设 Open API 开放平台时，重点考虑以下几个方面。

（1）安全管控。通过对通信安全、架构安全、数据安全、业务安全的全方位管控，防范互联网攻击，在确保安全可控的前提下提供金融服务。同时，参考《开放银行标准》，在保护用户隐私和数据安全方面提出了相关的安全管控措施。

（2）高性能支持。通过引入异步处理机制、分布式缓存机制，从底层设计上降低运行时对数据库的依赖，满足互联网海量交易的请求。

（3）流量管控。通过流量管控，保障开放平台系统以及银行业务系统的平稳运行，当出现后台系统服务质量不佳的情况时，流量管控服务可在接入层直接挡回，避免交易在系统中因占用过多处理资源而降低整体服务质量。

（4）线上运营。提供在线发布、在线申请、在线审批、在线测试、在线投产功能，为用户提供全流程线上化支持。

（5）服务治理。对开放的 API 通过服务治理实现标准的、统一的管理，实现对 API 资源的维护、分组、发布、变更、审核、版本管理、分析，有效提高运营效率。

第二，制定开放规范，确保有序地开放发展。平安银行采取规范先行的方式，通过规范的约束，引导银行金融服务有序地对外开放。主要制定了服务安全规范、服务集成规范、服务发布规范、服务支持规范、服务下行规范、接口报文规范等。以接口报文规范为例，对外服务的 API 采用的是业界主流的 HTTPS/JSON/RESTFUL 规范，具有简单易懂、灵活轻便、支持敏捷开发等特点。

平安银行采取渐进式开放策略，优先开放安全性要求较低、业务模式较为成熟的产品，再逐渐开放安全性要求较高、业务模式较新的产品。目前已经对外开放了 14 个产品 246 个 API，并有 153 个合作伙伴接入，主要围绕支付、理财、资金存管等领域展开探索，主动融入场景，提供及时的金融服务。

第三，具体应用场景。为构建全新的"银律服务平台"，平安银行与知律科技的"金助理"产品进行了全面对接。"金助理"是聚焦律师事务所管理、团队协作和律师办公的一体化软件，融合 OA（办公自动化）、CRM（客户关系管理系统）、BPM（业务流程管理系统）、CMS（内容管理系统）、HRM（人力资源管理系统）、财务、企业社交、BI 等功能。

平安银行通过银企直联的方式与"金助理"对接，使用 Open API 方式来验证"金助理"的身份，使用"线上签约 + Open API + 预录入"方式，打通银行接口，实现网银端动账实时同步到"金助理"，以及"金助理"单据直接驱动网银支付等，所有涉及动账的业务均以律师事务所名义在网页端操作，同时结合"金助理"的"智能台账系统"，协助做好网银端信息预录入和查询，能够帮助律师事务所构建一个快捷、强大的财务中台，实现律师事务所业财一体化。

在律师事务所、"金助理"、平安银行三方签署协议后，由平安银行提供 Open API 供"金助理"系统调用。律师事务所授权"金助理"系统进行对账查询、动账等操作,并通过接口或文件的方式传回平安银行。当操作为对账查询时,平安银行接受成功后返回数据给"金助理"系统;当操作为动账时,平安银行在成功接受"金助理"发来的动账数据后,需要律师事务所负责人登录企业网银进行审核并进行确认操作,账户里的资金才会正式转出。

在"金助理"系统未与平安银行系统打通前,律师事务所财务人员需要在几套系统中进行烦琐的重复录入工作,收入资金类别多,增大了财务入账核算的难度,收款时也没有办法区分应该归属哪个律师团队。在"金助理"对接开放平台后,开放平台能够提供智能收款账户体系、账户查询、预录入、转账审核以及动账通知等功能,律师事务所通过"金助理"在平安银行开通"银企直联"后,能够高效解决律师费到账后财务人员需手动添加账目、律师经常让财务人员查询款项是否到账、律师事务所发工资和报销流程烦琐等问题,银行实体账户会实时将律师费到账信息同步到"金助理"中,当事人支付律师费到律师事务所的银行实体账户后,"金助理"即可实时推送资金变动通知,方便律师事务所财务人员和律师及时了解资金变动情况。

(七)兴业银行

兴业银行于 2018 年基于开放银行理念,推出集"互联网化服务""开放银行服务""秒贷秒还服务"特色功能于一体的汽车金融平台——"兴车融",构建汽车产业链开放金融生态圈。"兴车融"通过提供一套标准化对外服务接口(Open API),共享融资信息、质押物信息、押品信息等业务数据,构建产业链协作平台,将金融服务嵌入客户交易场景。客户通过调用 Open API,即可在自身内部系统使用兴业银行特定金融服务,避免同一交易在自身内部与银行系统之间多次切换,实现了金融内嵌式服务,大大提高了客户业务办理效率。

目前,"兴车融"可为客户提供线上融资(支持线上开立银行承兑汇票、线上申请流动资金贷款等多种业务品种)、线上资金监管、业务数据实时查询等互联网"一站式"服务。使用"兴车融"平台互联网化服务，比传统线下操作流程平均可节省客户80%以上的操作时间。目前，"兴车融"核心客户接入近20个，日均Open API调用超过1100次。截至2019年3月31日，"兴车融"开放平台融资笔数近10万笔，融资金额达1828亿元，线上签署协议与合同近14万份，对外接口API服务超37万次。

（八）中信百信银行股份有限公司

中信百信银行股份有限公司（以下简称百信银行）由中信银行和百度联合设立，是国内首家独立法人直销银行，于2017年11月18日正式开业。百信银行创立之初即定位于数字普惠银行，不设任何物理网点，并确立以开放银行为核心战略。通过"B+B2C"模式，场景在前、金融在后，赋能场景生态，共同服务好C端客户。截至2019年末，百信银行服务用户数突破3200万人次。

1. 商业模式：从"B2B2C"到"B+B2C"

在成立两年的时间里，百信银行逐步探索出一种开放银行"B+B2C"模式。过去，场景方与银行在开放银行方面合作，主要集中于流量、资产和资金的匹配，是典型的"B2B2C"模式。但是，百信银行与场景方的合作，不是简单的流量和资金的匹配，而是建立在用户需求之上的联合产品创设，是一种"B+B2C"模式。"B+B"重点在"+"，即银行赋能场景进行用户经营，场景赋能银行进行业务拓展，用户价值是双方核心的出发点和落脚点。从"B2B2C"到"B+B2C"的转变，是一种从销售产品思维向用户需求导向的转变。前者只是资产和资金匹配的问题，后者真正创造了增量价值。

2. "开放银行+"生态策略

2018年，百信银行在业内首次提出"开放银行+"生态策略，目标是在用户高频的生活场景中开设"数字网点"，与场景方共建金融生活生态圈。百信银行主要提供支付、账户、信贷、理财等金融能力，与场景合作方联合为用户提供丰富的场景化产品和服务。

经常在爱奇艺平台追剧的朋友可能会发现，在"我的钱包"页面中有一个"零钱Plus"的按钮，点开后会发现，只要自己存入4399元，就可以立即获得爱奇艺VIP会员的资格，随存随取、随存随看，同时这笔钱还能享受存款利息。这就是百信银行和爱奇艺一起推动的开放银行产品尝试。百信银行提供银行基础账户服务，为爱奇艺用户打造了一个线上钱包，在此基础上，向用户提供存款和理财服务，而爱奇艺则拿出会员权益作为反馈，存款获金豆、金豆兑好礼，这就是双方合作的形式。零钱Plus产品是国内首例将内容场景与金融业务相结合的产品，在上线4个月后用户数突破百万大关，成为百信银行"B+B2C"模式的最佳实践。

百信银行还积极拓展电商、搜索、出行等场景，与百度、小米、滴滴等头部平台不断达成开放生态合作。以手机百度为例，百度最大的痛点是用户用完即走，停留时间短，账户体系弱，用户价值得不到充分挖掘。因此，百信银行与百度联合创设智能小程序"百度闪付卡"，只要是手机百度用户，均能在首页找到入口，方便地开立百信银行账户，并获取百度闪付、余额理财、消费信贷、信用卡还款和生活缴费等金融生活服务。通过"搜索+信息流"双引擎驱动，叠加金融服务，可以有效提升数据厚度，围绕用户持续构建信息、兴趣、内容和金融的良性循环，更好地满足了用户碎片化和场景化的金融需求，同时也提高了手机百度的用户黏性和价值。百信银行也得以利用手机百度这一DAU（日活跃用户数）近2亿人的App触达海量用户，充分融入百度生态。

3. 开放银行加速器：从API赋能到产业赋能

基于分布式架构、AI和开放API等技术，百信银行打造了开放银行平台"智融Inside"，开放350+API接口，允许已认证第三方机构在平台上发布、订阅API接口，提供API解决方案。用户能够快速完成金融能力从发布到订阅，再到测试投产以及运营的全流程线上化。从API

接口到接口解决方案，智融 Inside 的"一站式"自助接入，实现了平均 6 天投产一家场景应用方，最快 2 天完成一家场景应用方从场景订阅到生产投产全流程。350 个 API 接口，定义了近百个不同颗粒度的场景，形成场景数据驱动的解决方案。通过基于接口能力的个性化金融解决方案，百信银行激活了更多生活场景中的真实所需，走向 API 赋能。

同时，百信银行联合信银投资、红杉资本、中信产业基金等知名投资机构成立了开放银行加速器暨 UP 加速器，实现了从 API 赋能到产业赋能。UP 加速器围绕新金融、新技术、新消费等科创企业，为其提供金融科技和投贷结合综合解决方案，并为其对接资本、产业与政府资源，建立开放连接的智能科技新生态，实现产业赋能。

未来，百信银行将继续深化核心能力开放，用金融科技更有效地赋能商业和产业生态，通过"开放银行+"生态策略助推金融与实体经济协同发展，推动服务价值链的融合、延伸。

（九）微众银行

微众银行是由腾讯、百业源和立业等多家知名企业发起设立的国内首家民营互联网银行，于 2014 年 12 月获得由深圳银监局颁发的金融许可证。2019 年 6 月 11 日，微众银行入选"2019 福布斯中国最具创新力企业榜"。

微众银行作为国内首家拥有互联网基因的民营银行，在开放银行战略上有独到的理解与实践——3O 体系，即开放平台（Open Platform）、开放创新（Open Innovation）和开放协作（Open Collaboration）。

开放平台。被业界所熟知的 API Banking，实质上是一种平台模式，即开放平台，银行可通过 API、SDK、小程序等方式，建立与合作伙伴的连接。一方面，合作伙伴能够通过开放平台接入金融服务；另一方面，银行可借助合作伙伴的力量，将银行服务搭载在生活场景中，丰富业务形式，直接触达用户。由此，银行实现了自身业务的创新。

微众银行自成立以来，一直是开放平台的践行者，先后推出了多款基于场景的金融产品，如基于二手车买卖场景的微车贷服务、基于线下商超购物场景的金融服务等。其中，前者通过 API 将贷款及支付能力嵌入二手车交易流程，后者则采用小程序的形式将银行支付服务与实体商超购买场景相融合，用户无须前往银行网点或打开银行 App，便可享受便捷的银行服务。

开放创新。微众银行一直积极探索开放创新模式，即通过软件开源、知识产权授权及产品参考实现（RI）的共享等方式开放自身能力，共建技术社区。2017 年，微众银行与多家金融机构和科技公司联合发起成立了金融区块链合作联盟（以下简称"金链盟"），并与"金链盟"的开源工作组成员共同研发了金融级的区块链底层开源平台——FISCO BCOS，聚焦金融行业的分布式商业需求。自发起成立以来，"金链盟"成员单位以代码开源为媒介，共建技术社区，积极践行开放创新的策略。

目前，FISCO BCOS 生态已初步成型，社区成员和开发者扩展到数千名，连接和服务的企业遍布各个行业。区块链技术在各领域的创新应用层出不穷，不仅在金融机构间对账、旅游金融、供应链金融、场外股权市场等金融领域有所突破，而且在司法存证、文化版权、娱乐游戏、社会管理、政务服务等非金融领域也涌现了多个商业级应用。

开放协作。开放协作是在业务/技术能力合作的基础上，与合作伙伴共建商业生态，实现跨机构的协同创新。微众银行供应链金融服务平台基于供应链上下游真实贸易背景，以商业银行保理服务为法律依据，实现了供应链多级链属企业之间应收账款的债权融资，在盘活存量资产的同时，缓解了链属小微企业融资难、融资贵的窘境。通过该平台，银行、核心企业、链属企业（供应商）等供应链参与方进行有机连接，共同营造供应链生态圈。由此，银行可通过平台连接渠道方及客户，有效利用其闲置授信额度；而整合核心企业及各级供应商信息流后，可有效降低业务风险，有助于其深度经营核心企业。核心企业则通过平台为其应收或应付账款注入流动性，在票据之外提供更为简便快捷的结算方式。此外，平台可有效减少财务费用并增加收益，激发核心企业的参与动力。对于链属企业来说，平台为其供应商提供了新的按需灵活融资的渠道。同时，纯线上操作也提升了各级供应商的操作体验。在整个生态圈中，各参与方既各司其职，又互惠共赢，实现了生态圈利益的最大化。

（十）新网银行

新网银行是全国第三家基于互联网模式运营的互联网银行，注册资本为30亿元，由新希望集团、小米、红旗连锁等股东发起设立，于2016年12月正式开业。

经营定位：数字普惠、开放连接。自开业之初，新网银行便坚持"数字普惠、开放连接"的特色化经营定位。一是与互联网平台连接，将金融服务嵌入场景，迅速积累客户；二是与金融机构连接，新网银行平台扮演互联网平台和其他金融机构连接者的角色，盘活金融机构资金；三是与数据服务商连接，通过接入信用信息基础数据库、客户申请过程数据、经过客户授权的第三方数据等，将数据汇聚在新网银行，对数据进行清洗筛选、整合挖掘，形成对客户的完整准确的画像，进而实现对客户的精准销售。

系统建设：自主可控、合作共建。对于业务逻辑复杂、技术难度大、开发周期长、变动不频繁的核心系统以及支付和中间件等平台，新网银行选择与合作伙伴共建，采购商用产品，借助合作伙伴的力量迅速构建基础业务和技术能力。对于业务变化快、开发周期短、生命周期短的系统，新网银行与合作伙伴共同研发，逐步实现"以我为主"，在合作中提升能力、打造团队，最终实现自主研发。

组织文化：扁平轻量、技术驱动。新网银行是一家没有物理网点、没有现金业务、没有客户经理的新型银行。没有物理网点，前期固定资产投入少；没有线下风控流程，人员管理成本低；没有现金等业务，可以集中资源全力推进数字小微信贷等业务。与传统银行动辄30多个一级部门的架构相比，新网银行的结构更加精简，目前仅有10多个一级部门；从人员结构来看，科技与风险等中台员工数量占比超过六成。

通过采用开放银行模式，目前新网银行已开放超过 300 个 API 接口，与中国移动、蚂蚁金服、滴滴出行、携程、优信等多个商业机构，以及工商银行、渤海银行、华夏银行、天津银行等银行同业机构深度合作，共同满足用户在购车、教育、交通出行、电商购物等消费领域，以及创新创业、生产经营等领域的金融需求，助力数字普惠金融加速推进。

（十一）平安集团

平安集团于 1988 年诞生于深圳蛇口，是中国第一家股份制保险企业，至今已经发展成为集金融保险、银行、投资等金融业务于一体的整合、紧密、多元的综合金融服务集团，入选 2019 年《财富》世界 500 强，排在第 29 位。

平安集团致力于成为国际领先的科技型个人金融生活服务集团，坚持"科技引领金融，金融服务生活"的理念，持续深化"金融＋科技"，探索"金融＋生态"，聚焦"大金融资产"和"大医疗健康"两大产业（见图 9 - 10）。

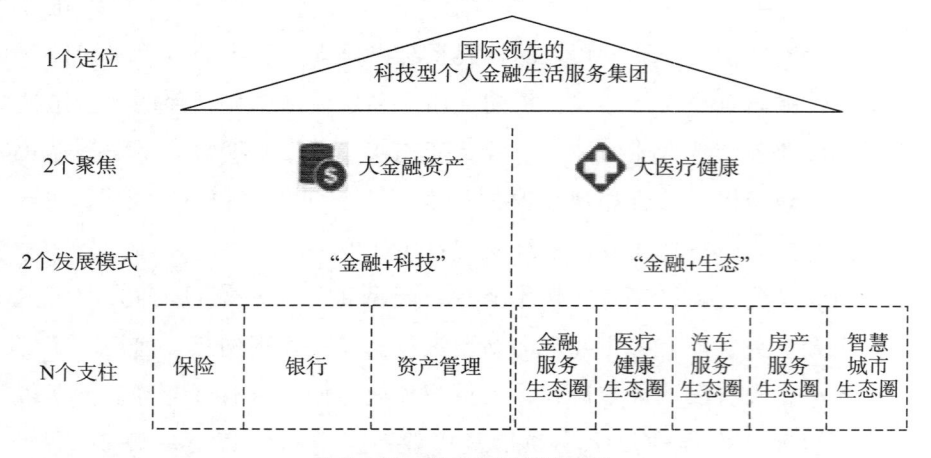

1个定位	国际领先的科技型个人金融生活服务集团							
2个聚焦		大金融资产			大医疗健康			
2个发展模式		"金融+科技"			"金融+生态"			
N个支柱	保险	银行	资产管理	金融服务生态圈	医疗健康生态圈	汽车服务生态圈	房产服务生态圈	智慧城市生态圈

图 9 - 10　平安集团战略定位

"金融＋生态"。平安集团旗下子公司包括平安寿险、平安产险、平安养老险、平安健康险、平安银行、平安信托、平安证券、平安基金等,涵盖金融业各个领域,已发展成为中国少数能为客户同时提供保险、银行及投资等全方位金融产品和服务的金融企业之一。平安集团以丰富的各金融领域产品为基础,借助互联网平台生态的打造,深度服务于"金融服务、医疗健康、汽车服务、房产服务、智慧城市"五大生态圈。2018年,平安集团营业收入破万亿元,净利润超千亿元,纳税超千亿元,保险、银行、资产管理等业务板块的各项指标保持领先市场的健康增速。截至2018年12月31日,平安集团总资产达7.14万亿元,个人金融客户数达1.84亿人,互联网用户约5.38亿人。

"金融+科技"。除了金融细分领域子公司业务线,平安集团还积极开拓金融科技业务。近十年来,平安集团在科技领域的投入已经超过500亿元,集团内聚集了9.9万名金融科技与医疗科技业务从业人员及2.9万名研发人员,并在人工智能、区块链、云等方面取得了重大突破,人脸识别、智能读片、区块链、智能音乐、智能环保等多项科研成果获全球大奖。平安集团已建立起"金融+科技"驱动发展的业务模式,通过"开放平台+开放市场"完成资产与资金的链接,成功落地了陆金所控股、金融壹账通等多个金融创新平台。陆金所控股是中国乃至全球领先的综合性线上财富管理与个人借款科技平台,同时也为金融机构和地方政府提供全套金融解决方案。陆金所控股已与300多家机构建立了广泛的资产端合作关系,为超过1100万活跃投资用户提供了5000多种产品及个性化的金融服务。金融壹账通是平安集团定位于"科技输出"的企业。依托平安集团的金融服务基因和世界领先的前沿科技,金融壹账通推出了智能银行云、智能保险云、智能投资云以及开放科技平台四大业务板块。截至2018年末,金融壹账通已经为国内3000多家金融机构提供服务。下面以金融壹账通"Gamma O"开放平台[①]为例一窥平安集团的开放金融平台生态建设。

金融壹账通"Gamma O"开放平台。2019年5月29日,金融壹账

---

① 《金融壹账通发布Gamma O开放平台》,同花顺财经,2019年5月29日,http://field.10jqka.com.cn/20190529/c611692315.shtml。

通发布了全国首家金融行业垂直领域的开放平台"Gamma O",该平台定位为"金融机构的科技 App Store",可提供包括 API 集市、产品服务解决方案、场景模板等在内的一系列服务,链接供(科技服务商)需(金融机构)两端。"Gamma O"平台提供三大核心价值赋能开放金融的建设,为金融机构构建了一整套从需求定制、技术接入到产品测试全流程的科技服务体系。第一,"App Store""一站式"接入,快捷获取丰富的科技资源。开放平台开放多家科技服务商(包括金融壹账通)的人工智能、大数据等前沿科技的 API 接口,集合产品、系统及定制需求,在保证安全的前提下,链接优秀开发者的技术开发能力,银行可灵活调用接口,实现产品的快速落地。第二,建立严格入驻标准,为金融机构搭建安全可信的科技服务平台。结合自身交易规模和应用经验,金融壹账通探索出一套严格的准入机制及筛选标准。开放平台结合平台自身的安全规范及授权协议,对接入的企业开发者层层筛选,消除金融机构对服务商安全性、延续性的担忧。第三,提供平台沙盒测试环境,为金融机构大胆采用创新科技产品保驾护航。

截至发布之时,已有 500 多家科技开发企业、超过 300 家银行洽谈入驻"Gamma O"平台。未来 3 年"Gamma O"平台计划开放至少 500 个 API 端口,入驻至少 500 家金融机构及 5000 家服务商,成交项目预计超过 500 个。

(十二)中国人民保险集团股份有限公司

中国人民保险集团股份有限公司(以下简称中国人保)前身是成立于 1949 年的中国人民保险公司,是一家综合性保险(金融)公司,属中央金融企业。中国人保旗下拥有人保财险、人保资产、人保健康、人保寿险、人保投资、华闻控股、人保资本、人保香港、中盛国际、中人经纪、中元经纪和人保物业等 10 余家专业子公司,经营范围涵盖财产保险、人寿保险、健康保险、资产管理、保险经纪、信托、基金等领域,形成了保险金融产业集群,在海内外具有深远影响力。2019 年 7 月,在《财富》世界 500 强排行榜中,中国人保列第 121 位。

全面启动数字化，以创新驱动变革。70 岁的中国人保，面临老去或者涅槃的"抉择"。2018 年 4 月，中国人保正式提出"智·惠人保"理念，宣告全面启动数字化战略。同年 6 月，中国人保公布了"3411"战略规划，推动公司数字化转型和科技创新。其中，"3"是推动人保财险、人保寿险和人保健康 3 家保险子公司转型；"4"是实施创新驱动发展战略、数字化战略、一体化战略和国际化战略 4 大战略；第一个"1"是打好 1 场中心城市攻坚战和县域市场保卫战，第二个"1"是守住 1 条不发生系统性风险的底线。创新驱动发展战略，是"3411"工程四大战略的首个战略也是最重要的战略。创新驱动发展战略有四个重点方向，包括科技创新、服务创新、商业模式创新和管理创新。创新驱动发展战略的总体框架已经搭建完成，中国人保在集团、子公司和分公司三个层面共分解确立了 131 个创新的重点项目，其中科技创新项目 35 个、服务创新项目 33 个、商业模式创新项目 13 个、管理创新项目 25 个、体制机制创新项目 25 个，从而构成了创新项目的全景图。

科技为器，多方探索开放金融生态。以"3411"战略规划为纲，中国人保的开放金融生态探索逐步落地、多面开花。①人保金服定位中国人保布局金融科技的专业化平台。人保金服着力打造"四个生态圈"，即消费生活生态圈、车主生态圈、健康养老生态圈、服务"三农"生态圈。②推出"中国人保"App。该 App 集保险销售出单、保全/批改、理赔、续期、客户服务于一体，是中国人保保险主业的核心 App，旨在打造开放、合作、共享的"一站式"综合金融生活服务平台。该 App 也是中国人保"3411"工程的重点项目。该项目着眼于统一，从客户视角设计了统一的注册登录、统一的个人中心、统一的保单管理、统一的在线客服以及综合的在线商城、综合的理赔报案等功能模块，能够有效满足广大用户一致性和"一站式"的体验需求。该项目还着眼于连接，通过线上化的方式，将广泛布局、数量庞大的网点资源、队伍资源、客户资源、服务资源激活和串联，盘活中国人保线下传统优势，推动中国人保新旧动能转换。该项目还着眼于赋能，"中国人保"App 深耕新技术的研究与应用，引入人脸识别、智能推荐、客户画像、科技理赔等应用创新工具，通过智能技术推动科技赋能，实现保险供给内容和供给模式的升级。在技术架构方面，"中国人保"App以新一代统一技术架构为支撑，采用可配置化前台、微服务化中台、集中与分布式技术相融合的技术框架，利用公有云和专属云并存的基础环境，实现了"敏态、稳态"兼容的"双速IT"。在用户体验方面，"中国人保"App通过数字化、智能化手段整合线下丰富的资源，通过开展跨界产业链整合和生态圈建设，将产品和服务融入用户的生活场景，为用户提供专业化的综合金融生活服务。③人保财险："人保V盟"，移动互联社交化保险营销模式的创新。"人保V盟"是人保财险战略性打造的新型代理、推广人员聚合平台，是移动互联社交化营销模式的创新。该平台面向分散性客户和新型代理人，支持多种渠道类型，覆盖全产品线，支持车险产品和50余款非车险产品。平台通过"一分钟注册""一分钟出单""一分钟佣金体现"的极速体验，显著提升了销售效率，解决了销售人员佣金垫付的痛点。平台创新应用区块链技术，搭建了"保钻"数字资产管理平台。人保财险通过"人保V盟"迅速聚合了超过150万新型代理人，有效拓展了销售渠道。

（十三）众安保险

众安保险是国内首家互联网保险公司，由蚂蚁金服、腾讯、中国平安等国内知名企业发起设立，并于2013年9月获中国保监会同意开业批复。众安保险业务流程全程在线，全国均不设任何分支机构，完全通过互联网进行承保和理赔服务。2018年众安保险实现保费收入112.6亿元，在财险市场居全国第12位，在互联网非车险的市场份额达到31%，居全国第1位。众安保险致力于打造年轻无畏的品牌形象，2018年服务了4亿用户，其中35岁以下人群占比为56%。[1]

实施"保险+科技"双引擎战略，以科技重塑保险价值链。众安保险成立之初，打造了基于云端的分布式核心系统"无界山"。该系统

---

[1] 《众安保险2018年财报》。

具备开放、灵活、可扩展的特性，能适应互联网海量、高速的业务需求，能够支撑海量、碎片化的保单。与此同时，众安保险不断开拓、积淀人工智能、区块链、大数据等前沿技术，并深度应用于产品研发，提升了客户体验和经营效率。2018年，智能核保及自动化流程使众安保险的承保及理赔自动化率分别达到99%和95%，在线客服人工智能使用率达到70%，在线服务人力同比下降63.7%，节约了大量客服人力费用支出。众安保险通过其全资子公司众安科技，将在自身业务中通过验证的技术，以场景解决方案或模块化的方式对外输出，为保险和金融领域赋能，推动保险业信息化升级，成为内外部创新的孵化器。2018年，众安保险的研发投入为8.52亿元，同比增长64%，公司员工中工程师及技术人员占雇员总数的52.4%，科技专利申请量达到230项，持续的资本和人才投入为众安保险科技之轮良性运转提供了保障。

"B2B2C"模式深耕场景生态。众安保险的保险业务一开始便基于互联网商业场景，深度结合场景打造。开业之初，众安保险主要聚焦阿里巴巴生态电子交易过程中产生的风险，通过保险杠杆化解这些风险。比较成功的产品之一是退费险。消费者在淘宝、天猫购物时如果要退货，运费谁来出？买家和卖家经常扯不清楚，就会打电话给淘宝客服，而接一个这样的投诉电话，淘宝客服的成本是15~20元。于是退运费的机会就出现了，消费者只需花几毛钱到1块钱就可以买到保障。众安保险自成立以来就坚持以生态系统为导向，以"B2B2C"模式为用户提供定制化、智能化的保险保证方案。

截至2018年底，众安保险已连接了330个生态合作伙伴，覆盖了五大生态圈，即健康、消费金融、汽车、生活消费和航旅。翼支付、寺库、今日头条、趣店、瓜子二手车等知名互联网场景生态平台都是众安保险的合作伙伴。

（十四）老虎证券

老虎证券成立于2014年，是一家位于中国的专注于美港股的互联网券商。老虎证券的投资人主要包括小米科技、真格基金、险峰长青、景林投资、华创资本等知名投资机构。依托互联网优势，老虎证券提供覆盖美股、港股、A股（沪港通）的证券业务，通过老虎证券自主研发的移动和电脑客户端软件——老虎股票，用1个账户、1笔钱就可以玩转全球资本市场，并享受超低佣金的交易服务。2019年3月20日，老虎证券成功登陆纳斯达克，代码为TIGR。

2018年10月，老虎证券宣布推出开放API并上线了美股量化平台，帮助个人开发者及机构用户解决量化交易难题，同时为普通用户大幅降低量化工具的使用门槛。

区别于基本分析、技术分析和演化分析等投资方法，量化投资是借助现代统计学和数学的方法，利用计算机技术来进行交易的证券投资方式。老虎证券开放API是专门为量化交易用户提供的一套获取稳定行情和交易的应用程序编程接口，投资者入金即可开通使用权限。接入开放API后，用户可充分利用老虎证券的交易服务、行情服务、账户服务等实现自己的投资应用程序。

目前在行情及数据方面，老虎证券开放API免费提供美股、港股、A股的实时及历史行情数据，以及盘前盘后分时数据、历史K线、逐笔成交数据。交易品种方面则覆盖美股、港股、A股的正股股票，以及美股期权、港股窝轮、港股牛熊证等衍生品和外汇，同时支持市价单、限价单、止损单、算法交易订单等多种订单类型。据老虎证券相关负责人介绍，此次开放API接口不仅可以免费接入，而且通过老虎证券的极速交易系统，投资者可以实现毫秒级下单。

对于初级个人量化投资者来说，编程也是量化交易难以逾越的门槛之一。老虎证券同时上线了美股量化平台，即为投资者提供简单实用的量化策略研发平台，大大降低了量化交易中的策略研发门槛。据老虎证券相关负责人介绍，投资者登录最新Tiger Trade桌面客户端即可在界面左侧看到"量化"平台，该板块提供了丰富的API，以及2005年至今的日级别历史行情数据，以帮助投资者构建策略，并在美股一侧进行回测和优化。强大的回测功能可以让用户在真金白银的实战前模拟测试，避免为错误的策略付出昂贵的代价。老虎证券量化交易平台未来还将接入交易功能，并提供包括策略研究、策略回测、模拟交易、实盘交易在内的一体化解决方案，帮助投资者专注于策略研发，快速构建量化交易能力，减少他们在数据清洗、服务器运维等工作上花费的时间和精力。

从整个市场来看，量化投资必定是未来证券投资的主要方式，老虎证券推出的开放 API 以及上线的量化平台顺应了证券投资的发展趋势。利用历史数据和模拟预测功能，能够让投资者更有效地趋利避害，获得投资收益。

图书在版编目(CIP)数据

开放金融:理论、实践与监管/杨涛主编. -- 北京:社会科学文献出版社,2020.10
 ISBN 978 - 7 - 5201 - 6767 - 3

Ⅰ.①开… Ⅱ.①杨… Ⅲ.①金融 - 研究 - 中国 Ⅳ.①F832

中国版本图书馆 CIP 数据核字(2020)第 099795 号

开放金融:理论、实践与监管

主　　编 / 杨　涛

出 版 人 / 谢寿光
组稿编辑 / 恽　薇
责任编辑 / 冯咏梅

出　　版 / 社会科学文献出版社·经济与管理分社 (010) 59367226
　　　　　　地址:北京市北三环中路甲 29 号院华龙大厦　邮编:100029
　　　　　　网址:www.ssap.com.cn

发　　行 / 市场营销中心 (010) 59367081　59367083
印　　装 / 三河市尚艺印装有限公司

规　　格 / 开　本:787mm × 1092mm　1/16
　　　　　　印　张:18.5　字　数:274 千字

版　　次 / 2020 年 10 月第 1 版　2020 年 10 月第 1 次印刷

书　　号 / ISBN 978 - 7 - 5201 - 6767 - 3
定　　价 / 128.00 元

本书如有印装质量问题,请与读者服务中心 (010 - 59367028) 联系

▲ 版权所有 翻印必究